Christian Graf
von Krockow

Scheiterhaufen

Christian Graf
von Krockow

Scheiterhaufen

Größe und Elend des deutschen Geistes

Severin
und Siedler

»Der Gedanke will Tat, das Wort will Fleisch werden. Und wunderbar! Der Mensch, wie der Gott der Bibel, braucht nur seinen Gedanken auszusprechen, und es gestaltet sich die Welt, es wird Licht oder es wird Finsternis, die Wasser sondern sich von dem Festland, oder gar wilde Bestien kommen zum Vorschein. Die Welt ist die Signatur des Wortes. – Dies merkt euch, ihr stolzen Männer der Tat. Ihr seid nichts als unbewußte Handlanger der Gedankenmänner, die oft in demütigster Stille euch all eu'r Tun aufs bestimmteste vorgezeichnet haben.«

Heinrich Heine: Zur Geschichte der Religion und Philosophie in Deutschland, III, 1835.

»Eines der besten Mittel zur Vorbereitung eines neuen und kühneren Lebens besteht in der Vernichtung der Wertungen eines losgelösten und selbstherrlich gewordenen Geistes... Die beste Antwort auf den Hochverrat des Geistes gegen das Leben ist der Hochverrat des Geistes gegen den Geist; und es gehört zu den hohen und grausamen Genüssen unserer Zeit, an dieser Sprengarbeit beteiligt zu sein.«

Ernst Jünger: Der Arbeiter, 1932.

Inhalt

Vorwort

In der Nacht vom 10. zum 11. Mai 1933 flammten in Deutschland Scheiterhaufen. Bücher wurden verbrannt. Und, mit Heine zu reden: »Das war ein Vorspiel nur, dort, wo man Bücher verbrennt, verbrennt man auch am Ende Menschen.«[1]

Die Scheiterhaufen flammten, wo es Universitäten und Hochschulen gab. Denn von den Universitäten aus wurde die Büchervernichtung in Angriff genommen. Professoren gaben dem Ereignis mit Festreden die akademische Weihe; Studenten führten die Verbrennungen durch.

Das düstere Ereignis jährt sich jetzt zum fünfzigsten Male. Das gibt Anlaß nicht nur zur Erinnerung, sondern zu Fragen: Wie konnte es dazu kommen? Was waren die Folgen? Erreichen sie uns noch heute? Und wie war es möglich, daß ausgerechnet eine Institution die Freiheit des Geistes verriet, von der man eigentlich, wie von keiner anderen, entschlossene Verteidigung hätte erwarten sollen?

Die deutsche Universität bildete einmal eine Zitadelle des Geistes. Seit dem 19. Jahrhundert galt ihr internationaler Rang oder sogar Vorrang unumstritten; von weither kamen junge Wissenschaftler nach Deutschland, um hier zu lernen und ihre akademische Laufbahn auf Gelehrsamkeit zu gründen. Nicht selten ist gesagt worden, daß jeder, der sich im Ernst der Wissenschaft widme, zwei Vaterländer habe: sein eigenes und Deutschland. Vor solchem Hintergrund wird um so markanter sichtbar, ja zum Symbol erhoben, worum es in der Nacht von 1933 ging: um die Verfemung, Vertreibung und Vernichtung, um die Selbstzerstörung des Geistes.

Dieses Buch versucht zweierlei. Einmal will es berichten: von der Nacht der Scheiterhaufen, von der Vorgeschichte und von den Folgen. Ausgewählte Texte sollen dabei zur Anschauung helfen.

Zum anderen geht es um Aufklärung der bedrängenden Frage: Wie war das möglich? Was verkettet die Macht des Geistes mit seiner Ohnmacht, die Freiheit mit ihrer Zerstörung und mit dem Selbsthaß? Vielleicht kann solche Aufklärung dazu beitragen, den Bann einer Geistfeindschaft zu lösen, die noch immer auf ihren Erben lastet.

Ich widme das Buch einem 1933 in die Emigration getriebenen, dann zurückgekehrten Repräsentanten und Außenseiter der deutschen Universität: meinem verehrten akademischen Lehrer und väterlichen Freunde Helmuth Plessner.

Christian Graf von Krockow

Scheiterhaufen

1. Rufer: »Gegen Klassenkampf und Materialismus, für Volksgemeinschaft und idealistische Lebenshaltung! Ich übergebe dem Feuer die Schriften von Marx und Kautsky.«

2. Rufer: »Gegen Dekadenz und moralischen Verfall! Für Zucht und Sitte in Familie und Staat! Ich übergebe dem Feuer die Schriften von Heinrich Mann, Ernst Glaeser und Erich Kästner.«

3. Rufer: »Gegen Gesinnungslumperei und politischen Verrat, für Hingabe an Volk und Staat! Ich übergebe dem Feuer die Schriften von Friedrich Wilhelm Foerster.«

4. Rufer: »Gegen seelenzerfasernde Überschätzung des Trieblebens, für den Adel der menschlichen Seele! Ich übergebe dem Feuer die Schriften des Sigmund Freud.«

5. Rufer: »Gegen Verfälschung unserer Geschichte und Herabwürdigung ihrer großen Gestalten, für Ehrfurcht vor unserer Vergangenheit! Ich übergebe dem Feuer die Schriften von Emil Ludwig und Werner Hegemann.«

6. Rufer: »Gegen volksfremden Journalismus demokratisch-jüdischer Prägung, für veranwortungsvolle Mitarbeit am Werk des nationalen Aufbaus! Ich übergebe dem Feuer die Schriften von Theodor Wolff und Georg Bernhard.«

7. Rufer: »Gegen literarischen Verrat am Soldaten des Weltkrieges, für Erziehung des Volkes im Geist der Wehrhaftigkeit! Ich übergebe dem Feuer die Schriften von Erich Maria Remarque.«

8. Rufer: »Gegen dünkelhafte Verhunzung der deutschen Sprache, für Pflege des kostbarsten Gutes unseres Volkes! Ich übergebe dem Feuer die Schriften von Alfred Kerr.«

9. Rufer: »Gegen Frechheit und Anmaßung, für

Achtung und Ehrfurcht vor dem unsterblichen deutschen Volksgeist! Verschlinge, Flamme, auch die Schriften der Tucholsky und Ossietzky!«

Die Rufer waren: junge Leute in braunen Uniformen. Es waren: Studenten. Ort der Handlung: Berlin, Opernplatz, 10. Mai 1933.

Die Studenten waren nicht allein: Dozenten, Professoren, Rektoren hatten sich angeschlossen. Oder vielmehr: Bevor man gemeinsam zum Platz der Bücherverbrennung marschierte, hatten sie in überfüllten Hörsälen begeisternde Reden gehalten - sie, die Täter von oben herab, vom Katheder. In Berlin hieß der Mann der Stunde Professor Alfred Bäumler.

Berlin blieb nicht allein. Denn dies sollte ja ein weithin leuchtendes Zeichen sein, ein Flammenzeichen für den Aufbruch des Geistes ins neue, ins Dritte Reich. So geschah überall in den Universitätsstädten ähnliches: in München, Bonn, Frankfurt am Main... Im Hamburger Tageblatt vom 16. Mai konnte man lesen:

»Menschenmassen umstanden im weiten Bogen den Scheiterhaufen, den gestern abend die Hamburger Studentenschaft am Kaiser-Friedrich-Ufer aufgetürmt hatte. Miterleben wollten sie alle die Verbrennung jener Schriften, die jahrzehntelang unser Volk vergifteten. Sturm 6/76, der ausschließlich aus Studenten besteht, war vollzählig vom Appell im Studentenhaus ausgerückt, ebenso waren die Hochschulgruppen des Stahlhelms und die Chargierten der Korporationen erschienen. - Gegen 23 Uhr loderte prasselnd die Flamme empor. Brausend erklang das Lied der studentischen Jugend: Burschen heraus! - Höher schlug die Flamme, Buch um Buch aus jener undeutschen Sphäre wurde zerrissen und vernichtet... Der alte studentische Brauch, durch Feuer den Geist ehrloser Jahre zu zerstören, läßt auch heute diese Schriften geistiger Fäulnis verbrennen. Dieses Feuer soll, nachdem unser Führer, der Reichskanzler Adolf Hitler das Reich politisch erobert hat, nun allen undeutschen Geist entfernen, um im Kampf voran die erwachten Studenten, den Ideen des neuen Deutschland den Weg zu bahnen: im Geiste Horst Wessels, des Kämpfervorbildes für alle Studenten. - Unter den Klängen seines Liedes wurde die Gaufahne des Roten Frontkämpferbundes in die Flamme geschleudert: Nicht mehr die Internationale der Proletarier, sondern der Zusammenschluß von Arbeiter und Student in ein Volk soll fortan die Parole sein.«

Nebenher bemerkt: Kämpfervorbild und SA-Führer Horst Wessel war ein gescheiterter Student, der im Zuhältermilieu lebte und dort unter nie ganz aufgeklärten Umständen erschossen wurde. - Bericht des Göttinger Tageblatts vom 11. Mai 1933:

»Der neugewählte Rektor der Universität, Prof. Neumann, ließ es sich nicht nehmen, die einleitenden Worte zu sprechen... Sodann nahm Privatdozent Dr. Fricke das Wort, um in längerer, formvollendeter und geistvoller Rede Sinn und Bedeutung der Kundgebung zu deuten. Er wies darauf hin, daß nunmehr die nationale Revolution in ihr entscheidendes schöpferisches Stadium getreten sei... Nur einen kleinen Teil der akademischen Jugend, die ihr Glaubensbekenntnis zum deutschen Geist durch eine Protestaktion gegen alles Undeutsche ablegt, hat das Auditorium maximum fassen können. Während der sinndeutenden Rede Dr. Frickes herrscht draußen, um das Hörsaalgebäude herum, ein fast lebensgefährliches Drängen und Treiben... Ein Trompetensignal gibt das Zeichen zum Beginn des Fackelzuges, die SS-Kapelle intoniert einen Marsch, und unter Vorantritt der Hakenkreuzfahne des Sturmes 4/82, des Studentensturmes, zieht die akademische Jugend Göttingens durch die Straßen der Innenstadt hinauf zum Platz vor der Albanischule. Hier ist schon in den Nachmittagsstunden der Scheiterhaufen errichtet worden...«

Scheiterhaufen: Der Begriff schon klingt nach einem Widerruf der Aufklärung, nach Hexenjagd und Ketzerverbrennung. Und genau das war gemeint. Erst brannten die Bücher, dann, 1938, die Gotteshäuser, die Synagogen. Dann die Feuer von Auschwitz. Als Folge, im Gegenfeuer, brannten von Hamburg bis Dresden die Städte… Gemeint war die Zerstörung eines Geistes, wie er in Europa seit dem Ausgang des Mittelalters, seit Renaissance und Reformation, Humanismus und Aufklärung sich entwickelt hatte.

Dieser europäische Geist der Neuzeit gleicht einem Thema mit vielen Variationen. Aber bei allen Unterschieden oder sogar Gegensätzen im einzelnen beruht er doch auf zwei Entdeckungen, zwei Eckpfeilern gewissermaßen, die sein ganzes Gewölbe tragen. Einmal ist es die Entdeckung, daß jedem Menschen für sich, als Individuum, zentrale, entscheidende Bedeutung zukommt: ein Wert über alle Bewertungen hinaus, der gegen nichts verrechnet werden kann. Jeder kann nur selbst entscheiden, was sein Leben bedeutet, wie und wohin er es im Letzten führen will. Darin liegt die Würde des Menschen, seine Verantwortung. Jeder muß darum *Freiheit* haben, die Freiheit zur Selbstverantwortung.

»Du bist nichts, dein Volk ist alles!« hieß dagegen die Parole im Nationalsozialismus. Und Entscheidungen trifft nicht der einzelne, sondern der Mann der Vorsehung an der Spitze: der »Führer«.

Die zweite zentrale Entdeckung heißt: *Gleichheit.* Als Mensch und als Bürger hat jeder die gleichen Grundrechte und Pflichten. Diese Gleichheit folgt aus der Freiheit; eines hängt mit dem anderen untrennbar zusammen. Denn wenn jeder nur für sich selbst verantwortlich entscheiden kann, dann darf auch niemand, kein selbsternannter Vormund, kein Herrscher von Gottes und kein Führer von der Vorsehung Gnaden für andere entscheiden. Dann gibt es zum mindesten für die Rangordnung als Prinzip, für die schicksalhaft vorbestimmte Ungleichheit keine Rechtfertigung mehr.

Freiheit und Gleichheit: Es sind die Proklamationen, die Ideale von 1789, die mit der Französischen Revolution geschichtsmächtig werden. Gegen sie richtet sich die nationalsozialistische *Konterrevolution der Ungleichheit.*

Man hat oft gehöhnt über den Hitlerschen Rassenwahn, diese primitiven Parolen von den Herrenmenschen und den Untermenschen. Und nur wenige, sogar unter denen, die sonst ihrem »Führer« willig folgten, mochten recht begreifen, warum »die Juden« an allem Unheil und Unglück in der Welt schuld sein sollten. (Noch nachträglich wurde dies oft sichtbar, wenn einstige »Mitläufer« die Judenverfolgung zum *Fehler* erklärten, von dem sie sich in der Anerkennung des »sonst Guten« distanzierten.) Aber wenn es sich schon um einen Wahn handelte, dann um einen mit Methode und Folgerichtigkeit: *Rasse* meinte eben die absolute, vorgegebene Festlegung des einzelnen als Prinzip, die Ungleichheit als Schicksal. Und »die Juden« sind *Symbol:* Menschen, die so lange unterdrückt waren, diskriminiert, ins Getto gebannt - und daraus befreit im Gefolge der Französischen Revolution, von der Ungleichheit zur Gleichheit unterwegs in einem Jahrhundertprozeß der Aufklärung und Emanzipation. Judenverfolgung, Judenvernichtung, *Endlösung:* Symbol dafür, daß dieser Jahrhundertprozeß insgesamt widerrufen, zurückgenommen, getilgt werden sollte, so als hätte es ihn nie gegeben.

Was Aufklärung und Emanzipation bedeuten, hat Immanuel Kant, der Philosoph aus Königsberg, in unvergänglichen Sätzen zum Ausdruck gebracht:

»*Aufklärung ist der Ausgang des Menschen aus einer selbstverschuldeten Unmündigkeit. Unmündigkeit* ist das Unvermögen, sich seines Verstandes ohne Leitung eines anderen zu bedienen. *Selbstverschuldet* ist diese Unmündigkeit, wenn die Ursache derselben nicht am Mangel des Verstandes, sondern der Entschließung und des Mutes liegt, sich seiner ohne Leitung eines andern zu bedienen. Sapere aude! Habe Mut, dich deines *eigenen* Verstandes zu bedienen! ist also der Wahlspruch der Aufklärung.«[2]

Kant fährt fort: »Faulheit und Feigheit sind die Ursachen, warum ein so großer Teil der Menschen, nachdem sie die Natur längst von fremder Leitung freigesprochen (naturaliter maiorennes), dennoch gerne zeitlebens unmündig bleiben; und warum es anderen so leicht wird, sich zu deren Vormündern aufzuwerfen. Es ist so bequem, unmündig zu sein. Habe ich ein Buch, das für mich Verstand hat, einen Seelsorger, der für mich Gewissen hat, einen Arzt, der für mich die Diät beurteilt, usw.: so brauche ich mich ja nicht selbst zu bemühen. Ich habe nicht nötig zu denken, wenn ich nur bezahlen kann; andere werden das verdrießliche Geschäft schon für mich übernehmen. Daß der bei weitem größte Teil der Menschen (darunter das ganze schöne Geschlecht) den Schritt zur Mündigkeit, außer dem daß er beschwerlich ist, auch für sehr gefährlich halte: dafür sorgen schon jene Vormünder, die die Oberaufsicht über sie gütigst auf sich genommen haben. Nachdem sie ihr Hausvieh zuerst dumm gemacht haben, und sorgfältig verhüteten, daß diese ruhigen Geschöpfe ja keinen Schritt außer dem Gängelwagen, darin sie sie einsperreten, wagen durften: so zeigen sie ihnen nachher die Gefahr, die ihnen drohet, wenn sie es versuchen, allein zu gehen. Nun ist diese Gefahr zwar eben so groß nicht, denn sie würden durch einigemal Fallen wohl endlich gehen lernen; allein ein Beispiel von der Art macht doch schüchtern, und schreckt gemeiniglich von allen ferneren Versuchen ab.«

Wie aus einer Vorahnung von Kommendem mag man aus dieser Passage schon eine Deutung deutscher Angst vor dem Mündigwerden und vor der Aufklärung, also politisch gesprochen vor der Demokratie herauslesen: Ein Volk und vor allem ein Bürgertum, das immer mit dem starken, leistungstüchtigen und überlegenen Obrigkeitsstaat konfrontiert war, dem die eigene Revolution mißlang und dem noch die nationale Einheit von »oben« im Glanz siegreicher Waffen präsentiert wurde, das dann in diesen Glanz des Obrigkeitsstaates sich einpaßte, der aufkommenden Arbeiterbewegung mit Furcht statt mit Selbstbewußtsein begegnete und schließlich die Demokratie nur als Niederlage, »Dolchstoß« und »Novemberverbrechen«, als Schmach und als Schwäche wahrnahm

– dieses Bürgertum oder mindestens große Teile davon erwiesen sich als süchtig, brünstig nach dem »starken Mann vom cäsarischen Schlage«, der von der Last der Freiheit befreite.[3]

Von der Vorbereitung auf die Unfreiheit handeln die beiden anschließenden, von den hintergründigen Gründen und von den Folgen weitere Kapitel. Im Rückblick nach fünfzig Jahren auf die Nacht von 1933 dürfte es freilich schwierig sein – für Jüngere zumal –, Erklärungen überhaupt zu akzeptieren. Gewiß gibt es unter wechselnden Vorzeichen, in jedem Lande, zu allen Zeiten und in allen Gesellschaftsschichten die vielzitierte »autoritäre Persönlichkeit« und den Fanatiker, der alles haßt, was nicht von seinem Geist oder Ungeist ist. Aber ausgerechnet unter angehenden und gereiften Akademikern, Studenten und Professoren, in der Universität? Wo denn, wenn nicht hier, soll man für die Verteidigung von Toleranz und Aufklärung, für die Rechte des Andersdenkenden etwas erhoffen? Wo kann die Gedankenfreiheit Zuflucht finden und sich verschanzen, wenn nicht in dieser Zitadelle des Geistes? Mutet es deshalb nicht pervers an, wenn ausgerechnet von den Universitäten her die Bücherverbrennungen organisiert wurden?

Allerdings. Doch diese Perversität war gewollt. Sie war ein Einfall des neuernannten Ministers für »Volksaufklärung und Propaganda«, Dr. Joseph Goebbels. Er wußte, worauf es ankam. Übrigens sprach er selbst am Abend des 10. Mai auf dem Opernplatz in Berlin. Er nannte die Bücherverbrennung »eine starke, große und symbolische Handlung, eine Handlung, die aller Welt dokumentieren soll: Hier sinkt die geistige Grundlage der Novemberrepublik zu Boden; aber aus diesen Trümmern wird sich siegreich erheben der Phönix eines neuen Geistes, eines Geistes, den wir tragen, den wir fördern und dem wir das entscheidende Gesicht geben und die entscheidenden Züge aufprägen.« Der Minister schloß mit einem Hutten-Zitat: »O Jahrhundert, o Wissenschaften! Es ist eine Lust zu leben!«

Goebbels, der Demagoge mit dem Doktorhut, erkannte mit dem Scharfsinn, dem Haß und dem Selbsthaß des Renegaten, wie man den freien Geist treffen konnte. Denn man stelle sich einmal vor, daß irgendwelche primitiven Schlägertrupps die Scheiterhaufen entzündet hätten, daß sie von außen, gewaltsam, in die Hochschulen und ihre Bibliotheken eingedrungen wären, um Bücher zu entführen. Dann hätte es womöglich eine Welle der Entrüstung gegeben – oder zum mindesten heimliche Empörung, eine innere Abwendung. Vielleicht hätte man erhebliche Teile der akademischen Welt ins Gegenlager getrieben. Aber daß man die Bücherverbrennungen von den Universitäten selbst durchführen ließ, das war der Schlag, der traf, eine in der Tat »starke, große und symbolische Handlung«: Die wirkliche und wirkungsträchtige Zerstörung des Geistes ist nur als Selbstzerstörung möglich.

In der berechneten Fernwirkung ging es übrigens nicht bloß um die Bücher mißliebiger oder »artfremder« Autoren, sondern im Grunde um das Buch überhaupt. Denn jede Beschäftigung mit einem Buch distanziert den Leser – mindestens der Möglichkeit nach – von der proklamierten totalen »Gemeinschaft«, in der der einzelne »nichts« ist; wer liest, setzt sich als einzelner einer individuellen geistigen Begegnung aus. Und niemand sonst kann kontrollieren, wie dabei die Phantasie ins Schweifen gerät oder welche Gedanken mächtig werden. Daß dies gut genug verstanden wurde, mag ein Beispiel aus dem Jahre 1937 dokumentieren, die Jubiläumsbroschüre der Essener Stadtbücherei[4]:

Unter dem Titel »Die Gesundung – Rückgang der Vielleserei« heißt es: »Im Krisenjahr 1932: Beängstigendes Ansteigen von Entleihungsziffern und Lesesaalbenutzung: 643 000 Buchentleihungen, 315 000 Lesesaalbenutzer... Nach vier Jahren Aufbau 1937: Gesundes Verhältnis von Entleihungsziffern und Lesesaalbenutzung: 412 000 Buchentleihungen, 217 000 Lesesaalbenutzer. Neue Aufgaben nahmen die Leser in Anspruch:

1. Die Rückkehr an die Arbeitsplätze - 2. Die politische Betätigung für Volk und Staat - 3. Die Arbeitsdienstpflicht - 4. Der Heeresdienst.«

Aber zurück zur Bücherverbrennung von 1933: Ob es bei vielen nicht doch so etwas wie ein Erschrecken gab, eine wenigstens innere Distanzierung, läßt sich nachträglich nur schwer ermessen. Gewiß sind viele Professoren zu ihrer Selbsterniedrigung vor dem Scheiterhaufen gar nicht erst mitmarschiert. Ein offener Protest allerdings war schon kaum mehr möglich; zum mindesten hätte er etwas hierzulande Seltenes erfordert: Zivilcourage.

Sichtbar und hörbar gab es nichts als Zustimmung und Gleichklang, sozusagen die Selbstberauschung durch starke Worte. Sie beeindruckten natürlich um so mehr, wenn sie nicht von bewährten Nationalsozialisten stammten, die erst nach der »Machtergreifung« akademische Karriere gemacht hatten, sondern von längst anerkannten Gelehrten. Zwei Beispiele mögen für viele stehen.[5] Martin Heidegger, der berühmte Philosoph, übernahm im Frühjahr 1933 das Rektorat der Universität Freiburg. Bald nach den Bücherverbrennungen, am 27. Mai, hielt er seine Antrittsrede. Darin heißt es - unter dem Titel »Die *Selbstbehauptung* der deutschen Universität« - am Anfang und am Ende[6]:

»Die Übernahme des Rektorats ist die Verpflichtung zur *geistigen* Führung dieser hohen Schule. Die Gefolgschaft der Lehrer und Schüler erwacht und erstarkt allein aus der wahrhaften und gemeinsamen Verwurzelung im Wesen der deutschen Universität. Dieses Wesen aber kommt erst zu Klarheit, Rang und Macht, wenn zuvörderst und jederzeit die Führer selbst Geführte sind - geführt von der Unerbittlichkeit jenes geistigen Auftrags, der das Schicksal des deutschen Volkes in das Gepräge seiner Geschichte zwingt... Wir wollen, daß unser Volk seinen geschichtlichen Auftrag erfüllt. Wir wollen uns selbst. Denn die junge und jüngste Kraft des Volkes, die über uns hinweggreift, *hat* darüber bereits *entschieden*. Die Herrlichkeit aber und Größe dieses Aufbruchs verstehen wir dann erst ganz, wenn wir uns in jene tiefe und weite Besonnenheit tragen, aus der die alte griechische Weisheit das Wort gesprochen: ›Alles Große steht im Sturm.‹«

Hier spürt man, als Selbstberauschung und als Wollust des Geistes, sich endlich in die umfassende, von Einsamkeit und Freiheit *entlastende* Gemeinschaft eingebettet zu finden: die Abdankung des Geistes. Oder auch: die Verflachung durch Tiefsinn, in dem alles tönt und sehr wenig gesagt wird. Das gilt erst recht für das zweite Beispiel. Es stammt von Hans Freyer, dem vor 1933 ebenso wie nach 1945 angesehenen Kulturphilosophen und Soziologen.[7] Man achte auf die sprachlichen Bilder, wie sie in einer grotesken völkischen Forstwirtschaft den Menschen aufs Untermenschliche reduzieren:

»In den Gesichtern der Großväter erkennen wir das eigene Gesicht. Sind hundert Generationen so viel mehr als drei? Vor dem ewigen Willen des Blutes ist der Unterschied klein. Der Bauer hinter dem gegenwärtigen Pflug, der Soldat unter dem modernen Stahlhelm ist Holz vom Stamme der Ostfahrer, der Völkerwanderer und des Teutoburger Waldes. In den Gesichtern der Kinder erwacht, neu aufgerüttelt, die eigene Art. Ihr Aufbruch war das alte, ihr Aufbruch ist das neue Reich. Ein dichtgeflochtenes, wurzelhaftes Leben, eins mit vielen, breitet sich durch den Raum der Jahrtausende. Die Zeit ist beinahe nur das Kleid seiner Allgegenwart. Durch die Namen und Gestalten, die die geschriebene Geschichte erfüllen, fließt es nur hindurch, wird in ihnen geläutert und veredelt, erscheint manchmal in einer symbolischen Figur, die dann ein Meister als Bild in irgendeinem Dom festhält, doch ins Namenlose zurücksinkend bleibt es zum Unendlichen bereit.

Aufgeklärte Jahrhunderte, die in ihren eigenen Fortschritt verschossen sind, trennen sich von ihm ab, mit dem Erfolg, daß sie verdorren. Aber wie klein erscheinen sie, wie klein erscheint sogar ihr Zusammenbruch bereits den Enkeln! Groß sind nur die Zeiten, deren Sinnen und

Trachten an das zeitlose Wesen angeschlossen sind. In ihnen erwacht, abseits aller Forschung, ein Wissen um die Macht der Wurzeln. Doch vor allem die Wurzeln selbst erwachen zu einem neuen Frühling. Sie geben wieder unmittelbare Geschichte aus sich her. Das unbekannte Volk steht auf und sagt ein politisches Ja. Aus den alten Säften wächst, noch einmal, eine Epoche, die Sinn hat. Ihre Irrtümer wiegen leicht. Ihr Umsturz ist, so hart er zugreift, ohne Willkür. Zukunft liegt über dem Heute, weil er eine Wandlung des Ewigen ist. Die Menschen glauben, schreiten aus, blicken vorwärts, und zwischen ihnen reitet, ungesehen, der Reiter aus Bamberg.«

Beispiele des Protests gab es indessen durchaus. Sie stammen allerdings kaum aus Professorenfedern, sondern von Schriftstellern. Zwei Zeugnisse seien hier ebenfalls angeführt.

Als die Abteilung für Dichtung in der Preußischen Akademie der Künste ihren Mitgliedern eine Mitarbeit »im Sinne der veränderten geschichtlichen Lage« abverlangte, schrieb Ricarda Huch am 9. April 1933 an den Präsidenten: »Lassen Sie mich zuerst danken für das warme Interesse, das Sie an meinem Verbleiben in der Akademie nehmen. Es liegt mir daran, Ihnen verständlich zu machen, warum ich Ihrem Wunsche nicht entsprechen kann. Daß ein Deutscher deutsch empfindet, möchte ich fast für selbstverständlich halten; aber was deutsch ist, und wie Deutschtum sich bestätigen soll, darüber gibt es verschiedene Meinungen. Was die jetzige Regierung als nationale Gesinnung vorschreibt, ist nicht mein Deutschtum. Die Zentralisierung, den Zwang, die brutalen Methoden, die Diffamierung Andersdenkender, das prahlerische Selbstlob halte ich für undeutsch und unheilvoll. Bei einer sehr von der staatlich vorgeschriebenen Meinung abweichenden Auffassung halte ich es für unmöglich, in einer staatlichen Akademie zu bleiben. Sie sagen, die mir von der Akademie vorgelegte Erklärung werde mich nicht an der freien Meinungsäußerung hindern. Abgesehen davon, daß eine ›loyale

Mitarbeit an den satzungsgemäß der Akademie zufallenden nationalen und kulturellen Aufgaben im Sinne der veränderten geschichtlichen Lage‹ eine Übereinstimmung mit dem Programm der Regierung erfordert, die bei mir nicht vorhanden ist, so würde ich keine Zeitung oder Zeitschrift finden, die eine oppositionelle Meinung abdruckte. Da bliebe das Recht der freien Meinungsäußerung in der Theorie stecken… Hiermit erkläre ich meinen Austritt aus der Akademie. Ricarda Huch.«[8]

Später, 1950, schrieb der während des Dritten Reiches verfemte und in die Emigration getriebene Alfred Döblin an Walter von Molo: »Eine einzige Stimme tönte aus Ihrem Kreis noch zu mir herüber: die Stimme von Ricarda Huch, einer herrlichen Frau, Sie wissen es selbst, Molo, mit Kraft, Geist und Mut, Ihr werdet niemals ihresgleichen sehen.«[9]

Unmittelbar auf die Nacht der Scheiterhaufen bezog sich ein offener Brief, den Oskar Maria Graf an die neuen Machthaber richtete und den die Saarbrücker Zeitung »Volksstimme« am 15. Mai 1933 veröffentlichte[10]:

»Während meiner zufälligen Abwesenheit aus München erschien die Polizei in meiner dortigen Wohnung, um mich zu verhaften. Sie beschlagnahmte einen großen Teil unwiederbringlicher Manuskripte, mühsam zusammengetragenes Quellenstudienmaterial, meine sämtlichen Geschäftspapiere und einen großen Teil meiner Bücher. Das alles harrt nun der wahrscheinlichen Verbrennung. Ich habe also mein Heim, meine Arbeit und – was vielleicht am schlimmsten ist – die heimatliche Erde verlassen müssen, um dem Konzentrationslager zu entgehen. Die schönste Überraschung aber ist mir erst jetzt zuteil geworden. Laut ›Berliner Börsencourier‹ stehe ich auf der weißen Autorenliste des neuen Deutschland, und alle meine Bücher, mit Ausnahme meines Hauptwerkes ›Wir sind Gefangene‹, werden empfohlen! Ich bin also dazu berufen, einer der Exponenten des ›neuen‹ deutschen Geistes zu sein! Vergebens frage ich mich, womit ich diese Schmach verdient habe.

Das Dritte Reich hat fast das ganze deutsche Schrifttum von Bedeutung ausgestoßen, hat sich losgesagt von der wirklichen deutschen Dichtung, hat die größte Zahl ihrer wesentlichsten Schriftsteller ins Exil gejagt und das Erscheinen ihrer Werke in Deutschland unmöglich gemacht. Die Ahnungslosigkeit einiger wichtigtuerischer Konjunkturschreiber und der hemmungslose Vandalismus der augenblicklich herrschenden Gewalthaber versuchen all das, was von unserer Dichtung und Kunst Weltgeltung hat, auszurotten und den Begriff ›deutsch‹ durch engstirnigen Nationalismus zu ersetzen. Ein Nationalismus, auf dessen Befehl alle meine aufrechten sozialistischen Genossen verfolgt, eingekerkert, ermordet oder aus Verzweiflung in den Freitod getrieben werden!

Und die Vertreter dieses barbarischen Nationalismus, der mit Deutschsein nichts, aber auch gar nichts zu tun hat, unterstehen sich, mich als einen ihrer ›Geistigen‹ zu beanspruchen, mich auf ihre sogenannte weiße Liste zu setzen, die vor dem Weltgewissen nur eine schwarze Liste sein kann! Diese Unehre habe ich nicht verdient!

Nach meinem ganzen Leben und nach meinem ganzen Schreiben habe ich das Recht, zu verlangen, daß meine Bücher der reinen Flamme des Scheiterhaufens überantwortet werden und nicht in die blutigen Hände und die verdorbenen Hirne der braunen Mordbanden gelangen!

Verbrennt die Werke des deutschen Geistes! Er selber wird unauslöschlich sein, wie eure Schmach!«

Deutscher Aufbruch I: Studenten

»Ein großer Korb ward jetzt an das Feuer gebracht, voll Bücher, die hier öffentlich, im Angesichte des deutschen Landes der Flamme übergeben wurden, im Namen der Gerechtigkeit, des Vaterlandes und des Gemeingeistes. Ein gerechtes Urteil sollte hier gehalten werden über die schlechten, das Vaterland entehrenden, unseren Volksgeist verderbenden Schriften; zum Schrecken der Schlechtgesinnten und aller derjenigen, die mit ihrem seichten Wesen, leider! nur zu sehr die alte keusche Volkssitte entstellt und entkräftet haben.

Der Titel jedes Buches ward von einem Herold laut ausgerufen; dann erscholl jedesmal ein lautes Geschrei der Anwesenden, ein Ausspruch ihres Unwillens: Ins Feuer! Ins Feuer! Zum Teufel mit demselben! Somit ward das corpus delictum den Flammen überantwortet.

Zum allgemeinen Jubel loderten zuletzt noch hell auf:

1. ein preußischer Ulanenschnürleib,
2. ein hessischer Pracht-, Prahl- und Patentzopf,
3. ein nassauischer und ein Wiener Korporalstock.

Diese drei brannten als die würdigen Vertreter ihrer Brüder und Sippschaften, als die Hauptleute und Flügelmänner des Gamaschendienstes.«

So berichtet ein Augenzeuge[11] vom Wartburgfest, das am 18. Oktober 1817 stattfand, zum Gedenken an die Reformation von 1517 und - vor allem - an die Völkerschlacht bei Leipzig 1813, also an den Freiheitskampf gegen die napoleonische Eroberung. Veranstalter waren die in der Burschenschaft zusammengeschlossenen Studenten der Universität Jena. Abordnungen aus elf weiteren Universitäten nahmen teil, insgesamt etwa fünfhundert Personen. »Einheit und Freiheit« leuchteten als Ziele: Einheit des Vaterlandes im deutschen Nationalstaat, Freiheit vom bürokratisch und militärisch geprägten Obrigkeitsstaat.

Zwei Welten prallten zusammen. Auf der einen Seite

hatte die französische Fremdherrschaft ein Nationalgefühl entstehen lassen, dessen Hauptträger und Propagandisten die Gebildeten waren. Der siegreiche Befreiungskampf hatte dieses Nationalgefühl zur überschwenglichen, nun auch nach innen gerichteten Freiheitserwartung gesteigert. Und man klagte dann gewissermaßen die eigenen Verdienste ein: »Wenn die unteren und mittleren Schichten den Mangel an politischer Erfahrung durch treue und hingebende Gesinnung ersetzten, so konnten die gebildeten Schichten des Bürgertums sich mit Stolz auf die geistigen Güter, die sie erarbeitet hatten, berufen und sie als Legitimation vorweisen auch für politische Rechte. Man verlangte zwar nicht stürmisch nach solchen Rechten einer freien Verfassung, aber was wichtiger und fruchtbarer war, man hatte den innigen Wunsch, mit dem, was man geistig erworben hatte, dem Staate und dem Vaterlande etwas sein zu können.«[12] Eine seltsam unpolitische Vorstellung! Stürmisch indessen reagierten Studenten. Viele von ihnen hatten als Kriegsfreiwillige gekämpft, etwa im Lützowschen Freikorps, das im Rückblick rasch romantisiert und dessen Bedeutung – im krassen Mißverhältnis zu den Realitäten[13] – fast zum Mythos gesteigert wurde. Dies nicht zuletzt wegen des im Kampf gefallenen Sängers Theodor Körner, in dessen Lied von »Lützows wilder verwegener Jagd« es schon zweideutig genug hieß:

»Die wilde Jagd, und die deutsche Jagd
auf Henkersblut und Tyrannen!«

Auf der Gegenseite der alte Staat: neu aufgerichtet und befestigt, siegreich, nach dem Ende der äußeren Bedrohung vom Reformdruck entlastet. Und in seinem Inneren, in Verwaltung und Machtorganisation, noch immer weithin beherrscht von den traditionell privilegierten Schichten. Warum sollte er auf ein paar jugendliche Phantasten anders reagieren als mit Unterdrückung – und warum ein in der Stunde der Bedrängnis vage hingeworfenes königliches Verfassungsversprechen einlösen?

Der Konflikt war unausweichlich; es bedurfte nur noch eines Anlasses, um die Unterdrückung auszulösen. In ihrem Vorfeld aber breitete sich zunächst einmal die burschenschaftliche Bewegung stürmisch aus, nachdem die »Urburschenschaft« 1815 in Jena entstanden war. Zu weiteren Zentren entwickelten sich bald Gießen und Heidelberg. In einer Situation, in der es noch keine Massenpresse, keine Volksbewegung und keine Parteien gab, fiel den Studenten fast so etwas wie eine Schlüsselrolle zu[14]; sie waren mobil - und aus den Rücksichten auf Familie und Beruf freigesetzt zum Diskutieren und Agitieren. Darum haben sich, symbolträchtig, die Farben der Burschenschaftsbewegung - Schwarz, Rot und Gold - im Kampf um Freiheit und Einheit mit der deutschen Geschichte verbunden: als die Farben der Revolution von 1848, als - höchst umstrittene - Nationalfarben der Weimarer Republik wie als - unumstrittene - Symbole der Bundesrepublik Deutschland und der DDR.

Im Rückblick mutet es allerdings unheimlich an, daß ausgerechnet zum festlichen Auftakt eines Freiheitskampfes Bücher verbrannt wurden. Gewiß: Man darf das Wartburgfeuer von 1817 nicht an dem von 1933 messen. Vielmehr gilt umgekehrt: Die Goebbels-Inszenierung wurde bewußt nach der von 1817 stilisiert. Aber es handelt sich nicht nur um ein nachträgliches Urteil, das falsche Maßstäbe angelegt. Denn schon Zeitgenossen haben *die abgründige Zweideutigkeit des deutschen Aufbruchs* empfunden.

Heinrich Heine zum Beispiel, als Freiheitsdichter und Kritiker des Obrigkeitsstaats zur Emigration gezwungen, also der konservativen Parteinahme kaum verdächtig, hat kritisch das Hambacher National- und Freiheitsfest von 1832 mit dem Wartburgfest verglichen und dazu gesagt:

»Das Hambacher Fest beurkundete einen großen Fortschritt, zumal wenn man es mit jenem anderen Feste vergleicht, das einst ebenfalls zur Verherrlichung gemeinsamer Volksinteressen auf der Wartburg stattfand. Nur in Außendingen, in Zufälligkeiten, sind sich die beiden Bergfeiern sehr ähnlich; keineswegs ihrem tieferen Wesen nach. Der Geist, der sich auf Hambach aussprach, ist grundverschieden von dem Geist oder vielmehr von dem Gespenste, das auf der Wartburg seinen Spuk trieb. Dort, auf Hambach, jubelte die moderne Zeit ihre Sonnenaufgangslieder, und mit der ganzen Menschheit ward Brüderschaft getrunken; hier aber, auf der Wartburg, krächzte die Vergangenheit ihren obskuren Rabengesang, und bei Fackellicht wurden Dummheiten gesagt, die des blödsinnigsten Mittelalters würdig waren! Auf Hambach hielt der französische Liberalismus seine trunkensten Bergpredigten, und sprach man auch viel Unvernünftiges, so ward doch die Vernunft selber anerkannt als jene höchste Autorität, die da bindet und löset und den Gesetzen ihre Gesetze vorschreibt; auf der Wartburg hingegen herrschte jener beschränkte Teutomanismus, der viel von Liebe und Glaube greinte und dessen Glaube nur in der Unvernunft bestand und der in seiner Unwissenheit nichts Bessres zu erfinden wußte, als Bücher zu verbrennen!«[15]

Man mag einwenden: Hier verirrt sich der Dichter in seiner dichterischen Freiheit. Zum mindesten erweckt er den Eindruck, als sei auf der einen Seite alles Licht gewesen und auf der anderen lauter Finsternis oder als gehöre die Studentenbewegung zur wahren deutschen Freiheitsbewegung der Bürger gar nicht dazu. Doch das ist abwegig; das eine läßt sich vom andern nicht trennen. Übrigens waren auch beim Hambacher Fest Studenten durchaus dabei. Sie haben sich sogar recht robust Zutritt verschafft, wie ein preußischer Spitzel seinem Vorgesetzten berichtete:

»Ein Trupp von etwa 50 Studenten war in Mannheim eingetroffen. Sie wollten sich zum Feste begeben. An der Grenze, auf der Rheinbrücke, wurde ihnen jedoch der Eintritt versagt, da sie nicht durch Pässe sich legitimieren konnten. Nach einigem Hin- und Herreden und ungeachtet der Drohung der Studenten, den Eintritt zu erzwingen, zogen sie sich dennoch zurück, um, wie sich später ergab, Verstärkung abzuwarten, welche auch bald anlangte und ihre Anzahl auf etwa 100 bis 200 vermehrt hatte. So begaben sie sich nun von neuem zur Rheinbrücke, um sich mit Gewalt Bahn zu brechen, was ihnen auch nicht schwer werden konnte, da der Grenzposten nur aus etwa 6 Mann Infanterie und ebensovielen Zollofficianten bestand. Sie hatten geschlossene Reihen formiert und waren mit Stöcken bewaffnet.«[16]

Ein Holzhändler aus Frankenthal vermittelte, so daß es ohne Blutvergießen abging. Allein aus Heidelberg sind etwa dreihundert Studenten zum Hambacher Fest gekommen; andere stammten aus Jena, Tübingen und Würzburg. Unter den Festrednern war ebenfalls ein Student: Karl Heinrich Brüggemann. Was er sagte, mag schwärmerisch genug geklungen haben. Zu einer Rede, die Brüggemann ein Jahr vor Hambach, im Juli 1831, im Kreise seiner Kommilitonen in der Klosterruine Limburg hielt, notiert das Protokoll:

»Alle germanischen Völker werden und müssen sich würdiger gestalten; die Zeiten der Zwingherrschaft sind vorüber, und Freistaaten werden als Ergebnis des Volkskampfes emporblühen; statt ruhmsüchtiger Generale und Beamten werden aufopferungsfreudige Vaterlandshelden, statt willenloser Soldaten begeisterte Wehrmänner, statt verächtlicher, eigensüchtiger Pöbelmassen werden patriotische Völker künftig das neue Europa verherrlichen.«[17]

Das wirkt eher verstiegen idealistisch als praktisch revolutionär. Aber krächzt hier nur »die Vergangenheit ihren obskuren Rabengesang«? Und klang es bei anderen wirklich so viel anders? Man muß bedenken, daß es sich noch um das Zeitalter der Romantik handelte. Außerdem muß man bedenken – und würdigen –, daß die Studenten zunächst die Hauptlast des Freiheitskampfes trugen. Das »System Metternich« der Verbote und Verfolgungen traf zwar nicht nur, aber vor allem sie. So erging es übrigens auch Brüggemann nach dem Hambacher Fest. Er wurde in Heidelberg verhaftet, vorübergehend freigelassen, dann wieder verhaftet und von Baden an Preußen ausgeliefert. Und wie es ihm weiter erging, schildert als Historiker des Hambacher Fests, Veit Valentin:

»Wie ein gemeiner Verbrecher wurde er geschlossen transportiert, mußte trotz seiner Schwächlichkeit den größten Teil des Weges zu Fuß gehen... Da er vor dem Berliner Kammergericht seine Mitschuldigen nicht nennen wollte, wurde er ... nach wiederholter Strafandrohung und tapferer Weigerung in ein einsames dunkles Gefängnis gesetzt und mit verschärften Strafen belegt. Brüggemann verteidigte sich mit großer Gewandtheit und logischer Schlagkraft. Trotzdem verurteilte ihn das Berliner Kammergericht zur Todesstrafe ›mit dem Rade von oben her‹! Mit dem Rade von oben her! Es war das einzige verschärfte Urteil dieser Art; gegen mehrere andere ›Demagogen‹ wurde auf einfache Todesstrafe durch das Beil erkannt. Brüggemann wurde zuerst zu lebenslänglichem, dann zu fünfzehnjährigem Festungsarrest begnadigt. 1836 übergab seine Schwester dem Kronprinzen Friedrich Wilhelm persönlich fußfällig ein Gnadengesuch. Am 14. August 1840 wurde er nach der Thronbesteigung Friedrich Wilhelms IV. entlassen.«[18]

Für Brüggemann gab es allenfalls den bitteren Trost, daß es vielen so erging wie ihm. Allein das erwähnte Berliner Kammergericht hat in der Restaurationszeit 204 Studenten zu oft langjährigen Haftstrafen verurteilt und 39 Todesurteile gefällt. Die Todeskandidaten wurden zwar zur Festungshaft begnadigt und beim Regierungsantritt Friedrich Wilhelms IV. meist amnestiert. Aber wie viele Lebenschancen und Zukunftshoffnungen sind dabei zerstört worden, wie viele junge Leute sind auf bloßen Verdacht oder bei geringer Beteiligung ins Räderwerk der Justiz geraten! Man lese es, weil bloße Zahlen so wenig besagen, etwa bei Fritz Reuter nach.

Doch das ist nur die eine Seite des Sachverhalts. Man

muß feststellen, daß am Anfang der Verfolgungen Verfolgung stand: das Leben oder vielmehr die Ermordung des Schriftstellers August von Kotzebue, dem schon beim Wartburgfest die Ehre der Bücherverbrennung zuteil geworden war. Am 23. März 1819 wurde er in seiner Wohnung in Mannheim von dem Studenten Karl Ludwig Sand erstochen. Es war ein Vorgang, bei dem sich Vergleiche mit den Fememorden der Weimarer Republik oder mit dem Terrorismus unserer Tage aufdrängen. Darum lohnt es sich, genauer hinzusehen.

Hier also Kotzebue: Unterhaltungsschriftsteller, einer der erfolgreichsten seiner Zeit, Autor von über zweihundert vielgespielten Theaterstücken. Er hatte ein bewegtes Leben geführt und lange in russischen Diensten gestanden. Später empfing er einen russischen Ehrensold, was ihn den Deutschtümlern natürlich verhaßt und verdächtig machte. Aber wie so viele andere Patrioten hatte er entschieden gegen Napoleon gekämpft. Auch führte er eine kritisch-ironische Feder; man hat ihn einen »Tucholsky seiner Zeit« genannt[19], was freilich die Fronten verschiebt und ihm zu viel Ehre antut. Doch wie immer: Zum Verhängnis wurde Kotzebue, daß er die romantische Volks- und Freiheitstümelei der Studenten mit Spott überzog. Er schrieb etwa:

»Wir können uns nicht überzeugen, daß die akademische Freiheit edel und liberal zu nennen sei. Denn worin besteht sie? In nichts anderem, als in der gänzlichen Freiheit jedes Studenten, lüderlich zu leben oder nicht; sein Geld zu Rate zu halten oder zu verschwenden; seine Schulden zu zahlen oder die Philister zu prellen; sich anständig oder närrisch zu kleiden; alles nach Belieben. Nichts ist lächerlicher und alberner, als die Behauptung, daß durch Aufhebung der akademischen Freiheit (wir nennen sie Zügellosigkeit) das Genie den Spielraum verliere, sich frei zu entwickeln... Auf den englischen Universitäten müssen sich die Studenten großen Beschränkungen unterwerfen, und doch sind große Genies häufig aus ihnen hervorgegangen.«[20]

Und nun der Gegenspieler: Karl Ludwig Sand, Sohn eines preußischen Justizrats, Theologiestudent, Burschenschafter, Anhänger des Führers der Radikalen, Karl Follen.[21] Beim Wartburgfest saß er im Festausschuß und war einer der vier Fahnenträger. Als er dann von Jena aus zu seiner Tat aufbrach, führte er im Gepäck ein Manifest mit sich, in dem es hieß: »Ein Zeichen muß ich geben, muß mich erklären gegen die Feigheit und Feilheit der Gesinnung dieser Tage; weiß nichts Edleres zu tun, als den Erzknecht und das Schutzschild dieser feilen Zeit, dich Verräter und Verderber meines Volkes, August von Kotzebue, niederzustoßen.«

Als Sand ein Jahr nach seiner Tat, am 20. März 1820 auf einer Wiese bei Mannheim öffentlich enthauptet wurde, waren zwei Drittel aller Heidelberger Studenten gekommen, um Zeugen zu sein. Und, wie ein Beobachter berichtete: »Manche Träne floß auf Sands Grab; überspannte Frauen und fanatische Männer tauchten ihre Tücher in des Gerichteten Blut.«

Die Folgen des Mordes aber waren in anderem Sinne verhängnisvoll. Der Attentäter hatte einen Zettel mit sich geführt, auf dem er geschrieben hatte: »Todesurteil an dem Verräter August von Kotzebue, vollzogen nach den Beschlüssen der Universität Jena.« Das war natürlich Sands eigene, freie Erfindung. Aber als angebliches Beweisstück lieferte dieser Zettel einen Vorwand für Verfolgung und Unterdrückung, wie er der Obrigkeit willkommener nicht hätte sein können. Es ergingen die berüchtigten Karlsbader Beschlüsse, die unter dem Druck Österreichs und Preußens vom Bundestag im Herbst 1819 einstimmig angenommen wurden; sie reichten von der allgemeinen Zensur bis zur strengen Universitätsüberwachung und trafen alle nationalen und freiheitlichen Bewegungen; eine wahrhaft finstere Zeit begann.

Die Studentenbünde, die Burschenschaften wurden allerdings nicht ausgelöscht, sondern in die Heimlichkeit, in den Untergrund getrieben. Eine der Folgen war ihre Aufsplitterung in verschiedene Richtungen – und damit vielfach ihre Radikalisierung; dies nicht zuletzt im Sinne bornierter, fanatischer Deutschtümelei. Will man gerecht urteilen, dann muß man allerdings nicht bloß von den Studenten sprechen, sondern auch von den Einflüssen, denen sie ausgesetzt waren, also von ihren akademischen Lehrern, zum Beispiel von dem Philosophen Jakob Friedrich Fries. Er war Professor in den Hochburgen der Studentenbewegung Heidelberg und Jena und wurde wegen seiner Beteiligung am Wartburgfest vorübergehend aus dem Staatsdienst entlassen. Sein berühmter Kollege, der »preußische Staatsphilosoph« Georg Wilhelm Friedrich Hegel, hat ihn dabei mit Hohn überzogen.

Ein exemplarischer Vorgang? In der Tat. Und es gibt ein untrügliches Zeichen des wahren Charakters: den Antisemitismus. Was sich da anbahnte und geschah, hat Harry Pross geschildert:

»Vor allem Fries forderte seine Studenten dazu auf, ihren Individualismus und ihre Humanitätsideale der Aufklärung aufzugeben und sich zum ›deutschen Volkstum‹ zu bekehren. Er verlangt von seinen Heidelberger und Jenaer Schülern zuerst, die jüdischen Studenten als ›Feinde unserer Volkstümlichkeit‹ von den Burschenschaften auszuschließen.«[22]

Dazu die Gegenfront: »Hegels Schüler, besonders Mitglieder der Heidelberger Burschenschaft ›Teutonia‹ bekämpfen unter der Leitung des Deutschkatholiken Carové die Friesianer und treten energisch für die Zulassung (der Juden) zu den Burschenschaften ein. Während der Judentumulte 1819, als die Ortspolizei versagt, sind sie die einzigen, die die Juden mit blanker Waffe gegen die erregte Volksmenge verteidigen. Die germanomanischen Burschenschaften dagegen hetzen das Volk gegen die ›Französelei‹ und die Juden auf. Während der Judenkrawalle in Würzburg 1819 organisieren sie die ›Fehmbünde‹, die sich zur Aufgabe machen, die Juden zu vertreiben oder mit ›Schwert und Dolch‹ zu vertilgen.«

Mangelnde Solidarität mit dem verfolgten Kollegen? Aber wer sind hier eigentlich die Verfolgten – und wer die Verfolger? Was im übrigen Hegel zur Sache zu sagen hat, kann man in der Vorrede zu seiner »Rechtsphilosophie« nachlesen:

»Was wir von der Philosophie der neueren Zeit mit der größten Prätention über den Staat haben ausgehen sehen, berechtigte wohl jeden, der Lust hatte mitzusprechen, zu dieser Überzeugung, ebensolches von sich aus geradezu machen zu können... Ohnehin hat die sich so nennende Philosophie es ausdrücklich ausgesprochen, daß das Wahre selbst nicht erkannt werden könne, sondern daß dies das Wahre sei, was jeder über die sittlichen Gegenstände, vornehmlich über Staat, Regierung und Verfassung, sich aus seinem Herzen, Gemüt und Begeisterung aufsteigen lasse. Was ist darüber nicht alles der Jugend insbesondere zum Munde geredet worden? Die Jugend hat es sich denn auch wohl gesagt sein lassen. *Den Seinen gibt Er's schlafend,* – ist auf die Wissenschaft angewendet worden, und damit hat jeder Schlafende sich zu den *Seinen* gezählt; was er so im Schlafe der Begriffe bekommen, war freilich auch Ware danach. – Ein Heerführer dieser Seichtigkeit, die sich Philosophieren nennt, Herr *Fries,* hat sich nicht entblödet, bei einer feierlichen, berüchtigt gewordenen öffentlichen Gelegenheit« – eben dem Wartburgfest – »in einer Rede über den Gegenstand von Staat und Staatsverfassung die Vorstellung zu geben: ›in dem Volke, in welchem echter Gemeingeist herrsche, würde jedem Geschäft der öffentlichen Angelegenheiten *das Leben von unten aus dem Volke* kommen, würden jedem einzelnen Werke der Volksbildung und des volkstümlichen Dienstes sich *lebendige* Gesellschaften weihen, *durch die heilige Kette der Freundschaft* unverbrüchlich vereinigt‹, und dergleichen. – Dies ist der Hauptsinn der Seichtigkeit, die Wissenschaft statt auf die Entwicklung des Gedankens und Begriffs, vielmehr auf die unmittelbare Wahrnehmung und zufällige Einbildung zu stellen, ebenso die reiche Gliederung des Sittlichen in sich, welche der Staat ist, die Architektonik seiner Vernünftigkeit, die durch die bestimmte Unterscheidung der Kreise des öffentlichen Lebens und ihrer Berechtigungen und durch die Strenge des Maßes, in dem sich jeder Pfeiler, Bogen und Strebung hält, die Stärke des Ganzen aus der Harmonie seiner Glieder hervorgehen macht, – diesen gebildeten Bau in den Brei des ›Herzens, der Freundschaft und Begeisterung‹ zusammenfließen zu lassen... Mit dem einfachen Hausmittel, auf das *Gefühl* das zu stellen, was die und zwar mehrtausendjährige Arbeit der Vernunft und ihres Verstandes ist, ist freilich alle die Mühe der von dem denkenden Begriffe geleiteten Vernunfteinsicht und Erkenntnis erspart. *Mephistopheles* bei Goethe, – eine gute Autorität – sagt darüber ungefähr, was ich auch sonst angeführt:

›Verachte nur Verstand und Wissenschaft,
des Menschen allerhöchste Gaben –
so hast dem Teufel dich ergeben
und mußt zugrunde gehn.‹«

Das Problem steckt offenbar in einer romantischen Schwärmerei, die, wie »idealistisch« immer, einzig auf die Unmittelbarkeit des Gefühls setzt. Und das Problem steckt in einem Patriotismus, der, im Grunde bloß negativ, in der Abgrenzung gegen das Fremde seine Identität sucht und womöglich sogar findet: in der schroffen Betonung des Nur-Deutschen und des »Arteigenen«. Dies beklagt Heinrich Heine, wenn er sagt:

»Der Patriotismus des Deutschen besteht darin, daß sein Herz enger wird, daß es sich zusammenzieht wie Leder in der Kälte, daß er das Fremdländische haßt, daß er nicht mehr Weltbürger, nicht mehr Europäer, sondern nur ein enger Deutscher sein will. Da sahen wir nun das idealische Flegeltum, das Herr Jahn in System gebracht; es begann die schäbige, plumpe, ungewaschene Opposition gegen eine Gesinnung, die eben das Herrlichste und Heiligste ist, was Deutschland hervorgebracht hat, nämlich gegen jene Humanität, gegen jene allgemeine Menschenverbrüderung, gegen jenen Kosmopolitismus, dem unsere großen Geister, Lessing, Herder, Schiller, Goethe, Jean Paul, dem alle Gebildeten in Deutschland immer gehuldigt haben.«[23]

Mit Herrn Jahn ist der »Turnvater« gemeint: auch er mit zeitweilig großem Einfluß auf die junge Generation – und auch er ein Exponent der engen, rückwärtsgewandten Deutschtümelei. Übrigens steht Heine mit seinem Urteil nicht allein. Man könnte andere Schriftsteller zitieren, zum Beispiel Karl Immermann: »Jahn trägt eigentlich nichts im Kopf als sein Ideal eichelfressender Germanen, versetzt mit etwas starrem Protestantismus, und dann eine Theorie des Drauf- und Drein-Hauens, und auf diese Leisten schlägt er Kaiser und Könige, Jesuiten und Hussiten.«[24]

Oder Heinrich Laube: »Ich bin immer für das Turnen gewesen, es ist eine notwendige, ja blühende Grammatik des Körpers, aber die Turner waren zumeist künstliche Pferdeknechte, raffinierte Barbaren, die sich alle erdenkliche Mühe gaben, jede Kulturregung zu vergessen. Ludwig Jahn trug eine doppelte Stirn, deren zweiter Teil sich leer und dumm rückwärts hinaufstreckte bis in den Teutoburger Wald. Er sah überhaupt nur rückwärts, obwohl er klare Turneraugen hatte.«[25]

Alles unverdächtige Zeugen: Immermann war mit Jahn Lützower Jäger gewesen, Laube Burschenschafter, zeitweise verfolgt und in Haft. Und wie dann erst Heine: der Freiheitsdichter im Pariser Exil, aus dem er womöglich noch immer nicht wirklich zurückgekehrt ist – er, der in aller Welt, außer in Deutschland, als einer der größten deutschen Dichter verehrt wird.[26] Heine hat freilich eine Todsünde begangen. Er hat – wenigstens in diesem Punkt Arm in Arm mit Kotzebue (und mit Hegel) – das romantisch-idealistische Schwärmertum lächerlich gemacht, das am Ende bloß auf die Deutschtümelei hinausläuft:

»Sonderbar! trotz ihrer Unwissenheit hatten die sogenannten Altdeutschen von der deutschen Gelahrtheit einen gewissen Pedantismus geborgt, der ebenso widerwärtig wie lächerlich war. Mit welchem kleinseligen Silbenstechen und Auspünkteln diskutierten sie über die Kennzeichen deutscher Nationalität! Wo fängt der Germane an, wo hört er auf? Darf ein Deutscher Tabak rauchen? Nein, behauptete die Mehrheit. Darf ein Deutscher Handschuhe tragen? Ja, jedoch von Büffelhaut. Aber Biertrinken darf ein Deutscher, und er soll es als echter Sohn Germanias; denn Tacitus spricht ganz bestimmt von deutscher Cerevisia. Im Bierkeller zu Göttingen mußte ich einst bewundern, mit welcher Gründlichkeit meine altdeutschen Freunde die Proskriptionslisten anfertigten, für den Tag, wo sie zur Herrschaft gelangen würden. Wer nur im siebenten Glied von einem Franzosen, Juden oder Slawen abstammte, ward zum Exil verurteilt. Wer nur im mindesten etwas gegen Jahn oder überhaupt gegen altdeutsche Lächerlichkeiten geschrieben hatte, konnte sich auf den Tod gefaßt machen, und zwar auf den Tod durchs Beil, nicht durch die Guillotine, obgleich diese ursprünglich eine deutsche Erfindung und schon im Mittelalter bekannt war, unter dem Namen ›die welsche Falle‹.«[27]

Das klingt nicht bloß komisch. Es klingt unheimlich – wenn man an das denkt, was in Deutschland ein Jahrhundert später geschehen ist. Aber Heine hat tiefer gesehen und weiter gedacht als andere. Er erkannte, daß die scheinbar so fugenlose Einheit des Kampfes um Einheit und Freiheit schon den Keim des Zwiespalts in sich trug. Ein nur vom Rausch der Gefühle bestimmter, vom Haß auf alles angeblich Fremde bestimmter Nationalismus und ein Liberalismus, dem es nach westlichem Modell um Grundrechte und um den parlamentarisch bestimmten Verfassungsstaat ging, mußten früher oder später zu tödlicher Feindschaft auseinanderbrechen. In Heines Text, der vom Geist des Hambacher Fests und vom Ungeist auf der Wartburg spricht, heißt es:

»Man hätte als Waffenbrüder treulich miteinander gefochten, man wäre sehr einig gewesen während der Schlacht, sogar noch in der Stunde des Sieges... Aber den anderen Morgen wäre eine Differenz zur Sprache gekommen, die unausgleichbar und nur durch die ultima ratio populorum zu schlichten war, nämlich durch die welsche Falle... Die Wissenden und Liberalen verhehlten einander nicht, daß ihre Partei, welche den Grundsätzen der französischen Freiheitslehre huldigte, zwar an Zahl die stärkere, aber an Glaubenseifer und Hülfsmitteln die schwächere sei. In der Tat, jene regenerierten Deutschtümler bildeten zwar die Minorität, aber ihr Fanatismus, welcher mehr religiöser Art, überflügelte leicht einen Fanatismus, den nur die Vernunft ausgebrütet hat; ferner stehen ihnen jene mächtigen Formeln zu Gebot, womit man den rohen Pöbel beschwört, die Worte ›Vaterland, Deutschland, Glauben der Väter‹ usw. elektrisieren die unklaren Volksmassen weit sicherer als die Worte ›Menschheit, Weltbürgertum, Vernunft der Söhne, Wahrheit...!‹ Ich will hiermit andeuten, daß jene Repräsentanten der Nationalität im deutschen Boden weit tiefer wurzeln als die Repräsentanten des Kosmopolitismus und daß letztere im Kampfe mit jenen wahrscheinlich den kürzeren ziehen, wenn sie ihnen nicht schleunigst zuvorkommen... durch die welsche Falle.«[28]

In der Revolution von 1848 bleibt die Einheit noch weitgehend gewahrt. Und wennschon Studenten kaum eine Rolle spielen, so doch ehemalige Burschenschafter, wie übrigens auch Turner.[29] In der Nationalversammlung, die am 18. Mai in der Paulskirche zu Frankfurt eröffnet wurde, zählte man unter fast 600 Abgeordneten keinen Arbeiter und nur einen Bauern, aber 319 Juristen und Verwaltungsbeamte und 104 »Gelehrte«, darunter 49 Universitätslehrer. Die Zahl ehemaliger Burschenschafter wird auf »mindestens« 150 bis 160 geschätzt[30], das heißt, jeder vierte Abgeordnete hatte seinen Kampf für Einheit und Freiheit in der Studentenbewegung begonnen.

Aber die liberale Revolution scheiterte. Die nationale

Einigung gelang schließlich, dank Bismarcks Staatskunst, als das Werk des organisationstüchtigen und militärisch schlagkräftigen Obrigkeitsstaates, der damit eine nachhaltige Wiederaufwertung erfuhr. Es erwies sich, was Heine schon geahnt hatte: daß die patriotischen Sehnsüchte weit stärker wogen als das Streben nach staatsbürgerlicher Mitbestimmung; die Liberalen wurden mit einer Verfassung abgefunden - und schnell versöhnt -, in der der Reichstag zwar eine bedeutende, aber nicht die zentrale Rolle spielte. Denn zur Parlamentarisierung der Regierungsverantwortung kam es nicht - zumindest erst, als es zu spät und für die Monarchie nichts mehr zu retten war: am 28. Oktober 1918.

Mit anderen Worten: Die Stunde des Sieges sah wohl den Triumph der Einheit, aber kaum den der Freiheit. Nicht von ungefähr entstand aus der Erinnerung an den Glanz der siegreichen Waffen der »Sedanstag« - der einzige wirklich populäre nationale Gedenktag, den es in Deutschland je gab. Und wie sollte man im allgemeinen Jubel, in der Stimmung des »Es ist erreicht!« noch auf nachdenkliche oder gar kritische Stimmen hören? Wie etwa noch auf den Freiheitsdichter Georg Herwegh, den fast schon vergessenen Kämpfer von 1848, der viele Jahre im Exil verbracht hatte? Sein Gedicht »Epilog zum Krieg« fand natürlich ohnehin in Schulbüchern niemals Eingang:

»Germania, der Sieg ist dein!
Die Fahnen wehn, die Glocken klingen,
Elsaß ist dein und Lotharingen;
Du sprichst: »Jetzt muß der Bau gelingen,
Bald holen wir den letzten Stein.«

Gestützt auf deines Schwertes Knauf,
Lobst du in frommen Telegrammen
Den Herrn, von dem die Herren stammen,
Und aus Zerstörung, Tod und Flammen
Steigt heiß dein Dank zum Himmel auf.

Nach vierundzwanzig Schlachten liegt
Der Feind am Boden, überwunden;
Bis in die Stadt von Blut und Wunden,
Die keinen Retterarm gefunden,
Brichst du die Bahn – du hast gesiegt!

Schwarz, weiß und rot: Um ein Panier
Vereinigt stehen Süd und Norden;
Du bist im ruhmgekrönten Morden
Das erste Land der Welt geworden:
Germania, mir graut vor dir!

Mir graut vor dir, ich glaube fast,
Daß du, in argen Wahn versunken,
Mit falscher Größe suchst zu prunken,
Und daß du, gottesgnadentrunken,
Das Menschenrecht vergessen hast.

Schon lenkt ein Kaiser dich am Zaum,
Ein strammer, strenger Zepterhalter.
Hofbarden singen ihre Psalter
Dem auferstandnen Mittelalter,
Und 89 wird ein Traum.

Ein Traum! Du sahst, wie Frankreich fiel
Durch einen Cäsar, sahst die Sühne
Vollzogen auf der Schreckensbühne –
Deutschland, gedeihe, wachse, grüne
Geläutert durch dies Trauerspiel!«

Vergebliche Hoffnung! Es begann, was man die »Verjunkerung der Bourgeoisie« genannt hat[31]: die Einpassung des Bürgertums in den Obrigkeitsstaat, der doch nicht nur in seinen Machtstrukturen, sondern auch in seinen sozialen Leitbildern noch weitgehend vorbürgerlich geprägt war. Auf diese Weise entstand freilich eine seltsame Unstimmigkeit, Stillosigkeit, eine eigentümliche Zweideutigkeit und Zwiespältigkeit, die zumal in der nach ihrer Symbolfigur »wilhelminisch« genannten Zeit immer schärfer sich abzeichnete:

»Auf der einen Seite war Deutschland in atemberaubendem Tempo zu einem hochentwickelten, modernen Industriestaat auf hohem technischen Niveau geworden, zu einer Vormacht wissenschaftlich-technischen Leistungsvermögens; auf der anderen Seite blieb es verblüffend stark veralteten sozialen Ordnungsvorstellungen verhaftet... Obwohl längst über den Entwicklungstand der älteren Industrieländer England und Frankreich hinausgewachsen, hielt es doch weit mehr als diese an alten Sozial- und Wertvorstellungen fest, die aus der agrarisch geprägten Welt stammten. Ein Industrieller oder Wissenschaftler galt viel im Kaiserreich, zu höchstem Ansehen aber war er erst dann gelangt, wenn seinen Namen ein Adelsprädikat schmückte oder der Titel eines Geheimrats zierte. Von besonderer Anziehungskraft war die Position eines Reserveoffiziers. Es gab Todesanzeigen von hochverdienten Professoren aus der Kaiserzeit, die ihre Stellung als Leutnant der Reserve noch vor ihrer Mitgliedschaft in hohen Akademien der Wissenschaften angaben. – Positionen in der parlamentarisch-demokratischen Welt galten daneben nicht viel. Mitglied des Reichstags zu sein, bedeutete weit weniger, als eine Charge am Hof zu haben, und Stadtverordnete nahmen sich eher bescheiden neben Offizieren der Garnison aus. Die ganze Welt der Vertretungskörperschaften verblaßte neben dem Glanz ererbter Würden aus dem Ancien Régime... Für sich genommen war jedes einzelne dieser Phänomene zwar noch kein Indiz für eine Krise, in der Summe wirkten sie sich jedoch bedenklich aus, weil Anspruch und Wirklichkeit immer weiter auseinandertraten. Auf der einen Seite scheute Deutschland keine Anstrengungen, um sich zu einer modernen technischen und militärischen Großmacht zu entwickeln; auf der anderen Seite aber unternahm es nichts, um entsprechende Verantwortungsstrukturen zu entwickeln und Verhaltensweisen einzuüben, die zu der neu gewonnenen Macht paßten. Wenn beispielsweise der Reichskanzler im Reichstag in Uniform auftrat, so wirkte er martialischer, als er vielleicht war und sein wollte. Aber das Reich hatte noch keine zivilen Repräsentationsformen gefunden, die dem Anspruch auf Geltung seiner Würdenträger entsprachen.[32]

Vielleicht nirgendwo sonst trat der Sachverhalt so schneidend zutage wie in der Entwicklung der Studentenschaft. Reserveoffizier in einem möglichst vornehmen Regiment zu werden und Mitglied in einer schlagenden Verbindung zu sein, das geriet dem angehenden Akademiker zum Statussymbol, um nicht zu sagen: zum Renommier-»Standes«-Ideal. Eine immer zunehmende Feudalisierung der Corps zeichnete sich schon seit der Mitte des 19. Jahrhunderts ab.[33] Aber auch die Burschenschaften schlossen sich bald an. Und ihre Parole »Ehre, Freiheit, Vaterland« erschien einzig noch in jenem vagen Sinne als verpflichtend, in dem sie sich nur zu genau in die allgemeine Entwicklung zur Autoritätsgläubigkeit einfügte.[34] Man mag beklagen, daß damit die Burschenschaften die besseren Absichten ihrer Gründer verrieten.[35] Man kann aber auch sagen, daß nur und stets eindeutiger die Oberhand gewann, was seit je als romantisch deutschtümelnder Nationalismus in ihnen angelegt war.

Seit den achtziger Jahren machte sich zudem der Antisemitismus verstärkt bemerkbar. Zwar hatte er seit den Tagen der Urburschenschaft nie ganz gefehlt. »Aber erst unter dem Einfluß Treitschkes und Stöckers ist er in den achtziger Jahren zu einer Macht unter der Studentenschaft geworden.«[36] (Heinrich von Treitschke, der Historiker und wortgewaltige Demagoge, hat mit seinen einschlägigen Äußerungen den »Berliner Antisemitismusstreit« vom Zaun gebrochen[37]; Adolf Stöcker, Hof- und Domprediger zu Berlin, hatte versucht, mit seiner christlichsozialen Bewegung politisch der Sozialdemokratie entgegenzutreten, wobei er den Antisemitismus als Waffe nutzte.) Im Jahre 1881 entstand der völkisch-antisemitische »Kyffhäuserverband der Vereine Deutscher Studenten«. Mitunter kam es sogar zu seltsamen Gegenreaktionen: »Am 23. Oktober 1886 gründeten jüdische Studenten in Breslau, da sie aus Corps, Burschenschaften und Landsmannschaften verdrängt wurden, die Verbindung Viadrina, die im Stile der Farbenverbindungen auch mit der Waffe Genugtuung gab. Die schlagenden Verbindungen erkannten ›jüdische Waffen‹ nicht an. Gegen die ständigen ›Holzereien‹ ging die Behörde den Weg des geringsten Widerstandes: die jüdische Minderheit wurde verboten...«[38]

Den Einfluß Treitschkes auf die akademische Jugend wird man insgesamt wohl kaum hoch genug veranschlagen können. Worauf er zielte, hat der Theologe und Philosoph Ernst Troeltsch in einer Schrift aus dem Jahre 1904 anschaulich geschildert: »Die Auffassung von Staat und Gesellschaft steht heute im Zeichen des Realismus. Ethische und kulturelle Ziele des Staates, wie sie die von Kant, Fichte und Hegel erzogene Generation verehrte, gelten als doktrinäre Kunstwerke der Studierstube oder als abstrakte Prinzipienreiterei... Uns ist der Staat vor allem ein Erzeugnis der Macht, die im Kampf menschlicher Interessen sich so oder so bildet, und die Staatsleitung vor allem die Kunst, die jeweilige Lage klug und rasch mit den ihr entsprechenden Mitteln zur Behauptung und Ausbreitung der Staatsmacht zu benutzen... Die Geheimnisse der Politik sind die Geheimnisse der Kunst, Macht zu bilden, zu befestigen, auszubreiten, gegen drohende Veränderungen zu schützen, aber nicht die Geheimnisse einer Staatstheorie oder einer politischen Ethik... Wie hat uns jungen Studenten seinerzeit das Herz geklopft, wenn uns Heinrich von Treitschke mit seiner glühenden Rhetorik so den Staat beschrieb und die ethischen und juristischen Doktrinäre des Staatsbegriffs mit wenig wählerischem Spotte übergoß. Mit einer Art Wollust der Entsagung haben wir auf die dem jugendlichen Sinn so nahe liegenden theoretischen und ethischen Ideale verzichtet und mit dem nicht minder jugendlichen Bedürfnis, irgend etwas gründlich zu verachten, haben wir in unseren Gesprächen seinen Spott noch zu überbieten versucht.«

Das Ergebnis war eindeutig, und Troeltsch schildert die Grundstimmung der Zeit: »Die Prinzipienlosigkeit ist unter uns zur Theorie geworden, die wir wohl auch mit etwas Nietzschescher Herrenmoral oder Darwinistischem Kampf ums Dasein versetzen, und die sich nur allzu leicht mit den Idealen der kurzangebundenen Schneidigkeit oder der bürokratischen Amtshoheit verbinden, von denen der Nachwuchs der regierenden Klassen weithin erfüllt ist.«[39]

Noch schroffer urteilte unter den Eindrücken seiner Berliner Studentenzeit 1887 der junge Max Weber: »Und wäre bei meinen Altersgenossen nicht an sich schon die Anbetung der militärischen und sonstigen Rücksichtslosigkeit, die Kultur des sogenannten ›Realismus‹ und die banausische Mißachtung aller derjenigen Bestrebungen, welche ihr Ziel ohne Appell an die schlechten Seiten der Menschen, insbesondere die Roheit, zu erreichen hoffen, zeitgemäß, so würden die zahllosen oft schroffen Einseitigkeiten, die Leidenschaftlichkeit des Kampfes gegen andere Meinungen und die durch den mächtigen Eindruck des Erfolgs hervorgerufene Vorliebe für das, was man heute Realpolitik nennt, ihnen nicht das einzige sein, was sie aus den Treitschkeschen Kollegien mitnehmen.«[40] Es ist der bekannte Vorgang: Schon vorhandene Vorurteile werden durch eine selektive Wahrnehmungsweise noch verstärkt. Aber Treitschke machte es seinen Hörern eben auch nicht schwer, sich im Sinne ihrer Vorurteile bestärkt zu fühlen.

Nur wenige Jahre später bestätigt, obschon in milderer Sprache, ein eher biederer Betrachter – Theobald Ziegler in seinem vielgelesenen Buch »Der deutsche Student« – Max Webers Urteil: »Der deutsche Student – es hängt das mit dem Wesen der deutschen Universitäten überhaupt zusammen, die die konservativste Institution sind im ganzen Deutschen Reich – der deutsche Student ist trotz aller Jugend und alles Freiheitsgefühls vielfach rückständig und reaktionär und darum den Anforderungen und Aufgaben einer neuen Zeit zu wenig gewachsen.«[41]

An eine neue Zeit dachten immerhin die Studenten, die aus der Jugendbewegung der Jahrhundertwende hervorgegangen waren und die unter dem Namen »Deutsche Akademische Freischar« im Februar 1907 einen »Kampfbund zur Reform des deutschen Studententums« gründeten. Harry Pross sagt über diese Studenten: »Auch sie waren exklusiv, auch sie keck und anmaßend, aber doch weit und breit das Vernünftigste, was deutsche studentische Geselligkeit für lange Zeit zustande brachte.«[42] Nur: Ins Politische und Gesellschaftliche reichte diese Reformbewegung kaum hinein. Sie mochte gegen radauhafte Bierseligkeit »Natürlichkeit« und »innere Freiheit« setzen, aber was wurde damit real bewirkt? Im Grunde entstand doch nur wieder eine neue Romantik der »Innerlichkeit«.

Das zeigt auch die bekannte »Meißner-Formel«. Sie wurde im Oktober 1913 von etwa zweitausend jungen Leuten, zum großen Teil Studenten, auf dem Hohen Meißner bei einem Treffen proklamiert, das sich demonstrativ gegen das patriotische Getöse der Korporationen aus Anlaß der Hundertjahrfeier der Völkerschlacht bei Leipzig richtete. Die Formel lautete: »Die Freideutsche Jugend will aus eigener Bestimmung, vor eigener Verantwortung, mit innerer Wahrhaftigkeit ihr Leben gestalten. Für diese innere Freiheit tritt sie unter allen Umständen geschlossen ein. Zur gegenseitigen Verständigung werden Freideutsche Jugendtage abgehalten. Für deren Durchführung gilt: Alle gemeinsamen Veranstaltungen der Freideutschen Jugend sind alkohol- und nikotinfrei.« Nochmals Pross: »So stand die Sache am Vorabend des Krieges: Die Corps waren apolitisch und feudal, die Burschenschaften untertänig und national, die Reformbünde geistig interessiert und sozial-romantisch.«[43]

Es wäre ein Mißverständnis, wollte man aus dem Gesagten herauslesen, die bürgerlich-akademische Jugend vor dem Ersten Weltkrieg sei, abgesehen von ihren jugendbewegten Außenseitern, einfach selbstzufrieden ins Bestehende eingepaßt gewesen, nichs als eine Jeunesse dorée. Die Wirklichkeit sieht komplizierter, widersprüchlicher aus. Natürlich gab es, vordergründig, eine Anerkennung der gesellschaftlichen und politischen Ordnung. Doch zugleich gab es, hintergründig, Unbehagen und Überdruß, so etwas wie die noch kaum benennbare Sehnsucht nach dem, was alles anders machen würde.

In dem Text von Ernst Troeltsch, der zitiert wurde, taucht eine Wendung auf, die diese seltsame Widersprüchlichkeit vielleicht auf ihren Begriff bringt: *Wollust der Entsagung.* Sie wird in Gang gebracht durch eine insgeheim wachsende Unsicherheit, durch das so buchstäblich wie doppelsinnig Un-Heimliche, dem Nietzsche im »Willen zur Macht« das Wort gab: »Meine Freunde, wir haben es hart gehabt, als wir jung waren: wir haben an der Jugend selber gelitten wie an einer schweren Krankheit. Das macht die Zeit, in die wir geworfen sind - die Zeit eines großen inneren Verfalles und Auseinanderfalles, welche mit allen ihren Schwächen und noch mit ihrer besten Stärke dem Geiste der Jugend entgegenwirkt. Das Auseinanderfallen, also die Ungewißheit, ist dieser Zeit eigen: nichts steht auf festen Füßen und hartem Glauben an sich; man lebt für morgen, denn das Übermorgen ist zweifelhaft. Es ist alles glatt und gefährlich auf unserer Bahn, und dabei ist das Eis, das uns noch trägt, so dünn geworden: wir fühlen alle den warmen, unheimlichen Atem des Tauwindes - wo wir gehen, da wird bald niemand mehr gehen *können!*«

Aber wie findet man den Absprung ans rettende Ufer, wie *Sicherheit?* Mit einem Wort: durch den *Idealismus des Opfers.* Er blendet ab, daß Ziele umstritten bleiben und Werte wie im Nebel zerfließen. Denn der Idealismus des Opfers bringt Eindeutigkeit, Sicherheit gewissermaßen autonom: Niemand kann mehr hingeben als sich selbst. Daher schafft das radikale Opfer sich den eigenen Maßstab und die eigene Gewißheit.

Dies jedenfalls offenbart, alle Schleier jäh zerreißend, der Jubel über alle Grenzen, der Taumel der Begeisterung im Aufbruch von 1914. Und dies zeigt der Mythos, zu dem so rasch und so nachhaltig der Sturm auf Langemarck geriet - bei dem die Regimenter aus jungen Kriegsfreiwilligen zwar militärisch sinnlos, aber singend in den Tod gingen.[44]

Niemand hat den »Kampf als inneres Erlebnis«, den Idealismus des Opfers als Sinn in sich so genau beschrieben wie der junge, vielfach verwundete und hochdekorierte Frontoffizier Ernst Jünger. Die Bedeutung - und Wirkung! - seiner Beschreibungen liegt darin, daß sie nicht ungefähr, sondern mit Präzision das Wesentliche treffen.

Da ist, zunächst einmal, die *Ekstase* des Selbstopfers: »Dieser Zustand des Heiligen, des großen Dichters und der großen Liebe ist auch dem großen Mute vergönnt. Da reißt Begeisterung die Männlichkeit so über sich hinaus, daß das Blut kochend gegen die Adern springt und glühend das Herz durchschäumt. Das ist ein Rausch über allen Räuschen, Entfesselung, die alle Bande sprengt. Es ist eine Raserei ohne Rücksicht und Grenzen, nur den Gewalten der Natur vergleichbar. Da ist der Mensch wie der brausende Sturm, das tosende Meer und der brüllende Donner. Dann ist er verschmolzen ins All, er rast den dunklen Toren des Todes zu wie ein Geschoß dem Ziel. Und schlagen die Wellen purpurn über ihm zusammen, so fehlt ihm längst das Bewußtsein des Überganges. Es ist, als gleite eine Woge ins flutende Meer zurück.«[45]

Die Ekstase des Selbstopfers führt zum *Elementaren:* »Wir sind zu verästelt; der Saft steigt nicht mehr in die Spitzen. Nur wenn ein unmittelbarer Impuls uns wie ein Blitz durchbrennt, werden wir wieder einfach und erfüllt: das gilt für den Einzelnen wie für seine Summe, das Volk. Im Tanz auf schmaler Klinge zwischen Sein und Nichtsein offenbart sich der wahre Mensch, da schmilzt seine Zersplitterung wieder zusammen in wenige Urtriebe von gewaltiger Stärke. Alle Vielfalt der Formen vereinfacht sich zu einem Sinn: dem Kampf.«[46]

Der im Kampf erfüllte Sinn bedeutet *Glück:* »Jede Haltung, der ein wirkliches Verhältnis zur Macht gegeben ist, läßt sich auch daran erkennen, daß sie den Menschen nicht als Ziel, sondern als Mittel... begreift. Der Mensch entfaltet seine höchste Kraft, entfaltet Herrschaft überall dort, wo er im Dienste steht. Es ist das Geheimnis der echten Befehlssprache, daß sie nicht Versprechungen macht, sondern Forderungen stellt. Das tiefste Glück des Menschen besteht darin, daß er geopfert wird, und die höchste Befehlskunst darin, Ziele zu zeigen, die des Opfers würdig sind.«[47]

Nur eben, wohlgemerkt: Mittel und Ziele sind hier gegen das übliche, »bürgerliche« Verständnis genau vertauscht: Das Ziel, das des Opfers würdig ist, ist der Kampf, der das Opfer möglich macht. Darum heißt es in einer Zusammenfassung zur Formel: »Nicht wofür wir kämpfen ist das Wesentliche, sondern wie wir kämpfen.«[48]

Von der anderen Seite des Abgrunds, von der bürgerlich-zivilen oder, im Sinne einer politischen Geographie, von der »westlichen« her kann diese Haltung allerdings nur im Abscheu, Erschrecken, Entsetzen registriert werden. In den Worten Georges Clemenceaus, des politischen Führers Frankreichs in kritischer Kriegslage: »Lieber Freund, es entspricht dem Wesen des Menschen, das Leben zu lieben. Der Deutsche kennt diesen Kult nicht. Es gibt in der deutschen Seele, in der Kunst, in der Gedankenwelt und Literatur dieser Leute eine Art Unverständnis für alles, was das Leben wirklich ist, für das, was seinen Reiz und seine Größe ausmacht, und an dessen Stelle eine krankhafte und satanische Liebe zum Tod. Diese Leute lieben den Tod. Diese Leute haben eine Gottheit, die sie zitternd, aber doch mit einem Lächeln der Ekstase betrachten, als wären sie von einem Schwindel erfaßt. Und diese Gottheit ist der Tod. Woher haben sie das? Ich weiß darauf keine Antwort. Der Deutsche liebt den Krieg als Selbstliebe und weil an dessen Ende das Blutbad wartet. Der Deutsche begegnet ihm, wie wenn er seine liebste Freundin wäre.«[49]

Das Ende im Blutbad, die Katastrophe als Ziel: das kann dem zivilisierten Denken in der Tat nur als pervers erscheinen. Aber dazu wiederum Jünger: »Die Katastrophe erscheint als das Apriori eines veränderten Denkens.«[50] Denn »in der Tiefe des Kraters besitzt der Krieg einen Sinn, den keine Rechenkunst zu erzwingen vermag. Diesen erahnte der Jubel der Freiwilligen, in dem die Stimme des deutschen Dämons gewaltig zum Ausbruch kam, und der sich der Überdruß an den alten Werten mit der unbewußten Sehnsucht nach einem neuen Leben verband.«[51] Damit wird zum eigentlichen Ergebnis des Krieges die Absage an die alten, an die bürgerlich-westlichen Werte: »Deutschland verlor den Krieg, indem es stärkeren Anteil am westlichen Raum, indem es die Zivilisation, die Freiheit und den Frieden im Sinne des Barbusse[52] gewann. Aber wie konnte man ein anderes Ergebnis erwarten, da man doch selbst beteuert hatte, an diesen Werten Anteil zu haben und um keinen Preis gewagt hätte, den Kampf zu führen außerhalb ›jener Mauer, die Europa umschnürt‹. Das geheime Urmeter der Zivilisation wird in Paris aufbewahrt, und wer es anerkennt, der wird gemessen, anstatt daß er die Maße gibt... Bei uns heißt, an seinen Werten noch teilnehmen, ein Reaktionär, ein Mensch von gestern, ein Mensch des 19. Jahrhunderts sein.«[53]

Womöglich gerät man hier an die tiefste Quelle des Hasses und der Verachtung, mit denen weite Teile der bürgerlich-akademischen Jugend der Weimarer Republik und ihren Repräsentanten begegneten. Der angebliche »Dolchstoß« und das Verbrechen der »Novemberverbrecher« von 1918 bestand doch in der Sicherung eines hohen Maßes von Kontinuität - oder, anders ausgedrückt, in der im Grunde sehr bürgerlichen Sorge für die Banalität des Überlebens. Genau damit aber *betrogen* Männer vom Range Friedrich Eberts sozusagen um die vorbewußt erwartete Frucht des Krieges, um den »großen Kladderadatsch« und um *die Wollust der Katastrophe.*

Übrigens kam der Haß zwar überwiegend, aber keineswegs nur von »rechts«. Es gab ihn auch »links«, wo ja das dialektische Schema bereitlag, um zu erklären, daß einzig im Durchgang durch die Radikalität der Krise die Radikalität revolutionärer Neuerung erreicht werden könnte. Die Haltung, die sich in dem Ruf ausdrückte: »Wer hat uns verraten? Sozialdemokraten!« - sie führte schließlich zwar selbstmörderisch, aber nicht ohne Konsequenz dazu, die sogenannten »Sozialfaschisten« der SPD entschiedener zu bekämpfen als die wirklichen Faschisten. (Von den letzteren konnte man wiederum gut dialektisch annehmen, daß man sie beerben würde, gemäß dem Motto: »Nach ihnen - wir!«)

Sogar bei entschieden republikanischen Intellektuellen, etwa in den Spalten der vielgerühmten »Weltbühne«, findet man neben berechtigter Kritik ein tiefes Unverständnis für die glanzlos kompromißbeladenen Alltagsbedingungen parlamentarisch-demokratischer Politik. Es war leicht, mit Tucholsky den sozialdemokratischen Wähler ironisch abzufertigen: »Es is so ein beruhjendes Jefiehl. Man tut wat for de Revolutzjon, aber man weeß janz jenau: Mit diese Pachtei kommt se nich. Und das is sehr wichtig fier einen selbständjen Jemieseladen!« Doch es war unter den deutschen Bedingungen offenbar schwer, der Suggestion des Entweder-Oder sich zu entziehen.

Schließlich, aber nicht zuletzt, gab es den Versuch, die Magie der Extreme in einer Einheit des scheinbar Unvereinbaren noch stärker zur Geltung zu bringen, also Nationalismus - oder »Preußentum« - und »Sozialismus« zu verschmelzen. Dafür zeugen so unterschiedliche Autoren wie Oswald Spengler, Arthur Moeller van den Bruck und - in der unbeirrbaren persönlichen Konsequenz besonders eindrucksvoll - der zeitweilige Weggefährte Ernst Jüngers, Ernst Niekisch. Dafür zeugt auch, zum mindesten in der Namensgebung und im Bewußtsein mancher der später enttäuschten Anhänger, die von Hitler geführte Bewegung, die mit demagogischem Instinkt aufnahm, was in der Luft lag. Stets mochte unklar oder illusionär bleiben, was positiv gemeint war. Doch wenigstens im Negativen gab es eine klare Front: Sie richtete sich gegen die als wesensfremd »westlich« und bürgerlich-demokratisch geschmähte Liberalität in jeder ihrer Erscheinungsformen: gegen alles das, was einst Heinrich Heine verherrlichte - und dessen deutsche Zerstörung er bereits fürchtete.[54]

Wie es um das politische Engagement der Studenten in der Weimarer Republik bestellt war, läßt sich nach dem Gesagten eigentlich schon absehen. Die These, daß diese Republik eine Demokratie ohne Demokraten gewesen sei, gilt besonders für die jüngere Generation - und nochmals verschärft für die Studenten. Es gab zahllose Kreise, Gruppen, Bünde und Bewegungen. Aber fast alle standen der neuen Ordnung, dem Parlamentarismus und dem »Parteiengezänk« entweder skeptisch abwartend oder aktiv feindselig gegenüber. Schon in den Anfangsjahren strömten viele Studenten der Freikorps zu, um gegen die »rote Gefahr« und, durch sie hindurch, gegen »das System« überhaupt zu kämpfen. Mitunter wurden ganzen Kompanien, ja Bataillone fast nur aus Studenten gebildet.[55]

Wer ästhetische Ansprüche stellte - oder vielmehr: solchen Ansprüchen genügte -, mochte in den Kreis um den Dichter Stefan George finden. George rückte, was sonst »keiner der westlichen Enddichter vermochte, wieder Bild und Recht des herrscherlichen Menschen in die Mitte Europas. Er..., der Erwecker einer männlichheldischen Jugend..., trieb die Kunst als Macht, wie einst Napoleon die Macht als Kunst.«[56] Wer eine revolutionäre Erneuerung von »rechts« erhoffte, ohne dabei auf intellektuelle Ansprüche zu verzichten, geriet in den späten Jahren der Republik wahrscheinlich in den Bann des »Tat«-Kreises, in dessen Mittelpunkt Hans Zehrer stand.[57] Die Mehrheit der überkommenen Verbindungen, Corps und Burschenschaften setzte schlicht auf das antidemokratische Ressentiment. Ob Kapp-Putsch 1920 oder Hitler-Putsch 1923 in München: Die »Burschenschaftlichen Blätter« begleiteten jeden Ansatz zur Konterrevolution mit ihrem Beifall. Zum Hitler-Putsch etwa hieß es: »Am 9. November sind in München zwanzig deutsche Männer für Volk und Vaterland gefallen... Wir bekennen mit Stolz, daß sich in diesen Verbänden Burschenschafter befinden.«

Im Jahre 1920 waren durch preußische Verordnungen an den Hochschulen »Allgemeine Studentenschaften« entstanden und mit Selbstverwaltungsrechten ausgestattet worden, die sich zur »Deutschen Studentenschaft« zusammenschlossen. Schon nach wenigen Jahren kam es freilich über der Frage der Zulassung auslandsdeutscher Gruppen zum Bruch: Im Jahre 1927 wurde der Deutschen Studentenschaft die staatliche Anerkennung entzogen, weil, wie Kultusminister Becker es ausdrückte, man keineswegs »großdeutsch« war, sondern »reichsdeutsch unter Hinzuziehung arischer Sondergruppen auslandsdeutscher Hochschulen«.[58] Einige »freie« Studentengruppen traten aus der »Deutschen Studentenschaft« aus; 1928 gründete die Minderheit sozialdemokratischer und anderer republiktreuer Studenten den »Deutschen Studentenverband«.

Der »Nationalsozialistische Deutsche Studentenbund« entstand 1926. Hitler erklärte ein Jahr später: »Nicht ›bierehrliche‹ Stichfestigkeit, sondern politische Schlagkraft ist jetzt nötig, und die Vorstellung der heutigen Zeit wird nicht mehr befriedigt durch den ›Studiosus‹ von einst, das mehr oder weniger bemooste Haupt, als vielmehr durch den Mann, dessen Beschreibung heißt: schlank wie ein Windhund, zäh wie Leder und hart wie Kruppstahl.«[59]

In den späten Krisenjahren der Republik wuchs der Anteil der nationalsozialistischen Studenten steil an. Im Wintersemester 1929/30 errangen sie in Erlangen mit 51 Prozent und in Greifswald mit 53 Prozent die größten Erfolge. Ein Jahr später hielt Erlangen mit 76 Prozent die Spitze; in Breslau erfolgte ein Sprung von 25,5 auf 70,9 Prozent.

Auch in Berlin, Gießen, Greifswald, Jena und Rostock war jetzt die 50-Prozent-Marke überschritten. Bonn blieb mit 19 Prozent am untersten Punkt. Klose kommentiert: »Nun wird mit diesen Zahlen gern gearbeitet, um zu beweisen, daß vor 1933 die deutschen Studenten bereits Nationalsozialisten waren. Das ist ganz falsch. 1932 nahmen in Breslau 35 %, in Berlin 30 %, in Köln nur 22 % aller Studenten überhaupt an Wahlen teil. Aber weil die meisten still bei ihrer Arbeit blieben, betont ›unpolitisch‹ waren oder es schadenfroh duldeten, daß die Regierung in die Enge getrieben wurde, fielen bei Aktionen NS-Studenten auf.«[60]

In der Tat. Doch genau dies war das Problem. Und die Aktionen glitten zunehmend in die Gewalt ab, zum Beispiel als Störung oder Sprengung von Veranstaltungen jüdischer oder sonst mißliebiger Professoren. Neben den sozusagen alltäglichen Vorkommnissen gab es die dramatischen, für die Betroffenen bitteren und im Blick auf das Verhalten von Kollegen, Hochschulverwaltungen und Behörden nicht selten beschämenden »Fälle«, so die von Theodor Lessing in Hannover, Emil Julius Gumbel in Heidelberg, Hans Nawiasky in München, Günther Dehn in Halle, Ernst Cohn in Breslau.[61]

Aber wie konnte eine wirksame Abwehr der Gewalt überhaupt noch gelingen? Als der Rektor der Universität Leipzig, Theodor Litt, im Herbst 1932 eine öffentliche Erklärung gegen das Verhalten der nationalsozialistischen Studenten anregte, fielen ihm sogar Kollegen in den Arm, die alles andere als rechtsradikal eingestellt waren. So der Philosoph und Pädagoge Eduard Spranger, der über Litts Vorhaben im Rückblick berichtet hat: »Diesem Plan widersprach ich in der Diskussion, weil ich die Bewegung der nationalen Studenten noch im Kern für echt, nur in der Form für undiszipliniert hielt. Auch hätte es eine sehr schädliche Wirkung auf die Hochschule gehabt, wenn sie sich zu der nationalen Welle, die damals noch viel Gesundes mit sich führte und mit heißen Erwartungen begrüßt wurde, nur schulmeisterlich geäußert hätte.«[62]

Worauf die Erwartungen sich richteten, hatte Spranger schon vier Jahre zuvor wohl zutreffend beschrieben: »Gerade die Abneigung gegen das Rechenhafte in der Politik ist es, die viele Akademiker mit dem Stil unseres gegenwärtigen Staatslebens unzufrieden macht. Man möchte wieder tatbereite und der Augenblicklage gewachsene Köpfe an der Spitze des Staates sehen, nicht Doktrinäre und nicht Parteifunktionäre; vor allem aber Menschen, in denen die überindividuelle Wucht und Würde des Staates zum Lebenselement geworden ist, und die sich in diesem sittlichen Dienst verzehren. In dieser Hinsicht besteht überall in Deutschland eine geradezu messianische Erwartung.«[63]

In der Deutschen Studentenschaft trug diese Erwartung schon 1931 Früchte. Im Sommer dieses Jahres fand der 14. Studententag in Graz statt. Auf ihm fiel den Nationalsozialisten mit der Mehrheit der Vorsitz zu. Damit wurde die »Machtergreifung« gewissermaßen schon vorweggenommen; die deutsche Studentenschaft war der erste und blieb bis 1933 der einzige nationale Verband, der nationalsozialistisch beherrscht wurde.

Der letzte Deutsche Studententag vor der »nationalen Erhebung« fand 1932 in Königsberg statt; er tagte in einer Kaserne und nahm mit der Proklamation des nationalsozialistischen »Führerprinzips« nach der »Machtergreifung« ein Stück »Gleichschaltung« schon vorweg. Als dann die messianischen Erwartungen sich insgesamt zu erfüllen schienen, schrieben am 6. März 1933 - am Tage nach der Reichstagswahl, auf die der »Tag von Potsdam« (21. März) und das »Ermächtigungsgesetz« (24. März) folgten - die Burschenschaftlichen Blätter: »Was wir seit Jahren ersehnt und erstrebt und wofür wir im Geiste der Burschenschaft von 1817 jahraus, jahrein an und in uns gearbeitet haben, ist Tatsache geworden. Das deutsche Volk hat bei der soeben abgeschlossenen Wahl zu den gesetzgebenden Körperschaften zum erstenmal seit der Schmach von 1918 bekannt, daß höchstes und oberstes Gut die nationale Einheit und nationaler Freiheitswille sind. All unsere Arbeit galt immer dem deutschen Volke, an der Herbeiführung einer großen freien deutschen Nation tätig mitzuhelfen und mitzustreiten ist unser oberstes Gebot.«

Im Angesicht der Scheiterhaufen vom 10. Mai 1933 drückte es die Zeitschrift »Der Deutsche Student« genauer und brutaler aus: »Politische Soldaten in Uniform rücken auf die Hochschule; der Intellektuelle fürchtet sich vor solchem Barbarentum; die junge Generation aber freut sich, daß sie zum Urwald zurückfand.«

Deutscher Aufbruch II: Professoren

In der politischen Entwicklung Deutschlands im 19. Jahrhundert haben Professoren gewiß nicht die zentrale, aber doch eine bedeutende Rolle gespielt. Man hat die Frankfurter Nationalversammlung von 1848 halb spöttisch, halb anerkennend ein »Professorenparlament« genannt. Das war eine Übertreibung. Aber immerhin 49 von rund 600 Abgeordneten waren Hochschullehrer. Indessen traf die Bezeichnung in einem weiteren Sinne zu: Wohl selten hat eine parlamentarische Versammlung sich so sehr durch akademisch geprägte Bildung ausgezeichnet – was immer das an Stärken und Schwächen, an Gründlichkeit der Beratungen auf der einen, an Langatmigkeit oder Mangel an Entschlußkraft auf der anderen Seite mit sich bringen mochte.

Das Revolutionsjahr 1848 markiert einen Höhe- und Wendepunkt. Doch schon davor waren und danach blieben die Hochschulen und die Hochschullehrer einflußreich. Dieser Einfluß ergab sich aus den Verhältnissen der Zeit in Staat und Gesellschaft, also weitgehend unabhängig von besonderen Ereignissen und herausragenden Persönlichkeiten; er war dreifach begründet.

Erstens: Die Universitäten besaßen ein *Ausbildungsmonopol für die höhere Beamtenschaft* – und die deutschen Territorialstaaten des 19. Jahrhunderts ebenso wie später der Nationalstaat wurden von Beamten nicht bloß verwaltet, sondern praktisch auch regiert. Diese Beamtenherrschaft füllte die historische Lücke zwischen dem persönlichen Regiment von Fürsten oder ihren Beratern, das den komplizierter gewordenen Verhältnissen nicht länger genügte, und der Parteien- und Parlamentsherrschaft, deren Durchsetzung sich bis weit ins 20. Jahrhundert hinein verzögerte.[64]

Was der akademische Einfluß bedeutete, mag ein Beispiel anschaulich machen: Die preußischen Reformen nach 1807 wurden von Königsberg aus in Angriff genommen. Denn dort residierten angesichts der französischen Besatzung in Berlin der König und seine Berater. Das heißt: Die Arbeit an den Reformedikten mußte wesentlich von Beamten geleistet werden, die in Ostpreußen verfügbar waren. Diese Beamten aber hatten sich einem aufgeklärten Liberalismus verschrieben, der ihnen von ihren akademischen Lehrern, vor allem durch Kant und durch dessen Kollegen, den Philosophen und Kameralisten Christian Jakob Kraus, vermittelt worden war. Durch Kraus gelangten die Ideen von Adam Smith und die Freihandelslehre zur Geltung. Der Geist, den die Beamten auf ihrem Bildungsweg sich angeeignet hatten, wird etwa deutlich bei dem Königsberger Polizeidirektor Frey, in dessen Haus der Freiherr vom Stein wohnte und der am Entwurf zur Städtereform entscheidenden Anteil hatte. Eine Denkschrift Freys beginnt mit den Worten: »Zutrauen veredelt den Menschen, ewige Vormundschaft hemmt sein Reifen, Anteil an den öffentlichen Angelegenheiten gibt politische Wichtigkeit, und je mehr diese an Umfang gewinnt, wächst das Interesse für Gemeinwohl und der Reiz zur öffentlichen Tätigkeit, welche den Geist der Nation erhebt, zur Erwerbung gemeinnütziger Kenntnisse, ja selbst eines unbescholtenen Rufes anfeuert und dadurch den Egoismus und die Frivolität zügelt.«[65]

Zweitens: Das nationale wie das internationale *Ansehen und der dadurch vermittelte Einfluß* der deutschen Universitäten und der in ihnen tätigen Gelehrten wuchsen im 19. Jahrhundert steil an. Einen entscheidenden Ausgangspunkt bezeichnete dabei die Humboldtsche Universitätsgründung von Berlin, 1810, die durch ihren überragenden, übrigens weit weniger durch materielle Mittel als durch eine kluge Berufungspolitik bedingten Erfolg den anderen Hochschulen ihre strukturellen Neuerungen aufzwang. Wie dieser Reformdruck wirkte und welch einflußreiches Ansehen aus ihm sich ergab, mag das Zeugnis Lorenz von Steins aus österreichischer Perspektive anschaulich machen:

»Österreich verstand es zu begreifen, daß seine Ebenbürtigkeit mit Deutschland *nicht* bloß auf seiner Industrie, auf seinen Schulen, auf seiner Presse, auf seiner Armee, auf seiner großen Geschichte, sondern auch auf der *Ebenbürtigkeit seiner Universitäten mit den deutschen beruhe,* und daß ein Zurückbleiben auf diesem Punkte ein Zurückbleiben auf allen anderen bedinge. Da war es, wo Österreich mit seiner ganzen vollen Kraft das deutsche Universitätswesen bei sich aufnahm; und diese deutsche Ordnung unserer Universitäten ist wahrlich nicht das letzte Blatt in dem großen Buche voll Achtung und Furcht, voll Neid und Liebe gewesen, daß von der Geschichte Österreichs und Deutschlands redet! Denn so groß war die Kraft dieser Errungenschaft, daß nicht ein Jahrzehnt vorüberging, und die Universitäten Österreichs standen mit ihrem vollen Kraftbewußtsein *neben* jenen deutschen, auf die das deutsche Volk so stolz war, als eine glänzendste Zierde seiner Geltung in Europa.«[66]

Drittens: In den Jahrzehnten vor 1848 fällt den Universitäten bei der politischen Meinungsbildung eine Schlüsselrolle zu, eine *Wortführerschaft.* Was für die Studenten schon beschrieben wurde, gilt für die Professoren erst recht: In einer Zeit, in der es noch keine Parteien und unterm Schatten der Zensur kaum eine freie Presse gab, konnten politische Auffassungen vor allem im Schutzmantel der Gelehrsamkeit entwickelt und verbreitet werden. Kaum zufällig waren es Professoren, die durch ihre Veröffentlichungen die Formation der Parteien vorbereiteten. Das gilt für den Liberalismus, dem Karl Theodor Welcker und Karl von Rotteck im »Staatslexikon« (15 Bände, 1834–1843) sozusagen den Leitfaden schufen; aber auch Darstellungen der englischen und französischen Revolutionen durch den Historiker Friedrich Christoph Dahlmann (1844 und 1845) gaben ihm Impulse. Und sogar die Entwicklung des konservativen Denkens und der konservativen Partei sind ohne das theoretische Rüstzeug kaum zu denken, das der Rechtsphilosoph Friedrich Julius Stahl für sie formte. (Und wie stünde es um den »wissenschaftlichen Sozialismus« - ohne den Hegel-Schüler und deutschen Privatgelehrten par excellence, Karl Marx?)

Ausbildungsmonopol für höhere Beamte in einem von Beamten beherrschten Obrigkeitsstaat, durch gelehrte Leistungen erworbenes nationales und internationales Ansehen, politische Wortführerschaft: Keiner der drei Faktoren hätte für sich genommen wohl viel bedeutet. Erst aus ihrer Kombination ergab sich Ungewöhnliches, ja Einzigartiges. Vor allem ergab sich aus der einmal erfahrenen, gewissermaßen eingeschliffenen, fast institutionalisierten Kombination deren Überdauern jedenfalls in der Bewußtseinslage und Anspruchshaltung sehr vieler Professoren - und dies selbst dann noch, als die objektiven Bedingungen sich geändert hatten, also als es längst Parteien und andere Massenorganisationen, Parlamente zum mindesten als die Organe zur Präsentation politischer Anschauungen und Interessen gab, überdies eine nicht mehr wie in den Zeiten der Restauration zu knebelnde Presse. Da Obrigkeitsstaat, Beamtenherrschaft und gelehrtes Ansehen die Revolution von 1848 ebenso überdauerten wie die Reichsgründung von 1871: Warum sollte dann nicht auch die politische Wortführerschaft überdauern? Und stellte sich damit nicht eine Interessenlage her, die sich als um so wirksamer erwies, je mehr es den Beteiligten gelang, sie vor sich selbst in der idealistischen Geste, in dem Gewissensanspruch zu verhüllen, allein der Wahrheit zu dienen? Lag es, mit anderen Worten, nicht zum mindesten verführerisch nahe, dem Staat mit gelehrtem Ansehen und politischer Wortführerschaft beizustehen, wenn »zersetzende Kräfte« - etwa der aufkommenden Arbeiterbewegung - ihn bedrohten? Und schien es nicht geboten, für seine Wiederherstellung zu kämpfen, nachdem »Verrat« und »Verbrechen« ihn zerstört hatten? Drängte dabei die Feindschaft gegenüber Parlamentarismus und Parteienherrschaft, Meinungsvielfalt und intellektuellem Kritizismus, kurz gegenüber dem »System« der Republik nicht um so mehr sich auf, als dessen Anerkennung die Zurücknahme des eigenen Anspruchs vorausgesetzt hätte?

Dies alles waren Fragen, wie sie von der Ausgangskonstellation her vielleicht nicht unausweichlich, aber sozusagen mit der Schwerkraft des Folgerichtigen sich ergaben. Es waren, wie sich zeigen sollte, Schicksalsfragen des deutschen Geistes.

Wohl kein Ereignis hat zum politischen Ansehen deutscher Hochschullehrer im 19. Jahrhundert stärker beigetragen als das mannhafte Auftreten der »Göttinger Sieben«, der Professoren Albrecht, Dahlmann, Ewald, Gervinus, Weber, Jacob und Wilhelm Grimm im Jahre 1837. Worum es sich handelte, hat Jacob Grimm bald darauf knapp und eindringlich dargestellt: Der König von Hannover verfügte einseitig die Aufhebung des Staatsgrundgesetzes aus dem Jahre 1833, auf das die Professoren wie alle Beamten den Treueeid geleistet hatten. Gegen diesen Gewaltakt protestierten die sieben Professoren. Daraufhin wurden sie aus ihren Lehramt entlassen; drei von ihnen, die den Protest an Dritte weitergegeben hatten, wurden kurzfristig des Landes verwiesen.

Es ging ausdrücklich nicht um eine Parteinahme im üblichen Sinne, sondern um Gewissen und Verantwortung. Jacob Grimm drückte dies so aus: »Der Grund (des Protests) ist, weil ich eine vom Land, in das ich aufgenommen war, ohne all mein Zutun mir auferlegte Pflicht nicht brechen wollte, und als die drohende Anforderung an mich trat, das zu tun, was ich ohne Meineid nicht tun konnte, nicht zauderte, der Stimme meines Gewissens zu folgen.«[67] Noch deutlicher heißt es bei Wilhelm Grimm: »Bei unserem Schritte lag bloß die religiöse Überzeugung zu Grunde, daß wir so handeln müßten, wenn wir unser Gewissen rein halten wollten... Mit dem Parteiwesen hat die Sache nichts zu schaffen, und wir müssen die albernen Lobeserhebungen der Liberalen ebenso ertragen wie die hoffärtigen Verhöhnungen von der andern Seite.«[68]

Zur Verantwortung sagt Jacob Grimm: »Die deutschen hohen Schulen, solange ihre bewährte und treffliche Einrichtung stehenbleiben wird, sind nicht bloß der zu- und abströmenden Menge der Jünglinge, sondern auch der genau darauf berechneten Eigenheiten der Lehrer wegen, höchst reizbar und empfindlich für alles, was im Lande Gutes und Böses geschieht. Wäre dem anders, sie würden aufhören, ihren Zweck, so wie bisher, zu erfüllen. Der offene, unverdorbene Sinn der Jugend fordert, daß auch die Lehrenden, bei aller Gelegenheit, jede Frage über wichtige Lebens- und Staatsverhältnisse auf ihren reinsten und sittlichsten Gehalt zurückführen und mit redlicher Wahrheit beantworten.«[69]

Man mag sich an einer Sprache und Einstellung stoßen, die ins Überpolitische erhöht, was doch von politischen Interessen, Anschauungen und Konflikten kaum jemals exakt geschieden werden kann. Aber nicht das ist hier das Problem; klar genug und eindrucksvoll tritt eine Haltung zutage, die das Nein zur Willkür und Gewalt, unter welchen Vorwänden und Vorzeichen immer sie auftreten mögen, zum Prinzip erhebt und daraus den *Widerstand* begründet.

Das wirkliche, praktische Problem liegt an anderer Stelle: *Sieben* Professoren protestierten – *nur* sieben, eine kleine Minderheit aus der viel größeren Zahl von Betroffenen. In Grimms anschaulicher Schilderung: »Unter den Professoren taten sich bald verschiedenartige Gruppen hervor, die Charaktere, wie mein Bruder treffend bemerkte, fingen an, sich zu entblättern gleich den Bäumen des Herbstes bei einem Nachtfrost; da sah man viele in nackten Reisern, des Laubes beraubt, womit sie sich in dem Umgang des gewöhnlichen Lebens verhüllten... Wiederum aber zerfielen die, welche es für ratsam hielten, unterwürfig zu schweigen, in zwei sehr verschiedene Parteien. Zur einen gehörten die Männer, welche, sonst vorlaut und stolz genug, vor aller Gewalt verstummen und jede Ungnade in den Augen des Herrschers als das unerträglichste Unglück betrachten; sie waren, auf Kosten ihrer selbsteigenen Denkungsart, zur Nachgiebigkeit bereit und schnell erfinderisch, Scheingründe für ihre Abtrünnigkeit nicht bloß hervorzusuchen, sondern sie auch Andersgesinnten auf alle Weise anzuempfehlen. Andere, allerdings achtungswerter, bedauerten zwar den Untergang der beschworenen Verfassung, hingen aber über alles an der Aufrechterhaltung der Universität, deren Gefahr, wenn sie den Unwillen des Königs auf sich ziehen sollte, ihrem Herzen weit näher lag als das Heil des ganzen Reichs, welcher daher die angelobte Pflicht unbedenklich aufgeopfert werden müsse.«[70]

Ein Lehrstück, vieler Einkleidungen fähig. Denn die Frage nach dem Selbstbewußtsein, dem Mut, der Zivilcourage zum Widerstand hat sich ja nicht nur im Jahre 1837 gestellt; sie kann sich immer neu stellen. Und die zum Widerstand Entschlossenen werden rasch isoliert und in der Isolierung zum Unterliegen verurteilt, wenn sie in der Minderheit bleiben. Jacob Grimm: »Ein vollstimmiger Beschluß von Seiten der ganzen Universität hätte die bedeutendste Wirkung haben müssen.«[71] Statt dessen kam es zur »berüchtigten Rothenkircher Deputation«[72]; eine Abordnung der Universität ließ sich zu einer Ergebenheitsadresse gegenüber dem König drängen. Nochmals Grimm: »Ihre unmannhafte Haltung, die sittliche Mattheit ihrer zu Rothenkirchen geführten Sprache ist es offenbar, was unser Verderben, wenn auch nicht bereitet, doch vollendet hat.«[73] Erst nach dieser Kapitulation erfolgten Entlassung und Ausweisung der Protestierenden.

Zwei Vorkommnisse am Rande mögen die Geschichte der »Göttingen Sieben« beschließen. An einen der Entlassenen, Professor Albrecht, richteten die Bürger von Elbing eine Grußbotschaft. Denn Albrecht war ein Sohn ihrer Stadt. Daraufhin schrieb der preußische Innenminister von Rochow den vorwitzigen Bürgern ins Stammbuch: »Es ziemt dem Untertanen, seinem König und Landesherrn schuldigen Gehorsam zu leisten…, aber es ziemt ihm nicht, die Handlungen des Staatsoberhauptes an den Maßstab seiner beschränkten Einsicht anzulegen und sich in dünkelhaftem Übermute ein öffentliches Urteil über die Rechtmäßigkeit derselben anzumaßen.«

Jacob Grimm jedoch, als er aus dem Lande getrieben wurde, konnte erleben, was gewiß nur wenige Exilierte seither erlebt haben. Eine Großmutter sagte zu ihrem Enkel: *»Gib dem Herrn eine Hand, er ist ein Flüchtling.«*[74]

Die bürgerliche Fortschrittsbewegung war in den ersten beiden Dritteln des 19. Jahrhunderts nicht nur, aber auch und wesentlich eine Bildungsbewegung. Professoren haben, soweit sie politisch überhaupt hervortraten, in ihrer Mehrheit für Einheit und Freiheit gekämpft. Aber ähnlich wie im Falle der Studenten kam mit der Gründung des Nationalstaates durch Bismarcks Führungskunst und Preußens militärische Leistungskraft erst die Nagelprobe: Wie tief wurzelte eigentlich die Sehnsucht nach der Einheit - und wie tief die nach Freiheit, nach parlamentarischer Mitbestimmung oder gar, in weiterer Perspektive, nach demokratischer Selbstbestimmung? Konnte das eine gegenüber dem anderen triumphieren und am Ende einen tödlichen Gegensatz erzeugen?

Eine weitere, schneidende Frage stellte sich dem Selbstbewußtsein der Gebildeten: Was hatte man mit allem Engagement eigentlich erreicht? »Nicht durch Reden und Majoritätsbeschlüsse werden die großen Fragen der Zeit entschieden - das ist der Fehler von 1848 und 1849 gewesen, sondern durch Eisen und Blut.« Das war der berühmte Ausspruch Bismarcks aus der Zeit seines Regierungsantritts 1862. Hatte er sich nicht als wahr erwiesen? In einer Sitzung des preußischen Abgeordnetenhauses vom 28. Januar 1886 kam der Reichsgründer noch einmal darauf zurück: »Ich kann nicht dafür, daß ich damals mißverstanden worden bin. Es handelte sich um militärische Fragen, und ich hatte gesagt: Legt eine möglichst starke militärische Kraft, mit anderen Worten möglichst viel Blut und Eisen in die Hand des Königs von Preußen, dann wird er die Politik machen können, die Ihr wünscht; mit Reden und Schützenfesten und Liedern macht sie sich nicht, sie macht sich nur durch Blut und Eisen.«

Nichts ist erfolgreicher als der Erfolg, und in der Wiederaufnahme des alten Ausspruchs wird kaum verhüllt Bismarcks Genugtuung über einen tiefgreifenden Umschwung sichtbar: Jetzt wurde verstanden und mit Beifall quittiert, was einst Empörung auslöste.

Der reißende Stimmungswandel in der Zeit der Reichsgründung läßt sich an Beispielen anschaulich machen, etwa an dem Historiker Heinrich von Sybel. Als Mitglied des preußischen Abgeordnetenhauses war Sybel noch in den Jahren 1862 bis 1864 ein scharfer Gegner Bismarcks gewesen. Doch schon im Norddeutschen Reichstag vollzog er die Wendung mit, die dann die Nationalliberalen zur »staatstragenden« Partei machte. Im Januar 1871 schrieb er nach der Meldung der Kapitulation von Paris: »Meine Augen gehen immer hinüber zu dem Extrablatt, und die Tränen fließen mir über die Backen. Wodurch hat man die Gnade Gottes verdient, so große und so mächtige Dinge erleben zu dürfen? Und wie wird man nachher leben? Was zwanzig Jahre der Inhalt alles Wünschens und Strebens gewesen, das ist nun in so unendlich herrlicher Weise erfüllt. Woher soll man in meinen Lebensjahren noch einen weiteren Inhalt für das weitere Leben nehmen?«[75]

Offenbar gab es keine noch offenen Wünsche mehr, und wenn etwas als Problem erschien, dann einzig jene seltsame Leere und Ermattung, die auf das Erreichen eines mit aller Kraft erstrebten Ziels zu folgen pflegt. Sybel half sich, indem er ein Standardwerk preußisch-deutscher Selbstbewunderung schuf: »Die Begründung des Deutschen Reiches durch Wilhelm I.« – sieben Bände.[76] Man versteht die sarkastische Notiz Jacob Burckhardts, es würden künftig wohl alle Darstellungen der neueren Geschichte »auf 1870/71 orientiert« werden,

»bis die ganze Weltgeschichte von Adam an siegesdeutsch angestrichen« sei.[77] Schon im Jubeljahr 1871 hatte der berühmte Physiologe Du Bois-Reymond als Rektor die Universität von Berlin zum »geistigen Leibregiment der Hohenzollern« erklärt.

Ein späterer, eher nachdenklicher Historiker, Friedrich Meinecke, ist dem Wandel der Auffassungen über Staat und Politik nachgegangen und hat ihn in seinem Buch »Weltbürgertum und Nationalstaat«[78] beschrieben. Die eine, ältere Auffassung nimmt allgemeine, menschheitlich vorbildliche Ideen der wahren, gerechten Ordnung zur Richtschnur; sie wird von *universalistischen* Prinzipien bestimmt. Der konkrete Staat wird danach beurteilt und gerichtet, ob er diese Prinzipien verwirklicht oder verfehlt, und der einzelne Bürger, der sich an den menschheitlichen Idealen orientiert, ist nicht so sehr Staats- als vielmehr Weltbürger. Die andere, neuere Auffassung nimmt dagegen die wirkliche, praktisch vorhandene politische Ordnung und die Macht des Staates zu ihrem Maß: die Macht des Staates, die sich im Machtkampf mit anderen Staaten durchsetzt und behauptet. Der Bürger wird dabei patriotisch - oder nationalistisch - auf die Ordnung und Staatsmacht ausgerichtet, der er angehört; er wird von ihr politisch im Zeichen der Machtentfaltung und des Machtkampfes integriert. Dies ist das *realistische* Prinzip.

Vor dem Hintergrund dieser Gegenüberstellung erscheint die Geschichte des politischen Denkens in Deutschland als eine fortschreitende Umorientierung vom Universalismus zum Realismus. Meinecke beschreibt, wie der »wahre« - realistische - Staatsbegriff noch bei Fichte und Wilhelm von Humboldt, ja selbst bei Stein und Gneisenau nicht erreicht wird, weil immer noch die Ideen einer übergeschichtlich idealen Vernunftordnung spuken. Weiter führen schon die romantische Entdeckung der »Schönheit« des Individuums Staat bei Novalis und der Organismusbegriff bei Adam Müller. Als die eigentlichen »Befreier« des Staates erscheinen aber schließlich Hegel, Ranke und Bismarck. Hegel entwickelt den Gedanken des Machtstaates noch unter der Hülle seines spekulativen System; Ranke vollendet die gedankliche Entwicklung, indem er das »System« abstreift und die naturrechtliche Vorstellung vom besten Staat endgültig überwindet. Ranke begründet auch die vom Gedanken des Machtstaates aus folgerichtige, ja notwendige Lehre vom Vorrang der auswärtigen Politik. Bismarck aber, auf dieser geistigen Vorarbeit aufbauend, führt die Machtpolitik praktisch durch und verschafft durch deren Erfolg den Einsichten Hegels und Rankes allgemeine Anerkennung. Er wirkt gewissermaßen als heilender Arzt, der das »Gift« der Ideenpolitik aus dem politischen Körper entfernt und so diesem seine natürliche Funktionsfähigkeit zurückgibt.[79] Das gilt nicht zuletzt gegenüber den liberalen Ideen von 1848.[80]

Vieles an dieser Konstruktion mag als problematisch erscheinen. Besonders die Darstellung Hegels bleibt fragwürdig. Doch sie steht keineswegs allein. So hat - unter Berufung auf Meinecke - Hermann Heller den Machtstaatsgedanken bei Hegel weiter ausgedeutet. Dabei erscheint Hegel einerseits als »der erste, der den Weg von ›Blut und Eisen‹ schon im Jahre 1801 gewiesen hat«, und andererseits »kann man ohne große Übertreibung behaupten, daß Bismarck das getan hat, was Hegel und seine Jünger aussprachen.«[81]

Übertreibungen mögen manchmal zum Verständnis helfen, Karikaturen verborgene Charakterzüge sichtbar machen. Aber hier werden Hegels »Felsenmelodien« zur Unkenntlichkeit verzerrt. Um so bedeutsamer sind die Interpretationen indessen als Symptome.[82] Denn richtig bleibt, daß die »realistische« Auffassung sich in der zweiten Hälfte des 19. Jahrhunderts mehr und mehr durchsetzte. Als höchst einflußreich erwies sich schon August Ludwig von Rochaus Schrift »Grundsätze der Realpolitik«, die zuerst 1853 erschien. Sie wies nach der Enttäuschung über die verlorene Revolution von 1848 den neuen Weg der Ernüchterung. Einige Zeit nach

Rochau kann Heinrich von Treitschke es dann als »ernsthafte praktische Erfahrung« bezeichnen, daß »das Wesen des Staates zum Ersten Macht, zum Zweiten Macht und zum Dritten nochmals Macht« ist.[83]

Von der Wirksamkeit Treitschkes als Erzieher einer ganzen akademischen Generation zur »Wollust der Entsagung« auf ethische Ideale jenseits der Macht war in dem Zeugnis Ernst Troeltschs schon die Rede.[84] Im Hintergrund dieser Wirkung aber steht natürlich, praktisch noch weitaus bedeutsamer als alle gelehrte Rhetorik, der schlechthin überwältigende Eindruck Bismarckscher Erfolgspolitik. Und so sah Troeltsch den Kern der »Erziehung« durch Bismarck darin, »daß das Wesen des Staates Macht ist, daß er sein festes Knochengerüst hat an einem schlagfertigen Heere, daß er der beständig drohenden Gefahr von außen und innen nur durch ebenso vorsichtigen als rücksichtslosen Machtgebrauch begegnen kann, und daß hierfür nichts so hinderlich ist, wie die Prinzipien und die Theorie.« Denn Bismarck hat »in seinem Handeln und in seinem Programm die vollendete Prinzipienlosigkeit betätigt; ethische Mächte und Grundsätze bald genützt und zu Hilfe gerufen, bald beiseite geworfen und verhöhnt. Es ist ein Ideal der Vorurteilslosigkeit und Unbefangenheit, das alles nur dem einen politischen Grundgedanken der dauernden, jedem Gegner überlegenen Macht unterordnet. Und dieses Ideal ist uns nach den langen Jahren politischen Elends, theoretischer Staatsideale, pathetischer Resolutionen und unfruchtbarer Forderungen der öffentlichen Zeitungsmeinung als der ungeheure Fortschritt erschienen, der uns die ersten Lebensbedingungen des Staates erst zum Verständnis gebracht hat.«[85]

Die letzten, im Grunde nur folgerichtigen Folgerungen dieser Auffassung hat kurz vor dem Ersten Weltkrieg der Staatsrechtslehrer Erich Kaufmann gezogen. Der Sinn des Staates schlechthin ist für ihn »Machtentfaltung, ist der Wille, sich in der Geschichte zu behaupten und durchzusetzen«.[86] Um der Macht willen ist die völlige

Unterordnung der Staatsbürger unter den Staatszweck notwendig. Denn »Machtentfaltung ist nur möglich durch die Belebung sämtlicher physischer und moralischer Energien. Von dem Machtgedanken aus wird der Staat zum Wohlfahrtsstaat und zum höchsten sittlichen Institut. Weil seine Organisation und seine Ordnung Machtorganisation und Machtordnung sein will, kann er zur obersten Gemeinschaft, zur Gemeinschaft schlechthin werden: denn nur weil er zu seinem Wesen und Bestande die höchste Kraftentfaltung braucht..., weil eine eigentümliche, sozusagen prästabilierte Harmonie besteht zwischen Machtstreben und sittlicher Kraftanstrengung, kann er das eigentümliche Wesen werden, das überall die Macht will und eben darum das Höchste will.«[87]

Diese eigentümliche prästabilierte Harmonie zwischen Macht und Sittlichkeit erhebt freilich die Macht und den Erfolg im Machtkampf zum Maßstab der Sittlichkeit. Und zugleich verschafft sie dem rücksichtslosen Machtstreben den Mantel, das gute Gewissen eines ethischen Ideals. Indem nämlich die staatliche Machtentfaltung am unmißverständlichsten im Kriege zum Ausdruck kommt, ergibt sich konsequent »der siegreiche Krieg« als das »soziale Ideal«: »der siegreiche Krieg als das letzte Mittel zu jenem obersten Ziel« der Machtentfaltung.[88] »Im Kriege offenbart sich der Staat in seinem wahren Wesen, er ist seine höchste Leistung, in dem seine Eigenart zur vollsten Entfaltung kommt. Hier hat er zu bewähren, daß ihm die Weckung und Zusammenfassung aller Kräfte gelungen ist, daß die höchsten Forderungen, die er stellt, auch wirklich erfüllt werden, und daß das Letzte seinem Bestehen in der Weltgeschichte geopfert wird... Je stärker diese Anforderungen und Leistungen werden, und je weiter und komplizierter sie sich bis in alle Verästelungen des Lebens hinein erstrekken, um so mehr wird der Krieg zu einer wirklichen Berechtigungs- und Leistungsprobe des ganzen Staates.«[89] Hier kündigen sich schon die Ideologien der »totalen Mobilmachung« an. Und natürlich werden auch die Beziehungen der Staaten untereinander vom puren Machtprinzip bestimmt. Kaufmann bringt das auf die Formel: »Nur der, der kann, darf!« – was positiv gewendet doch wohl heißt: »Wer kann, der darf auch!«

Für die Praxis der Machtpolitik war allerdings die Frage, was eigentlich ihr Ziel noch sein sollte, nachdem die Einheit der Nation dank »Blut und Eisen« so glücklich begründet worden war. Mochte Bismarck selbst, im klaren Bewußtsein des Umsturzes der europäischen Kräfteverhältnisse, den die Reichsgründung bewirkt hatte, nach 1871 eine vorsichtig defensive Friedenspolitik betreiben, mochten andere das Erreichte »siegesdeutsch« anstreichen, so stellte sich diese Frage mit neuer Eindringlichkeit für die Generation, die mit der »Wachablösung« von 1890 die Bühne betrat. In den Worten Max Webers aus dem Jahre 1895:

»An unserer Wiege stand der schwerste Fluch, den die Geschichte einem Geschlecht mit auf den Weg geben kann: das harte Schicksal des politischen *Epigonentums*... Entscheidend ist auch für *unsere* Entwicklung, ob eine große Politik uns wieder die Bedeutung der großen politischen Machtfragen vor Augen zu stellen vermag. Wir müssen begreifen, daß die Einigung Deutschlands ein Jugendstreich war, den die Nation auf ihre alten Tage beging und seiner Kostspieligkeit halber besser unterlassen hätte, wenn sie der Abschluß und nicht der Ausgangspunkt einer deutschen Weltmachtpolitik sein sollte.«[90]

Weltmachtpolitik, statt einer europäischen Großmacht- und Balancepolitik, wie sie Bismarck von einem eigentlich nur vergrößerten Preußen her noch im Auge hatte: Vielleicht läßt es sich daraus erklären, warum in der Epoche, der Kaiser Wilhelm II. seinen Namen gab, zugleich ein neues Machtinstrument – die Schlachtflotte – so sehr zur Lieblingsidee des Zeitalters wurde, daß dagegen nüchterne Überlegungen und Bedenken nicht aufkommen konnten – und warum gerade Professoren landauf und landab im »Flottenverein« die Werbetrommel rührten.[91]

Ironie liegt im nachhinein nahe. Aber sie verbirgt sich in der Sache selbst: Das Unternehmen Schlachtflottenbau erwies sich als fatale Fehlkalkulation. Es stimmte Großbritannien feindlich, ohne es real zu bedrohen. Denn die englischen Blockadelinien konnten in so weiter Entfernung von der deutschen Küste aufgebaut werden, daß die »Hochsee«-Flotte sie kaum anzugreifen, geschweige denn zu durchbrechen vermochte. Folgerichtig verrottete im Krieg die Flotte in ihren Häfen; am Ende wurde aus dem plumpen Riesenspielzeug eine Brutstätte der Revolution.

Man darf freilich nicht übersehen, daß der Gedanke der Weltmachtpolitik eine doppelte Funktion besaß. Mit der imperialen Drohgebärde, die in ihm angelegt war, vermittelte er zugleich ein Gefühl der Bedrohtheit, das heißt, er richtete sich nach innen mindestens ebenso wie nach außen. Aus diesem Gefühl der Bedrohtheit ergab sich für die Nation sozusagen als ihr kategorischer Imperativ, daß die Macht des Obrigkeitsstaates und der ihn tragenden gesellschaftlichen Formationen um jeden Preis erhalten, wenn nicht noch verstärkt werden mußte - und daß alles, was daran rührte, als *nationaler Verrat* einzustufen war. Worum es sich handelte, wo die innere Front sich abzeichnete, das hatte schon Treitschke in seiner bild- und wirkungskräftigen Sprache beschworen:

»Alle Gesellschaft bildet von Natur eine Aristokratie. Die Socialdemokratie kennzeichnet den Unsinn ihrer Bestrebungen schon durch den Namen. Wie mit dem Staat gegeben ist ein Unterschied von Obrigkeit und Untertan, der niemals aufgehoben werden kann, so ist mit dem Wesen der Gesellschaft ein für allemal gegeben die Verschiedenheit der Lebenslage und Lebensbedingungen ihrer Glieder. Um es kurz zu sagen: Alle bürgerliche Gesellschaft ist Klassenordnung... Sieht man genauer hin, so liegt es ebenfalls in der menschlichen Natur selber begründet, daß die ungeheure Mehrheit der

Kräfte unseres Geschlechts aufgehen muß in der Befriedigung der gröbsten Lebensbedürfnisse. Das bloße Dasein zu fristen ist dem Barbaren der Hauptinhalt des Daseins. Und so gebrechlich und bedürftig ist von Natur unser Geschlecht, daß auch auf höheren Culturstufen die ungeheure Mehrheit der Menschen immer und überall der Sorge um das Leben, der materiellen Arbeit ihr Dasein widmen muß, oder um es trivial auszudrücken: Die Masse wird immer die Masse bleiben müssen. Keine Cultur ohne Dienstboten. Es versteht sich doch von selbst, wenn nicht Menschen da wären, welche die niedrigen Arbeiten verrichten, so könnte die höhere Cultur nicht gedeihen. Wir kommen zu der Erkenntnis, daß die Millionen ackern, schmieden und hobeln müssen, damit einige Tausende forschen, malen und dichten können. Das klingt hart, aber es ist wahr und wird in aller Zukunft wahr bleiben. Mit Jammern und Klagen ist hiergegen gar nichts auszurichten. Der Jammer entspringt auch nicht der Menschenliebe, sondern dem Materialismus und dem Bildungsdünkel unserer Zeit.«[92]

Natürlich gibt es in den Massen immer wieder, dank ihrer Verführbarkeit durch falsche Propheten, Regungen des Aufbegehrens, Forderungen gar nach politischer Mitsprache, parlamentarischer Regierung, Demokratie. Doch das sind nur Erscheinungsformen einer naiven Selbstsucht. »Dieser naiven Selbstsucht der Regierten steht die wesentlich politische Anschauung der Regierenden gegenüber, die den Staat nicht aus einer Interessengruppe heraus, sondern vom Standpunkt der Gesamtheit betrachtet. Sie denken zunächst an die Macht und Einheit des Ganzen; und da sie die schwere Verantwortung tragen für das Los der Millionen, so betrachten sie festen Gehorsam als das erste Erfordernis.«[93]

In der Tat. Die Erregtheit der Sprache und die eingestreuten Schmähungen verraten freilich *Angst:* Angst vor der aufkommenden, trotz des widernatürlichen Unsinns ihrer Bestrebungen offenbar unaufhaltsam wachsenden Arbeiterbewegung. Zur Erklärung der Angst reicht indessen ein Hinweis auf die Klassenlage kaum aus. Gab es nicht auch Gelehrte – zum Beispiel die sogenannten »Kathedersozialisten« – und auch liberale Kräfte, die der Arbeiterbewegung mit einem gewissen Verständnis begegneten, sie durch Reformmaßnahmen in Staat und Gesellschaft einzubinden versuchten? Ohnehin bejahten die Sozialdemokraten den nationalen Staat – und im Prinzip auch dessen Wehrhaftigkeit.

Die eigentümliche Verhärtung der politisch-gesellschaftlichen Fronten im Kaiserreich hat jedoch mit dem zu tun, was man vielleicht das *bürgerliche Renegatensyndrom* nennen könnte. Im Grunde nahm die Sozialdemokratie ja die alten Forderungen der bürgerlich-liberalen Bewegung wieder auf und suchte sie zu ihrer vollen politischen Konsequenz zu entwickeln. Genau dies aber traf an seiner tiefsten Stelle das Selbstbewußtsein eines Bürgertums, das die eigenen Freiheitsforderungen um den Preis der Einheit aufgegeben, in den Obrigkeitsstaat sich eingefügt und, mit Thomas Mann zu reden, in der »machtgeschützten Innerlichkeit« sich eingerichtet hatte. Der Haß auf die Sozialdemokratie enthielt, mit anderen Worten, dessen bitterste und gefährlichste Form: den Selbsthaß, der im Feind den Schatten des eigenen Ich und dessen verratene Möglichkeiten erahnt und verfolgt.[94]

Ein scharfäugiger Beobachter aus England, der jugendliche Bertrand Russell, hat die deutschen Gefahren eindringlich geschildert. In seinem Buch über die deutsche Sozialdemokratie, das 1896 in London erschien, heißt es zusammenfassend: »*Wenn* die Sozialdemokraten ihre kompromißlose Haltung aufgeben können, ohne dabei ihre Stärke zu verlieren; *wenn* andere Parteien durch einen solchen Wandel zu einem versöhnlicheren Ton veranlaßt werden; und *wenn* ein Kaiser oder Kanzler an die Macht gelangte, der dem Fortschritt an Zivilisation oder Freiheit weniger unerbittlich ablehnend gegenüberstünde als Bismarck oder Wilhelm II. – wenn alle diese glücklichen Umstände zusammentreffen würden, dann könnte sich Deutschland, wie England, auf friedlichem Wege zu einer freien und zivilisierten Demokratie entwickeln. Wenn aber nicht, wenn die Regierung und die anderen Parteien mit ihrer bigotten Verfolgung fortfahren, dann gibt es kaum eine Kraft, die einem Machtzuwachs der Sozialdemokraten Einhalt gebieten oder ihre kompromißlose Opposition mäßigen könnte... Für alle, die an Frieden und eine evolutionäre Entwicklung glauben, die ein friedliche Lösung für die gegenwärtig angespannte Gegnerschaft zwischen Arm und Reich in Deutschland wünschen, kann es nur eine einzige Hoffnung geben: daß die herrschende Klasse endlich ein gewisses Maß an politischer Einsicht, an Mut und Entgegenkommen zeigt. Sie hat nichts davon in der Vergangenheit und sehr wenig in der Gegenwart gezeigt; Angst aber könnte sie vielleicht eines Besseren belehren, oder vielleicht wachsen neue Männer mit einem besseren Geist heran. Aufhebung der Verfolgung, völlige und uneingeschränkte Demokratie, absolute Koalitions-, Rede- und Pressefreiheit - das allein könnte Deutschland retten, und das, so müssen wir inständig hoffen, werden die Herrscher Deutschlands gewähren, ehe es zu spät ist. Tun sie es nicht, so sind Krieg und eine Auslöschung des nationalen Lebens das nahezu unvermeidliche Schicksal des deutschen Kaiserreichs.«[95]

Was aber die Lage so ausweglos machte und schließlich die von Russell befürchteten Konsequenzen eintreten ließ, das war die Verfälschung des Klassenproblems - schwierig genug, wie es als solches schon sein mochte - zur nationalen Frage. Wie sollte da eine bürgerliche Klasse, die ja nicht einmal eigentlich herrschte, sondern der Herrschaft in ihrem Renegatensyndrom sich einfügte, politische Einsicht, Mut und Entgegenkommen entwickeln? Und wie sollten die Sozialdemokraten ihrer revolutionären Utopie entsagen? Als angeblich »vaterlandslose Gesellen« ins Getto gebannt, bekämpften sie erbittert den »Revisionismus«, wie ihn Eduard Bernstein entwickelte, also die Anerkennung einer Reformstrategie, der sie doch faktisch längst sich verschrieben hatten, So blieb am Ende nur, was auf seine Weise Treitschke als die innenpolitische Funktion der Machtstaatsidee beschrieben hat:

»Man muß auf das Bestimmteste sagen: Der Krieg ist für krankende Völker das einzige Heilmittel. In dem Augenblick, in dem der Staat ruft: Jetzt gilt es mir und meinem Dasein! muß die soziale Selbstsucht zurücktreten und jeder Parteihaß schweigen.«[96]

Endlich ein Gott. Da wir den friedlichen oft
nicht mehr ergriffen, ergreift uns plötzlich der Schlacht-Gott,
schleudert den Brand: und über dem Herzen voll Heimat
schreit, den er donnernd bewohnt, sein rötlicher Himmel.«

Worte des Dichters, Rainer Maria Rilkes, August 1914. Den Jüngling rufend:

»ihn, der noch eben
hundert Stimmen vernahm, unwissend, welche im Recht sei,
wie erleichtert ihn jetzt der einige Ruf; denn *was*
wäre nicht Willkür neben der frohen, neben der sicheren Not?«

Endlich ein *Sinn,* und wenn der zum Frieden, zum Leben kaum mehr trägt oder bloß noch verwirrt, dann eben der in den Tod. Was eigentlich sonst offenbart, in seiner Tiefe, der im Rückblick kaum mehr glaubhafte Jubel?

Zum deutschen Aufbruch griffen nicht zuletzt Professoren wenn nicht zum Schwert, dann zur Feder. Der Britenhaß explodierte: Perfides Albion! Gott strafe England! Der Nationalökonom Werner Sombart schrieb dazu ein Buch unter dem Titel »Händler und Helden«[96];

der Philosoph Max Scheler entwarf eine Kategorientafel englischer Perversität, die angeblich - unter anderem - Kultur zum bloßen Komfort verkommen läßt, Denken zum kalten Berechnen, Wahrheit zu purer Nützlichkeit, Frömmigkeit zur Bigotterie.[98] Es fällt schwer, hier nicht von Ressentiment zu sprechen, ausgerechnet bei einem Denker, der dem Ressentiment eine tiefdringende Studie gewidmet hatte.[99] Auch das »geistige Leibregiment der Hohenzollern« trat auf den Plan; Ansprachen Berliner Professoren wurden gesammelt und veröffentlicht unter dem Titel: »Deutsche Reden in schwerer Zeit«.[100] Als Probe sei der berühmte Altphilologe Ulrich von Wilamowitz-Moellendorff zitiert; er sagte über England:

»Dort ist der eigentlich treibende böse Geist, der diesen Krieg emporgerufen hat aus der Hölle, der Geist des Neides und der Geist der Heuchelei. Was gönnen sie uns nicht? Unsere Freiheit, unsere Selbständigkeit wollen sie untergraben, jenen Bau der Ordnung, der Gesittung und der freilich selbstbewußten Freiheit, den wir uns errichtet haben, wollen sie zerstören, die Tüchtigkeit und Ordnung nicht bloß in unserem Heer und in unserem Staatsaufbau, nein, in dem ganzen Bau unserer Gesellschaft. Wenn der englische Marineoffizier jetzt durch ein feines, schönes Glas hinausschaut, umschaut nach deutschen Kreuzern, so ärgert ihn - wir verdenken es ihm nicht -, daß das Glas in Jena geschliffen sein wird, und die Kabel, die die Meere durchziehen, sind zum größten Teil in Charlottenburg am Nonnendamm gefertigt. Die Güte der deutschen Arbeit wurmt ihn.«[101]

Nun kann man gewiß sagen, daß überall mit dem Beginn eines Krieges der Chauvinismus aufzuflammen pflegt. Dies gilt keineswegs nur für Deutschland. Es gilt zum mindesten für das moderne Zeitalter, das auf die eine oder andere Weise die Integration der Massen in das politische Handlungssystem und im Krieg die allgemeine Mobilmachung erzwingt. Schon der deutsch-französische Krieg hatte 1870 diesen Chauvinismus zu einer fatalen Macht werden lassen - in Frankreich mindestens in dem Maße wie in Deutschland. Weit schwerer wiegt indessen, daß beim deutschen Aufbruch in den Ersten Weltkrieg Vorstellungen formuliert werden und sich durchsetzen, die tiefe Schatten auf die Zukunft werfen und schon ahnen lassen, auf wie wenig Verständnis, geschweige denn Unterstützung die Weimarer Republik hoffen durfte. Es geht dabei im wesentlichen um drei Komplexe.

Den ersten könnte man in einem Vorgriff auf das Kommende die Ideologie der *Volksgemeinschaft* nennen: den Schein der Idylle und der Harmonie, der die Wirklichkeit politischer und gesellschaftlicher Gegensätze übertüncht und verdrängt. Konkret geht es zunächst um die Einbindung der Arbeiterbewegung, ganz im Sinne der Rede des Kaisers zum Auftakt des Krieges: »Kommt es zum Kampf, so hören alle Parteien auf! Auch mich hat die eine oder andere Partei wohl angegriffen. Das war in Friedenszeiten. Ich verzeihe es heute von ganzem Herzen. Ich kenne keine Parteien und auch keine Konfessionen mehr; wir sind heute alle deutsche Brüder und nur noch deutsche Brüder.«

Weit weniger im Fanfarenton, dafür genauer und eindringlicher hat der Historiker Oncken den Sachverhalt beschrieben: »Es war das Schicksal der Deutschen, daß sie zur Nation heranwuchsen in den Menschenaltern, welche eine nie zuvor erlebte soziale Umwälzung über die Welt heraufführten... Die Probleme der kapitalistischen Entwicklung, der Herausbildung des Bürgertums, der Entstehung eines industriellen Arbeiterstandes, einer ungeheuren Durchschüttelung der Massen und Tiefen kam über Nacht über uns.« Daraus entstanden die schweren Spannungen, die das Kaiserreich kennzeichneten: »Wenn das Bürgertum, gleichzeitig von der Welle der kapitalistischen Entwicklung glücklich emporgehoben, sich den neuen Verhältnissen rasch anpassen konnte, so waren die politischen und wirtschaftlichen Ideale des neuen vierten Standes viel schwerer mit der Gestaltung des Reiches auszusöhnen. Sachliche und persönliche Gründe, historische Notwendigkeiten und Zufälligkeiten wirkten zusammen, um die gewaltig wachsenden Massen in einen tiefen inneren und äußeren Gegensatz zum Reiche zu drängen.«[102]

So entstand das Gefühl zunehmender Ausweglosigkeit - und für die schon »glücklich Emporgehobenen« der Eindruck wachsenden Bedrohtseins. Schließlich waren die Wahlen von 1912, die letzten vor dem Kriege, zu einem großen Sieg der Sozialdemokraten geworden, die erstmals die stärkste Fraktion im Reichstag stellten. Aus eben dieser Situation schien der Krieg herauszuhelfen; Oncken kommentiert:

»Der Krieg hat den Deutschen mit einem stärkeren Ruck über diese innere Kluft hinweggeholfen, als lange Friedensentwicklung vermocht hätte... Wir alle haben die große Stunde erlebt, wo ein frevelhafter Angriff alle Deutschen einte. Als auch die Sozialdemokratie in ihrer Vertretung im Reichstage, in der Sprache ihrer publizistischen Organe und in der Gesinnung ihrer Millionen sich rückhaltlos und mannhaft in Reih und Glied stellte, da kam über viele ein beseligendes Gefühl: jetzt sind wir wahrhaft, jetzt sind wir endlich eine einige Nation... Darin aber besteht die große Aufgabe der inneren Politik, das rasch Gewonnene, das die Not an einem großen Tage mit Unerbittlichkeit vollbracht, nicht wieder in müderer Zeit zu verlieren: die edlen Kräfte, die unnatürlich brachgelegen hatten oder sich in bitteren Kämpfen untereinander verzehrten, nunmehr dauernd in den natürlichen Organismus einzuordnen. Es gibt kaum ein inneres Kriegsziel, das wertvoller wäre. Jetzt handelt es sich darum, daß nach den deutschen Stämmen auch die deutschen Klassen zu einer einzigen sozialen und nationalen Gemeinschaft sich für immer verschmelzen.«[103]

Wenn man von der Illusion einmal absieht, Klassengegensätze im Fegefeuer des Krieges zur »Gemeinschaft« umschmieden zu können, dann mag man in Onckens Überlegungen durchaus Bedenkenswertes entdecken. Zwar wäre es besser gewesen, wenn man schon im Frieden den Weg zu zeitgemäßen Reformen mit dem Ziel des politischen Ausgleichs gefunden hätte. Aber da das nun einmal nicht gelungen war - warum sollte man nicht den schrecklichen Anstoß des Krieges nutzen, um ihm auf diese Weise etwas Positives abzugewinnen? Allerdings hätte man sich dann zu handfesten Reformen auch wirklich bequemen müssen. Konkret: Einmal hätte man das überalterte Dreiklassenwahlrecht in Preußen abschaffen und zum zweiten die Regierungsverantwortung parlamentarisieren, das heißt an die jeweilige Reichstagsmehrheit statt an das Belieben des Kaisers binden müssen. Dazu fehlte es jedoch nicht nur am klaren Willen, sondern genau dies widersprach den Vorstellungen auch und gerade der meisten Professoren, die sich zu Wort meldeten und die so beredt die neu errungene Kriegsgemeinschaft priesen.

Wir stoßen hier auf den zweiten Komplex, von dem gesprochen werden muß: *die Gegensatzkonstruktion von »deutschem Geist« und »Westeuropa«.* In den Worten des Historikers Georg von Below: »Die Erlebnisse des Weltkrieges haben den Zusammenbruch der Ideale der französischen Revolution dargetan. Die Ideen der Freiheit, Gleichheit, Brüderlichkeit sind durch die deutschen Ideen von 1914, Pflicht, Ordnung, Gerechtigkeit überwunden.«[104]

Die deutschen »Ideen von 1914« im strikten Gegensatz zu westlichen Idealen, zu »1789«, also in der Praxis zur politischen Selbstbestimmung des Bürgers, zur parlamentarischen Demokratie! Aber genau damit ging es um die Blockierung der Reformen, auf die es eigentlich hätte ankommen müssen, sofern die »Gemeinschafts«-Proklamationen etwas anderes sein sollten als schwindelnde Konstruktionen über klaffenden Abgründen. Doch wieder und wieder ist in diesem rein demagogischen Sinne geredet und geschrieben worden. Eine »Monatsschrift für das deutsche Volk« nannte sich »Deutschlands Erneuerung«; worum es ging, drückte darin der Philosoph Max Wundt so aus:

»In einer Verblendung, die schon in der nächsten Zeit unbegreiflich erscheinen wird, ist man bei uns geschäftig dabei, das bewährte Deutsche zurückzudrängen und das Fremde, auf das man gänzlich unbegründete Hoffnungen setzt, zu größerer Wirkungskraft zu bringen. Und leider ist es nicht nur Verblendung, sondern sehr klare und ihre Interessen wohl kennende Einsicht, die hier die Geschäfte unserer Feinde besorgt! Erwachen wir, ehe es zu spät ist! Auch im Innern soll die Losung gelten: Was deutsch ist, soll deutsch bleiben.«[105]

Das war eine Feinderklärung an alle, die demokratische Reformen wollten. Denn daß dies und nichts anderes gemeint sein sollte, daran ließ Wundt keinen Zweifel: »Zwischen dem deutschen und dem demokratischen Geist gibt es keine Vermittlung. Ob man dem einzelnen allein ursprünglichen Wert zuschreibt und nach seinen Wünschen den Staat sich einrichten läßt oder ob man dem Staat einen ursprünglichen, über alle Einzelwillen erhabenen Eigenwert und Eigensinn zuschreibt, das sind grundsätzliche Verschiedenheiten der Auffassung, die man nicht mit Redensarten und demagogischen Künsten verkleistern soll... Demokratie ist recht eigentlich der Triumph der toten Zahl über die lebendige Form. Dem setzt der deutsche Gedanke die Vernünftigkeit des wirklichen sittlichen Lebens entgegen. Die vernünftige Idee soll herrschen, nicht die Wünsche des einzelnen. Die Vernunft aber kommt zur klaren Einsicht ihrer selbst nur in der einzelnen Persönlichkeit. Darum soll die Persönlichkeit herrschen, nicht die vielen.«[106]

In weit besserer Sprache und mindestens ebenso einprägsam hat übrigens Thomas Mann den Sachverhalt zum Ausdruck gebracht, als er in seinen »Betrachtungen eines Unpolitischen« schrieb: »Ich bekenne mich tief überzeugt, daß das deutsche Volk die politische Demokratie niemals wird lieben können aus dem einfachen Grunde, weil es die Politik selbst nicht lieben kann, und daß der vielverschriene ›Obrigkeitsstaat‹ die dem deutschen Volk angemessene, zukömmliche und von ihm im

Grunde gewollte Staatsform ist und bleibt... Der Unterschied von Geist und Politik enthält den von Kultur und Zivilisation, von Seele und Gesellschaft, von Freiheit und Stimmrecht, von Kunst und Literatur; und Deutschtum, das ist Kultur, Seele, Freiheit, Kunst und nicht Zivilisation, Gesellschaft, Stimmrecht, Literatur.«[107]

Wahrhaft deutsche Gegensatzpaare aus dem Bildungsbann machtgeschützter Innerlichkeit! Wenn man nun aber bei Wundt oder anderen nachfragt, wie eigentlich die Herrschaft der Persönlichkeit praktisch aussehen soll, dann erhält man keine Antwort. Eigentlich konnte sie unter den gegebenen Umständen nur auf die Militärdiktatur hinauslaufen, wie sie unter Ludendorff seit 1916 sich entwickelte. Für die Amtswalter der vernünftigen Idee mochte dabei allenfalls noch eine Beraterfunktion für die Herrscherpersönlichkeit bleiben. Schon in der »Erklärung der Hochschullehrer des Deutschen Reiches« vom 16. Oktober 1914, die 3016 Unterschriften trug, verkündete man »mit Entrüstung, daß die Feinde Deutschlands, England an der Spitze, angeblich zu unseren Gunsten, einen Gegensatz machen wollen zwischen dem Geiste der deutschen Wissenschaft und dem, was sie den preußischen Militarismus nennen«.[108] Oder deutet sich in den Worten Wundts schon an, was etwas später im Nationalsozialismus »Führerprinzip« heißen sollte?

Natürlich gab es auch andere Stimmen, Stimmen der Mäßigung. Doch wenn die Deutschtümler radikal und hemmungslos auftraten, dann brachten diese Gemäßigten sich durch ihre Halbheiten um alle Wirkung. Ein Beispiel liefert der Historiker Friedrich Meinecke. Stets um Besonnenheit bemüht, gehörte er nach 1918 zu den sogenannten »Vernunftsrepublikanern«, die, wenn schon nicht aus vollem Herzen, dann doch aus Einsicht für den neuen Staat eintraten. Während des Krieges wünschte Meinecke die Abschaffung des Dreiklassenwahlrechts in Preußen als Bedingung des inneren Friedens. Aber zugleich sagte er:

»Es ist klar: man will uns demokratisieren, um uns zu

desorganisieren. Man wirft listig dieses Schlagwort in unsere Mitte, weil man weiß, daß wir selbst unter uns im Streite darüber sind, ob und welches Maßes von Demokratie wir bedürfen, um wahre politische Freiheit zu haben.« Die Demokratisierung des Wahlrechts wird also zugestanden, aber das Aber folgt auf dem Fuße: »Sollen wir nun auch in dem parlamentarischen Systeme eine Freiheitsforderung deutscher Nation erblicken? Ich antworte mit Bestimmtheit: Nein. Hier heißt es, vor falschen Nachahmungen sich zu hüten und das individuelle deutsche Bedürfnis, auch unser Freiheitsbedürfnis zu erkennen. Das parlamentarische System soll den Volkswillen zur alleinigen Geltung im Staate bringen. Wir bestreiten, daß ihm das gelingt. Es bringt immer und immer nur die Parteien und innerhalb dieser nur ganz kleine Schichten und Gruppen ans Ruder, die dann als Drahtzieher der herrschenden Partei eine wundervolle Gelegenheit erhalten, den Staat für sich auszubeuten.«[109]

Als wenn das im angeblich überparteilichen Regime jeder Spielart nicht erst recht gelten würde, nur außerdem noch ohne die Kontroll- und Korrekturmöglichkeiten durch das Wechselspiel von parlamentarisch verantwortlicher Regierung und Opposition! Mindestens im Ansatz formuliert damit selbst ein »Gemäßigter« wie Meinecke die vergifteten Scheinargumente, die man in der Weimarer Republik immerfort gegen Parlamentarismus und Parteiensystem ins Feld führte und im Jahre 1925 gleichsam zum Staatsmotto erhob, als zum Gedenken an die Wahl Hindenburgs zum Reichspräsidenten eine Münze geprägt wurde, die auf ihrer einen Seite einen Ausspruch des Geehrten verewigte: »Für das Vaterland beide Hände, aber nichts für die Parteien.« Immerhin ist es dann doch noch zur Verfassungsreform, also zur Parlamentarisierung der Regierungsverantwortung gekommen – allerdings erst, als es zu spät war und für den alten Staat wie für die Monarchie nichts mehr sich retten ließ: am 28. Oktober 1918.

Ganz ähnlich steht es bei dem dritten Komplex, von dem hier zu sprechen ist, bei der *Diskussion der Kriegsziele.* Es gab auch und gerade im akademischen Lager wieder zwei Parteien: die Radikalen und die Gemäßigten. Die Radikalen wollten um jeden Preis den »Siegfrieden«, die Gemäßigten einen Frieden der Verständigung. Typisch für die Radikalen ist die »Seeberg-Adresse« vom Sommer 1915, verfaßt von dem Theologen Reinhard Seeberg, unterzeichnet von 352 Hochschullehrern. Darin heißt es:

»Wir wollen uns so fest und so breit auf gesicherten und vergrößerten Heimatboden stellen, daß unsere unabhängige Existenz auf Geschlechter hinaus gesichert ist. Das Volk ist einmütig geschlossen in diesen Grundzielen. Es ist die echteste und nach allen Seiten begründete Wahrheit: nur eine Furcht besteht in allen Schichten des Volkes, insbesondere breit und tief gerade in den einfachsten Kreisen, die Furcht nämlich, es könnte aus falscher Versöhnungsillusion oder gar aus nervöser Ungeduld ein vorzeitiger und deshalb halber und nimmermehr dauerhafter Friede geschlossen werden; es könnte, wie vor hundert Jahren, die Feder des Diplomaten verderben, was das Schwert siegreich gewonnen... Ganz gewiß, nicht Weltherrschaft wollen wir, aber volle, der Größe unserer kulturellen, wirtschaftlichen und kriegerischen Kraft entsprechende Weltgeltung wollen wir.«[110]

Unter anderem wurde dann gefordert, daß Belgien zu einer Art deutschen Protektorats werden und Frankreich wichtige Gebiete von Belfort im Süden bis zur Kanalküste im Norden abtreten sollte. Doch vor allem war die Verstümmelung Rußlands vorgesehen. Wörtlich: »Grundlage zur Wahrung unseres Volkswachstums aber bietet Land, das Rußland abtreten muß. Es muß landwirtschaftliches Siedlungsland sein. Land, das uns gesunde Bauern, diesen Jungbrunnen aller Volks- und Staatskraft, bringt...« Damit wurde, zum Teil bis in die Wortwahl hinein, Hitlers Programm schon vorweggenommen.

Ein Wortführer der Gemäßigten war der Historiker Hans Delbrück. Klar und nüchtern stellte er fest, daß die maßlosen Eroberungsgelüste nie zu einem gesicherten Frieden führen könnten, sogar dann nicht, wenn zunächst ihre militärische Durchsetzung gelingen sollte. Denn die verstümmelten Staaten und unterdrückten Völker würden um ihre Befreiung kämpfen, sobald sich nur die Gelegenheit dazu biete. Trotz oder wegen aller Siege sei daher dem Eroberer - wie einst Napoleon - dauernde Friedlosigkeit und Bedrohtheit gewiß.[111]

Delbrück hätte sich auf die Erfahrungen mit dem französischen Revanchismus seit der deutschen Annexion Elsaß-Lothringens berufen können; in Andeutungen tut er das sogar. Doch nach der überzeugenden Darstellung der Bedingungen eines wirklichen Friedens heißt es dann plötzlich:

»Die erste und wichtigste aller nationalen Forderungen, die wir beim künftigen Friedensschluß zu stellen haben, wird die eines sehr großen Kolonialreiches sein müssen, eines deutschen Indien.«[112] Von Ost nach West quer durch Afrika soll dieses deutsche Indien reichen, zur Absicherung auch Umliegendes gleich einschließen, zum Beispiel als Zwischenstation und Flottenbasis die portugiesischen Azoren. So ergibt sich die gleiche Situation wie bei der Frage der inneren Reformen: Man widerspricht zwar den Radikalen, aber man steht doch auf einer schiefen Ebene zu ihnen hin. So kann es kaum verwundern, daß die sich als die Stärkeren erwiesen und daß alle Chancen zum Verständigungsfrieden vertan wurden, bis es zu spät war.

Hier wie nirgendwo sonst kann man übrigens die *Stärkeverhältnisse* an Zahlen ablesen. Am 19. Juli 1917 nahm der Reichstag mit 212 Stimmen der Sozialdemokraten (Mehrheitssozialisten), des Zentrums und der Fortschrittspartei gegen 126 Stimmen der Konservativen und Nationalliberalen sowie der Unabhängigen Sozialisten eine Friedensresolution an, deren eine Woche zuvor im »Interfraktionellen Ausschuß« beschlossener Text mit den Worten begann: »Der Reichstag erklärt: Wie am 4. August 1914 gilt für das deutsche Volk auch an der Schwelle des vierten Kriegsjahres das Wort der Thronrede: ›Uns treibt nicht Eroberungssucht!‹ Zur Verteidigung seiner Freiheit und Selbständigkeit, für die Unversehrtheit seines territorialen Besitzstandes hat Deutschland die Waffen ergriffen. – Der Reichstag erstrebt einen Frieden der Verständigung und der dauernden Aussöhnung der Völker. Mit einem solchen Frieden sind erzwungene Gebietserwerbungen und politische, wirtschaftliche oder finanzielle Vergewaltigungen unvereinbar.«

Als Antwort auf diese Resolution waren es wieder Hochschullehrer, die eine »Erklärung gegen die Reichstagsmehrheit« abgaben, in der es hieß: »Die unterzeichneten Lehrer deutscher Hochschulen, unbeeinflußt von Ansichten irgendeiner Partei, frei von Sonderinteressen jeder Art, einzig und allein erfüllt von schwerer Sorge um die Zukunft des Vaterlandes, erklären hiermit: daß nach ihrer Überzeugung die jetzige Mehrheit des vor fast sechs Jahren gewählten Reichstages es nicht für sich in Anspruch nehmen kann, gegenüber den heute zur Entscheidung stehenden Lebensfragen den Volkswillen in unzweifelhafter Weise zum Ausdruck zu bringen.«[113]

Offenbar aber konnten das die Hochschullehrer, obwohl sie überhaupt keinen Wählerauftrag besaßen. Doch schon die »Seeberg-Adresse« von 1915 hatte ja behauptet, daß man die Wahrheit des Volkswillens ausspreche und die Meinung »gerade in den einfachsten Kreisen« genau kenne. Gleichzeitig allerdings operierte man, rousseauistisch ausgedrückt, gegen unbequeme Mehrheitsmeinungen als gegen die von Interessen deformierte volonté des tous mit einer Art von höherwertiger volonté générale, die die geistige Elite verkörperte. Interessenfreie Überparteilichkeit gegen die Parteilichkeit der Parteien: ein bewährtes Mittel der Demagogie.

Die Erklärung gegen die Friedensresolution des Reichstages wurde von 1100 Hochschullehrern unterzeichnet. Dagegen setzten dann andere Hochschullehrer im Sinne der Reichstagsentschließung und des Verständigungsfriedens eine Gegenerklärung - mit 49 Unterschriften. Eine Erklärung von 32 Heidelberger Professoren mit gleicher Zielrichtung schloß sich an: zusammen 81 Stimmen. 1100 gegen 81 - ein Verhältnis von 13 bis 14 zu eins.

Hier wird ein Übergewicht sichtbar, ein Verhältnis oder vielmehr Mißverhältnis der Kräfte, das bald darauf, in der Weimarer Republik, bestimmend werden und sich verhängnisvoll auswirken sollte. Außerdem werden gewisse Rückschlüsse möglich auf frühere Entwicklungen, in denen die Kräfteverteilung sich angebahnt hatte. Wenn zum Beispiel Treitschke zitiert wurde, dann liegt die Frage nahe, wie weit seine Auffassungen als repräsentativ angesehen werden dürfen. War er wirklich der prägende Erzieher einer ganzen akademischen Generation? Traten ihm nicht, etwa im Berliner Antisemitismusstreit, andere und höchst angesehene Gelehrte entgegen, mit Theodor Mommsen an der Spitze?[114]

Eine direkte Antwort auf solche Fragen ist kaum möglich, weil es vor hundert Jahren weder Meinungsumfragen im modernen Sinne gab, noch auch politische Resolutionen und Gegenresolutionen, für die jede Seite mit möglichst vielen Unterschriften zu beeindrucken versuchte. Allenfalls kann man indirekte Schlüsse ziehen, aus Zeugnissen wie dem von Ernst Troeltsch[115] oder dem von Theobald Ziegler, der vom Antisemitismus gesagt hat, er habe zwar seit den Tagen der Urburschenschaft nie ganz gefehlt, aber er sei »erst unter dem Einfluß Treitschkes und Stöckers... in den achtziger Jahren zu einer Macht unter der Studentenschaft geworden«.[116] Auf der anderen Seite könnte man darauf hinweisen, daß der alte Mommsen sich mit seiner durchgehaltenen Liberalität bereits in bedrückender Isolierung fühlte und bitter resigniert beklagte, in Deutschland nicht wirklich Bürger unter selbstbewußten Bürgern sein zu können: »Das ist nicht möglich in einer Nation, bei der der Einzelne, auch der Beste, über den Dienst im Gliede und den politischen Fetischismus nicht hinauskommt.«[117]

Indizien, gewiß - aber eben nur Indizien. Doch der Erste Weltkrieg zerreißt alle Schleier; seither sind Illusionen nicht mehr erlaubt. Deutscher Aufbruch, in Rilkes Worten:

»Heil mir, daß ich Ergriffene sehe. Schon lange
war uns das Schauspiel nicht wahr,
und das erfundene Bild sprach nicht entscheidend
uns an.
Geliebte, nun redet wie ein Seher die Zeit
blind, aus dem ältesten Geist.
Hört. Noch hört ihrs nie. Jetzt seid ihr die Bäume,
die die gewaltige Luft lauter und lauter durchrauscht;
über die ebenen Jahre stürmt sie herüber
aus der Väter Gefühl, aus höheren Taten, vom hohen
Heldengebirg, das nächstens im Neuschnee
eures freudigen Ruhms reiner, näher erglänzt.«

Am 20. November 1918 gab der Rektor der Universität von Berlin, Professor Reinhard Seeberg - der Autor der »Seeberg-Adresse« von 1915 zum »Siegfrieden« - im Namen der von ihm vertretenen Universitätslehrer eine Erklärung ab, die mit den Worten beginnt: »Angesichts der ungeheuren Umwälzungen, die aus dem Welt- und Massenkriege hervorgegangen sind, erklären die an der Universität Berlin vereinigten Geistesarbeiter, daß auch sie sich bereitwillig der provisorischen neuen Regierung unterstellen, die endgültige Ordnung der Verhältnisse von einer auf lauteren demokratischen Grundsätzen aufgebauten Nationalversammlung erwarten und ihre ganze Arbeitskraft in den Dienst der zurückgekehrten Studenten und der neu sich darbietenden Aufgaben der Volksbildung zu stellen bereit sind.«[118]

»Geistesarbeiter«: eine neue Sprache nicht nur, sondern auch ein neuer Geist? Etwas zweideutig allerdings werden dann »der Geist der Ordnung und der Pflicht für das Ganze« und »vor allem die Freiheit und Unabhängigkeit der Wissenschaft« beschworen. Die Erklärung schließt mit dem Satz: »Bleibt der Geist lebendig, dann ist nichts verloren.«

Welcher Geist da lebendig blieb, mag ein Vorfall aus dem Jahre 1922 illustrieren. Es ging um eine Feier für Gerhart Hauptmann in der Universität. Harry Graf Kessler hat darüber in seinen Tagebüchern berichtet: »Das Denkwürdigste an der Feier ist das grotesk bornierte Verhalten der Studenten und Professoren gewesen. Die Berliner Studentenschaft hat mit einer Mehrheit von, ich glaube, vier zu zwei feierlich beschlossen, an der Hauptmann-Feier nicht teilzunehmen, weil Gerhart Hauptmann, nachdem er sich als Republikaner bekannt hat, nicht mehr als charakterfester Deutscher anzusehen sei! Und von Sam Fischer höre ich, daß ... Petersen, der die Festrede hielt, vor zwei Tagen bei ihm war, um ihn zu bitten, Ebert wieder auszuladen, da es der Universität nicht angenehm sein werde, wenn das republikanische Staatsoberhaupt bei ihm erscheine. Und als Fischer das ablehnte, hat Petersen ihn gebeten, dann doch wenigstens Löbe auszuladen, denn zwei Sozialdemokraten auf einmal sei doch etwas viel! – Am Schluß der Feier spielte d'Albert prachtvoll die ›Appassionata‹. Wonach wieder einer der Professoren, die neben mir saßen, sich auszeichnete, indem er seinem Nachbarn mißvergnügt zuflüsterte: ›Das war natürlich eine eigene Komposition des Klavierspielers, nicht?‹ Beethoven scheint in der Universität Berlin ebensowenig zu Hause zu sein wie Ebert.«[119]

Man muß es wohl ausdrücklich sagen, weil es so grotesk wirkt: Es handelt sich bei den beiden Sozialdemokraten um den Reichspräsidenten und den Präsidenten des Deutschen Reichstages.[120] Doch hinter der Groteske verbirgt sich das Verhängnis: die elitäre Angst vor dem »Aufstand der Massen«, vor den gesellschaftlichen Kräften, die die Sozialdemokratie politisch repräsentierte.

Aus der Angst wuchs die Aggression, der Kampf gegen die offene Gesellschaft und eine freiheitliche Verfassungsordnung, die im Parteienwettbewerb und durch das parlamentarische Regierungssystem der Arbeiterbewegung Wirkungsmöglichkeiten, womöglich sogar Chancen zur Veränderung der bestehenden Verhältnisse verhieß.

Verhängnisvoll wirkte sich nicht zuletzt die »Dolchstoß«-Legende aus, die Behauptung also, daß die Republik in ihrem Ursprung ein Werk von Verrätern, der »Novemberverbrecher« von 1918 gewesen sei. Auch an dieser Legende haben Hochschullehrer mitgewirkt, ebenso wie an der Behauptung, daß Deutschland am Ausbruch des Krieges völlig unschuldig gewesen sei.[121] »Dieser Staat ist undeutsch von der Wurzel bis zum Gipfel«, schrieb der schon einmal zitierte Max Wundt.[122] Die These wurde in immer neuen Abwandlungen immer wiederholt. Und sie wurde geglaubt.

Angesichts solcher Einstellungen standen die wenigen Hochschullehrer, die sich ausdrücklich zur Republik bekannten, fast von vornherein auf verlorenem Posten. Im Beispiel: 1926 versammelte sich in Weimar eine Gruppe von Professoren, etwa sechzig, der sogenannte Weimarer Kreis. In der Mehrheit waren es die »Vernunftrepublikaner«, von denen bereits die Rede war, wie Friedrich Meinecke und Hans Delbrück. Nur ganz wenige waren Herzensdemokraten, wie Gustav Radbruch[123] oder Hermann Heller[124]. Die Eröffnungsrede hielt Wilhelm Kahl[125]. Im Blick auf die deutsche Hochschullehrerschaft stellte er fest:

»Nicht wenige stehen dem aus dem Zusammenbruch hervorgegangenen Staate nicht nur mißtrauisch, sondern feindselig gegenüber und leben des ehrlichen Glaubens, dem Vaterlande am besten dadurch zu dienen, daß sie den Staat, wie er ist, und seine Anhänger, wie sie sind, grundsätzlich bekämpfen. Erst aus den Ruinen dieses Staates soll neues Leben erblühen.«[126]

Radbruch hat auf der gleichen Tagung den Sachverhalt

sarkastisch kommentiert: »Seit langem ist die Universität viel mehr Organ als Führerin des Zeitgeistes... Nur zu oft war vor und während des Krieges der Professor die Trompete, die selbst zu tönen meinte und nicht wußte, daß und von wem sie geblasen wurde - nichts ist gutgläubiger als ein Professor außerhalb seines Fachwissens! Mit den Gesten der Führerschaft waren die Universitäten vielfach Geführte, wenn nicht Angeführte des Zeitgeistes.«[127]

Der Weimarer Kreis wollte sich darum bemühen, die Kollegen zur Anerkennung der Republik zu bewegen. Das war allerdings schon deshalb nicht leicht und auch nicht gerade von mitreißender Überzeugungskraft, weil die meisten Mitglieder des Kreises sich selbst nur zu einer situationsbedingten Anerkennung der neuen Ordnung hatten vortasten können. Kurt Sontheimer hat dies so kommentiert:

»Große Gelehrte, wie Friedrich Meinecke, Wilhelm Kahl, Adolf von Harnack[128], hatten sich zu ihrem Vernunftrepublikanertum erst schwer durchringen müssen. Sie erkannten die geschichtliche Notwendigkeit der Umwälzung, sie respektierten die Grundlagen der neuen Verfassungsordnung, aber das Ethos der Demokratie als einer freien, auf der geregelten Austragung von Gruppenkonflikten basierenden Staatsform war ihnen fast ebenso fremd wie ihren verfassungsfeindlichen Gegnern. Sie bekannten sich zur Demokratie aus Staatsraison, aus vernunftgeleiteter Erkenntnis einer, mit Meinecke zu sprechen, ›eisernen politischen Notwendigkeit‹, nicht aus innerem Impuls. Angesichts der vielen, gegenüber dem Weimarer Staat so mißtrauischen und feindseligen Kollegen war es großartig, was sie taten, und ihr politisches Verantwortungsbewußtsein bleibt zu bewundern, aber es war eben nur ein vernünftiges und angesichts der Lage fast verzweifeltes Bekenntnis zur demokratischen Staatsform, kein ursprüngliches Eintreten für die Idee der Demokratie und der Menschenrechte.«[129]

In Kahls Weimarer Eröffnungsrede lautete ein Kernsatz: »Das schlechthin Notwendige ist der Staat als solcher, nicht die Staatsform.«[130] Darin kommt, wie schon bei der Friedensdiskussion im Ersten Weltkrieg, die schiefe Ebene von den »Gemäßigten« zu den »Radikalen« hin zum Ausdruck: Der Staat steht über der Demokratie als bloßer Staatsform, und folgerichtig steht »Staatsgesinnung« auf einem »das Parteiwesen weit zurücklassenden höheren Nenner«.[131] Man rechtfertigt die Republik, weil sie sekundärer Natur ist.

Sontheimer hat eine aufschlußreiche Untersuchung durchgeführt, indem er die politischen Festreden analysierte, die regelmäßig an den Hochschulen gehalten wurden. Denn »alle deutschen Universitäten begingen aufgrund eines Beschlusses des Deutschen Hochschultages den Tag der Reichsgründung vom 18. Januar in festlicher Weise«. Und dabei »war es üblich, daß man die Reden ... solchen Kollegen anvertraute, die für eine gute deutschnationale Gesinnung bürgten. Die Reden zum 18. Januar sind denn auch in der Regel charakteristische Dokumente deutschnationaler, antiweimaristischer Staatsgesinnung und in vieler Hinsicht repräsentativ für den Geist der Universitäten.«[132]

Charakteristisch war ohnehin schon, daß man den Tag der Kaiserproklamation feierte und nicht etwa den Verfassungstag der Republik - wobei es sich allerdings glücklich fügte, daß der 18. Januar ins Semester fiel, der Tag der Republik aber, der 11. August, in die Ferien. Jedenfalls bot sich eine treffliche Gelegenheit zu offen oder versteckt antidemokratischer Propaganda, wie schon Meinecke bemerkte: »Wenn man hier aber, wie es zuweilen geschieht, nur rechtsstehende Kollegen zur Studentenschaft sprechen läßt, so kann man denken, wie das wirkt.«[133] Wobei nur zweierlei hinzugefügt werden muß: Es war nicht nur zuweilen so, sondern es war die Regel. Und: Einmal mehr gab es ein Gefälle von den »Gemäßigten« zu den »Radikalen« hin. In einem Aufsatz zum Reichsgründungstag 1931 unter dem Titel »Das

Reich der Zukunft« sagt Meinecke selbst: »Alles Gerede, daß wir nur Kinderkrankheiten des parlamentarischen Regimes durchzumachen hätten, ist Schnickschnack. Das deutsche Volk in seiner Not will geführt sein von einer Hand, die fester ist als die eines gewöhnlichen parlamentarischen Ministeriums.«[134]

Nur kurz seien hier noch zwei Beispiele aus den akademischen Festreden angeführt - und ein Gegenbeispiel. In Jena sagte der Kirchenhistoriker Hans Lietzmann bei der Reichsgründungsfeier 1924: »Es gilt, auch in unseren Regierungen wieder Männer an die Spitze zu stellen, welche als ihre selbstverständliche Pflicht den Dienst am ganzen Volk, die überparteiliche, rein vaterländisch bestimmte und mit dem vollen Verantwortungsgefühl einer charakterfesten Persönlichkeit geleistete Arbeit erkennen.«[135] Bei der Feier 1928 in Erlangen schwärmte der Althistoriker Adolf Schulten: »Der Held ist etwas Wunderbares, das wir nie verstehen werden, etwas Göttliches. Um so mehr wollen wir den Helden verehren, uns an seinem Werk erbauen und auf einen neuen Helden hoffen.« Denn »mit begeistertem Volk kann der Heros alles«.[136]

Das Gegenbeispiel stammt von dem Romanisten Karl Voßler. Als Rektor der Universität München nannte er bei der Feier von 1927 die Dinge unerschrocken beim Namen: »Immer in neuen Verpuppungen die alte Unvernunft: ein metaphysisches, spekulatives, romantisches, fanatisches, abstraktes und mystisches Politisieren... An zahllosen Bier- und Kaffeetischen kann man seufzen hören, wie schmutzig, wie unheilbar unsauber doch alle politischen Geschäfte seien, wie unwahr die Presse, wie falsch die Kabinette, wie gemein die Parlamente und so weiter. Man dünkt sich, indem man also jammert, zu hoch, zu geistig für die Politik. In Wahrheit ist man kleinmütig, bequem, unlustig und unfähig zum Helfen und Dienen am eigenen Volk. Wenn man noch nicht einmal zum Mitläufer taugt, dann freilich ist es schön, sich einzubilden, daß man über den Parteien steht.«[137]

Aber was vermochte eine vereinzelte Stimme der Nüchternheit schon auszurichten im allgemeinen Rausch romantischer Schwärmerei? Beinahe niemand erkannte, daß es im Urteil über die politische Romantik um die eigene Sache ging - wie bei einem der Wegbereiter des Unheils, dem Staatsrechtslehrer Carl Schmitt, der gesagt hatte: »Alles Romantische steht im Dienst anderer, unromantischer Energien, und die Erhabenheit über Definition und Entscheidung verwandelt sich in ein dienstbares Begleiten fremder Kraft und fremder Entscheidung.«[138]

So war das Ende vorbestimmt: »Die Pflege vaterländischen Geistes, die Verachtung oder zumindest Geringschätzung von Demokratie und Republik trug ab 1930 ihre Früchte. Die deutschen Universitäten fielen dem Nationalsozialismus relativ leicht anheim, weil ihre unkritische, bloß patriotische Gesinnung fast alles legitimierte, was mit dem entschiedenen Anspruch, das Weimarer Parteiensystem zu zerstören und Deutschland wieder zu innerer und äußerer Stärke emporzuführen, auftrat. Die Institution, die sich der nüchternen und vorurteilslosen Wahrheitsforschung verschrieben hatte, wurde das Opfer ihrer antidemokratischen Vorurteile.«[139]

Die Zerstörung des Geistes I: Ursachen

Was hat die Zerstörung des Geistes eigentlich bewirkt, wo liegen die Ursachen? Die Frage fordert vielschichtige Überlegungen, und Antwort ist gewiß nicht von einem einzigen Punkt aus möglich. Das deutsche Verhängnis hat Oberflächen und Tiefendimensionen.

Zunächst ist deutlich, daß im Verlaufe des 19. Jahrhunderts eine Folge von Weichenstellungen – und ihre Kombination – zum mindesten Vorentscheidungen für die weitere Entwicklung getroffen hat. Die erste dieser Weichenstellungen hat mit der Entstehung des modernen deutschen Nationalbewußtseins zu tun. Es formiert sich in der inneren Auflehnung und dann im Kampf gegen die napoleonische Eroberung – also gegen »den Westen«, gegen Frankreich. Zum Teil wird dabei rasch ein Gipfel des Hasses erreicht:

»Alle Triften, alle Stätten
färbt mit ihren Knochen weiß;
welchen Rab und Fuchs verschmähten,
gebet ihn den Fischen preis;
dämmt den Rhein mit ihren Leichen;
laßt, gestäuft von ihrem Bein,
schäumend um die Pfalz ihn weichen
und ihn dann die Grenze sein!

Chor:

Eine Lustjagd, wie wenn Schützen
auf die Spur dem Wolfe sitzen!
Schlagt ihn tot! Das Weltgericht
fragt euch nach den Gründen nicht!«

So dichtete Heinrich von Kleist für »Germania an ihre Kinder«.

Stand aber im Hintergrund der französisch-napoleonischen Eroberung nicht »1789«, die Proklamation von »Freiheit und Gleichheit«, der revolutionäre Kampf für die Volksherrschaft? Mußte also der Kampf gegen Frankreich nicht zugleich den »Errungenschaften« von 1789 gelten? So sahen es, verständlich genug, die Konservativen. »Mein politisches Prinzip ist und bleibt der Kampf gegen die Revolution«, schrieb einer der Führer der preußischen Konservativen um die Mitte des 19. Jahrhunderts, Leopold von Gerlach, an Bismarck, um damit zu begründen, daß eine ebenfalls als Prinzip zu verstehende Gegnerschaft zum bonapartistischen Frankreich geboten sei. Der Realpolitiker Bismarck hat Gerlach überlegen abgefertigt.[140] Aber als »weißer Revolutionär« hat er schließlich die konservative Machterhaltung in die einzig noch mögliche und wirksame Form gebracht: in die des Nationalstaates und damit – im deutschen Selbstverständnis – in die eines Nationalismus von »rechts«.

Damit wurde eine erstaunliche »Umfunktionierung« erreicht. Denn im Ursprung war der Nationalismus ja keineswegs ein konservatives, vielmehr ein durch und durch revolutionäres Prinzip. Kaum zufällig signalisiert es symbolträchtig den Auftakt der Revolution, als in der zerstrittenen Versammlung der französischen Stände der Dritte Stand des Bürgertums sich am 17. Juni 1789 zur *Nationalversammlung* erklärt; kaum zufällig wird der moderne Nationalismus im Gefolge der Revolution in Frankreich geschichtsmächtig. Dieser Zusammenhang ist natürlich immer wieder gesehen worden, erst recht im Rückblick: »Die Einführung des Nationalitätsprinzips in die praktische Politik war allerdings eine Umwälzung aller Staatsformen in höchster Potenz, viel mehr als ein einfacher Wechsel zwischen Monarchie und Republik.«[141] Oder in der lapidaren Formulierung von Constantin Frantz: »Das Nationalitätsprinzip ist das Revolutionsprinzip.«[142]

Mindestens im Ansatz gilt das durchaus auch für den deutschen Nationalismus. Die Burschenschaften, die Turner unter Jahnscher Führung, die Schriften von Ernst

Moritz Arndt, überhaupt die Gebildeten und die Bürger, die im Kampf für Einheit *und* Freiheit sich engagierten, sie mochten zum Teil zwar sich tief in eine verengende Deutschtümelei verstricken. Aber ihr praktischer Kampf galt zunächst doch der Überwindung des alten Obrigkeitsstaates, - dies um so mehr, als die im Deutschen Bund führenden Unterdrückungsmächte, Österreich und Preußen, eben keine Nationalstaaten waren. Dabei konnte es gar nicht ausbleiben, daß man an Grundsätzen sich orientierte, die in Frankreich zuerst formuliert und verwirklicht worden waren. Kaum von ungefähr erfuhr die deutsche Freiheitsbewegung entscheidende Anstöße durch die Revolutionen von 1830 und 1848, die das westliche Nachbarland erschütterten.

Daß also der Nationalismus in der neueren deutschen Geschichte und im Selbstverständnis der Deutschen als ein Prinzip »von rechts« sich darstellt, daß seit der Reichsgründung politisch-gesellschaftliche Opposition gegen die herrschenden Machtverhältnisse mehr und mehr als *nationaler Verrat,* als Sache der »Reichsfeinde«, der »vaterlandslosen Gesellen«, des »inneren England« und so fort abgestempelt werden konnte, daß alle Formen von Internationalismus und Kosmopolitismus in den Verdacht gerieten, Mächte der »Zersetzung« zu sein, daß dann die Gegensatzkonstruktion zwischen »deutschem Geist« und »Westeuropa« möglich wurde, zwischen den »Ideen von 1914« und denen von »1789«, daß folgerichtig die parlamentarische Demokratie nach westlichem Vorbild weithin als »undeutsch« erschien und, wiederum folgerichtig, die Zerstörung der Demokratie 1933 als »nationale Erhebung«: dies alles war keineswegs schon von Anfang an vorgezeichnet. Und mit einer unabdingbaren Eigen-Art von Nationalstaat und Nationalbewußtsein hat es erst recht nichts zu tun. Es handelt sich vielmehr um die geschichtliche Weichenstellung, die mit der Bismarckschen Reichsgründung entscheidend sich vollzog und die seither Deutschland politisch, gesellschaftlich und geistig prägte. Diese Weichenstellung setzte allerdings voraus, daß im deutschen Nationalismus schon im Ansatz jene fundamentale Zweideutigkeit gegenüber dem »westlichen« Freiheitsverständnis vorhanden war, die Heinrich Heine beschrieben hatte. Sie nur machte es möglich, schließlich eine Eindeutigkeit durchzusetzen, die genau im Maße ihrer vordergründigen Selbst-Verständlichkeit als Verdrängung, Verfemung und Verfolgung eigener Ursprünge, als *Selbsthaß* fatal zur Geltung kam.

Die soeben skizzierte Entwicklung setzt natürlich eine weitere Weichenstellung schon voraus: das Scheitern der bürgerlichen Freiheits- und Nationalbewegung in der Revolution von 1848. Denn damit wurde diese bürgerliche Bewegung tief verunsichert, wenn nicht in dem Kern ihres Selbstbewußtseins tödlich getroffen. Und erst vor dem Hintergrund dieses Scheiterns nahm dann die Bismarcksche Erfolgspolitik so bezwingend sich aus, die Lösung der deutschen Frage mit »Blut und Eisen« wie eine Erlösung. Erst damit wurde vorbereitet, daß angesichts der aufkommenden Arbeiterbewegung das Bürgertum unter den Schirm des alten, aber leistungstüchtigen und siegreichen Obrigkeitsstaates, in die »machtgeschützte Innerlichkeit« sich flüchtete.

Das Scheitern der bürgerlichen Bewegung gibt Anlaß zu neuen Fragen: Wo lag die Schwäche? Warum mißlang die politische Durchsetzung des Bürgertums, die anderswo, in westlichen Ländern, doch so selbstverständlich gelang, daß sie als die geschichtliche Norm erscheint, die alle abweichenden Entwicklungen als pathologisch abstempelt? Der Versuch einer Antwort führt notwendig weiter zurück, hinab in tiefere historische Schichtungen.

Denn die Schwäche des Bürgertums stammt ja nicht aus dem 19. Jahrhundert, das vielmehr - erst zögernd, dann stürmisch - einen wirtschaftlichen Aufschwung mit sich bringt. Schon in der frühen Neuzeit hatte ein mindestens relativer Niedergang begonnen, weil das

Zeitalter der großen überseeischen Entdeckungen eine Verlagerung der Wirtschaftszentren und Handelsströme aus Italien und Deutschland nach Westen, besonders in die Niederlande, nach Flandern und England einleitete. Eine, nein *die Katastrophe schlechthin* aber bedeutet der Dreißigjährige Krieg; mit ihm wird das deutsche Bürgertum tief und langfristig ruiniert. Es gibt Ausnahmen: Einige wenige Städte, wie Köln, Frankfurt am Main oder Hamburg mögen sich halbwegs behaupten oder ihre Bedeutung sogar noch steigern. Doch die Ausnahmen bestätigen nur als Regel: daß Deutschland für mehr als zweihundert Jahre, vom 17. bis weit ins 19. Jahrhundert hinein, ein armes, in vieler Hinsicht rückständiges Agrarland darstellt.

In die Lücke, die einerseits der Zerfall des alten Reiches, andererseits der Niedergang der Städte reißt, tritt eine neue Macht ein: der fürstliche Territorialstaat. Er schafft sich im stehenden Heer sein Macht- und im Beamtentum sein Verwaltungsinstrument. Dieser Staat will Untertanen, nicht Bürger; daher bekämpft er, was von Stände- und Städtemacht noch geblieben ist. Der Adel wird, sofern er sich nicht zu behaupten vermag – wie etwa in Hannover und besonders in Mecklenburg – ansehnlich und einträglich mit den Führungsrängen in Heer und Verwaltung abgefunden. Die Städte aber werden jedenfalls politisch noch zusätzlich und bis zur Bedeutungslosigkeit herabgedrückt. Das führt bis an den Punkt, an dem nach 1807 die Städtereform des Freiherrn vom Stein in Preußen als ein seltsam paradoxes Unterfangen sich erweist; die Freiheit der Selbstverwaltung wird einseitig von »oben« anbefohlen und durchgesetzt:

»Die Städteordnung von 1808 ist ausschließlich der Initiative des höheren Beamtentums entsprungen, und ihre Einführung stieß überall im Lande auf Verwunderung, Bedenken und Beschwerden der verschiedensten Art – so gut wie nirgends auf freudige Zustimmung. Bürgerliches Selbstbewußtsein gab es – außerhalb des Beamtentums – nur im Bereich der Literatur, der Wissenschaft, Dichtung, Tagesschriftstellerei ... Unzweifelhaft ist also durch die Reformtat Steins ein mächtiger Anstoß zur Belebung städtischer Selbstverwaltung in das ganze deutsche Staatsleben gekommen. Ihre Kühnheit wird erst dann recht sichtbar, wenn man sich im einzelnen anschaulich macht, wie völlig überrascht und hilflos das Bürgertum der ostelbischen Kleinstädte, aber selbst der wenigen großen Residenzen und Handelsstädte, der neu geschenkten, nicht erkämpften, ja nicht einmal erbetenen Freiheit gegenüberstand.«[143]

Zwischen der Steinschen Städtereform und der Revolution von 1848 liegt ein Zeitraum von vierzig Jahren - kaum mehr als ein Menschenalter. Wie sollte in einer solch knappen Spanne ein machtvolles und politisch selbstbewußtes Bürgertum sich heranbilden, die Misere von Jahrhunderten hinter sich lassend? Dabei wäre es absurd, dem absolutistisch regierten Territorialstaat Schuld zusprechen zu wollen. Denn er füllte seit dem 17. Jahrhundert nicht nur ein Machtvakuum, sondern er trat auch in eine Entwicklungslücke. Er erbrachte die wesentlichen Modernisierungsleistungen, die zwar in westlichen Ländern das Bürgertum aus eigener Kraft erreicht haben mag, für die aber unter den deutschen Bedingungen niemand außer eben diesem Staat über die nötigen Energien verfügte. Vergleicht man etwa die Entwicklung in dem ursprünglich besonders armen und rückständigen Brandenburg-Preußen mit der in Gebieten, in denen die alten Ständegewalten mehr oder weniger sich behaupteten, dann wird schlagend sichtbar, daß die Bilanz positiv für den starken, modern organisierten Staat und negativ für die altertümlich-idyllischen Verhältnisse ausfällt. Was aber exemplarisch für Preußen gilt, trifft mindestens in Abstufungen auch für andere Territorialstaaten zu - zum Beispiel für Bayern, besonders seit der straffen Verwaltungsorganisation nach französischem Vorbild am Beginn des 19. Jahrhunderts durch den Grafen Maximilian von Montgelas. (Es liegt nahe, ironisch zu formulieren: Seit dem Ende Preußens darf Bayern als das »preußischste« aller deutschen Länder gelten: gesegnet mit einer hochqualifizierten Verwaltung, geschlagen mit deren Selbstherrlichkeit – und der ihr entsprechenden politischen Mentalität.)

An Preußen läßt sich ein weiterer und wiederum paradoxer Sachverhalt erkennen: Zwar will der absolutistische Staat nicht Bürger, sondern Untertanen. Aber in seinem Bemühen um Modernität und Leistungstüchtigkeit entwickelt er, von »oben« her, selbst Eigenschaften und Tugenden, die als klassisch bürgerlich gelten. Ein Besucher Preußens im Jahre 1718, also zur Zeit Friedrich Wilhelms I., des »Soldatenkönigs«, berichtet mit Staunen: »Ich sehe hier einen königlichen Hof, der nichts Glänzendes und nichts Prächtiges als seine Soldaten hat. Es ist also möglich, daß man ein großer König sein kann, ohne die Majestät in dem äußerlichen Pomp und in einem langen Schweif buntfarbiger, mit Gold und Silber beschlagener Kreaturen zu suchen. Hier ist die Hohe Schule der Ordnung und der Haushaltskunst, wo Große und Kleine sich nach dem Exempel ihres Oberhauptes mustern lernen.«[144]

Das Staunen ist verständlich, denn das europäische Modell des Absolutismus, dem große und kleine Fürsten überall nacheifern, lieferte bis dahin die repräsentative Prachtentfaltung in Frankreich, am Hofe Ludwigs XIV., des »Sonnenkönigs«. Preußen aber entwickelt seit dem frühen 18. Jahrhundert sein eigenes, abweichendes Modell. Und es gewinnt damit für die neuere deutsche Geschichte, bis hin zur Reichsgründung als seinem Werk, entscheidende Bedeutung.

Ordnung und Haushaltskunst, Rechenhaftigkeit bis hin zur »Pfennigfuchserei«, Rationalität, Sparsamkeit mit dem Ziel des Investierens statt des Konsumierens und Repräsentierens, Arbeitsamkeit, Fleiß, Disziplin, Pflichterfüllung: Alle diese Eigenschaften oder Tugenden beschreiben bürgerliche Verhaltensformen in der Epoche kapitalistischer Wirtschafts- und Gesellschaftsentwicklung ebenso, wie sie ein preußisches Profil zeichnen. Der Vergleich gilt bis hinein in die religiösen Wurzeln der Verhaltensformen: Max Weber hat die Zusammenhänge zwischen Calvinismus oder Puritanismus und kapitalistischem, konkurrenzorientiertem Erwerbsstreben ans Licht gebracht[145]; in Preußen aber gibt es einen »Calvinismus von oben« - des Herrscherhauses - über lutherischen Untertanen.[146] Sogar die vielgerühmte preußische Toleranz hat damit zu tun; der Große Kurfürst, der 1685 mit dem Edikt von Potsdam einen Markstein setzt, ist tief vom niederländischen Beispiel beeinflußt worden.[147]

Nur eben: Was in Nordwesteuropa als Sache des Bürgers erscheint, individualistisch als das mit Frömmigkeit gepaarte Erwerbsstreben des einzelnen, das gilt in Preußen von und nach »oben«, in der Ausrichtung auf den Staat. Darin ist der grundsätzliche Unterschied schon angelegt, der verschiedenartige, schließlich gegensätzliche politische Einstellungen und Verhaltensweisen zur Konsequenz hat. Entsprechend wird die Toleranz nicht, wie in den Niederlanden, zu einem Merkmal der politischen Volkskultur, sondern zu einem Prinzip der Staatsräson, das als solches auch widerrufen werden kann. Und der große europäische Zivilisationsprozeß der Einstellungs- und Verhaltensdisziplinierung, den Norbert Elias nachgezeichnet hat[148], stellt sich weit weniger als Selbstdisziplinierung denn als Fremddisziplinierung dar.

Übrigens läßt sich von der eigenartigen Übertragung individualistischer Bürgertugenden auf den Staat zum mindesten im Sinne einer Analogie selbst dort noch etwas erkennen, wo der Augenschein ihr am meisten widerspricht: in der Entwicklung des Machtinstruments der Armee und damit im preußischen »Militarismus«. Der kapitalistische Unternehmer steht im unerbittlichen Konkurrenzkampf; die Alternative zum Erfolg in Modernisierung und Wachstum ist der Untergang, der Weg zum Konkursrichter. Der Staat aber steht unter Staaten im Konkurrenzkampf um Macht. Und Preußen lebt im Bewußtsein seiner ständigen Existenzgefährdung. Es ist ein sehr »künstliches« Gebilde, weder Stammesland noch Nationalstaat, mit weit zerstreuten Territorien ohne »natürliche« Grenzen. Das Gesetz, entweder zu wachsen oder unterzugehen, scheint ihm daher vorgegeben. Oder vorsichtiger ausgedrückt: Es wird jedenfalls verständlich, daß das Bedrohtheitsgefühl, unter dem Gesetz unerbittlicher Konkurrenz zu stehen, sich dem preußischen Bewußtsein tief eingeprägt hat. Was es bedeutete, wenn ein Staat im Modernisierungsprozeß hinter seinen Nachbarn zurückbleibt, demonstrierte gegen Ende des 18. Jahrhunderts das Schicksal Polens.

Für die Stellung des Bürgers in Staat und Gesellschaft hat der skizzierte Sachverhalt weitreichende Folgen. Denn in seinem Bemühen um Modernisierung braucht der Staat ein Heer von qualifizierten Beamten - dies um so mehr, als es sich eben nicht um einen liberalen »Nachtwächter« handelt, der sich sorgsam aus Wirtschaft und Gesellschaft heraushält, sondern um einen Entwicklungsstaat, der gewissermaßen als oberster, zentraler Unternehmer in alle Lebensbereiche dirigierend, antreibend, gestaltend vorsätzlich sich einmischt. Und wenn es dabei im Grunde um bürgerliche Verhaltenstugenden geht, keineswegs um adlige im traditionellen, feudalen Sinne - die Disziplinierung und Umprägung des Adels, seine Einerziehung in den Staat macht den brandenburgischen Kurfürsten und preußischen Königen Mühe genug! -, dann zeigt sich als um so zwingender, daß der Staat auf Staatsdiener aus dem Bürgertum angewiesen ist. Zwar mögen die eigentlichen Kommandopositionen dem Adel vorbehalten bleiben, aber nicht nur in den unteren und mittleren Rängen, sondern bis in die höheren hinein erweist sich der qualifizierte Beamte bürgerlicher Herkunft als schlechthin unentbehrlich.

Umgekehrt gilt, daß angesichts der Misere des Bürgertums der Eintritt in den Staatsdienst und die Beamtenkarriere einen rettenden Ausweg weisen. Wer aufsteigen, es zu einigem Ansehen und zu materieller Sicherheit bringen will, dem bleibt kaum eine andere Möglichkeit.

Doch eben diese bleibt. So zieht der Staat die besten, die aktiven, leistungsbereiten und leistungsfähigen Kräfte des Bürgertums an sich; so kann die preußisch-deutsche Staatsverwaltung schließlich im 19. Jahrhundert ein Niveau erreichen, wie es wohl kaum jemals zuvor, seither oder anderswo erreicht wurde.

Im Unterschied zu einer vormodernen Ständeordnung, in der die Positionenbesetzung weithin schon mit der Geburt festliegt, anders auch als im Falle des Adligen, dem jedenfalls die Offizierslaufbahn gewissermaßen naturwüchsig offensteht, braucht der Bürger für die Beamtenkarriere mindestens in den mittleren und höheren Rängen Befähigungsnachweise. Daher wurde, folgerichtig, Preußen zu einem deutschen Schrittmacher für Bildungsreformen und Ausbildungsregulierungen. Und daher wurde vor dem spezifischen Hintergrund gesellschaftlicher Verhältnisse *Bildung* nicht nur zu einem unübersetzbaren deutschen Zauberwort, sondern Bildung gewann eine praktische Bedeutung wie sonst wohl nur noch im klassischen China der Mandarine.[149]

Gewiß: Theodor Fontane – dem die übliche Bildungs- und Beamtenkarriere verschlossen blieb – hat gesagt: »Ich bekämpfe den Satz und werde ihn bis zum letzten Lebenshauche bekämpfen, daß der Normalabiturient oder der durch sieben Examina gegangene Patentpreuße die Blüte der Menschheit repräsentiere.«[150] Und in einem Brief aus dem Jahre 1897 nennt er den Vorgang des »ewigen Lernens und Examiniertwerdens« höhnisch eine »Beamtendrillmaschine«.[151] Von der Entwicklung einer allgemeinen, staatsorientierten Beamtenmentalität muß man in der Tat sprechen; ein anderer kritischer Beobachter hat dies kurz vor dem Ersten Weltkrieg so ausgedrückt: »Fast alle akademisch Gebildeten galten als Beamte, und die es nicht waren, wollten scheinen, es zu sein. Die Beamten der sich selbst verwaltenden Städte wurden wenigstens ›mittelbare‹ Staatsbeamte. Es trat eine Steigerung der Anforderungen an die Universitätsbildung des höheren Beamtentums ein, aber unbeschadet der Begünstigung ehemaliger Offiziere und unter Beibehaltung der Bevorzugung des Adels. Der Staat war monopolisiert in einer ausgedehnten Berufsklasse, die eine Aristokratie mit geistigem Zensus darstellte, aber feudalen, höfischen und militärischen Einflüssen ausgesetzt.«[152] Mittlere und höhere Angestellte in der aufkommenden Industrie gewöhnten sich bald an die Bezeichnung - und die Verhaltensformen - von »Privatbeamten«; Domänenpächter wurden vielfach als Beamten bezeichnet, und Gutsinspektoren, Förster und Rentmeister auf ostelbischen Rittergütern hießen in der Regel - zum Teil bis 1945 - kurzweg »die Beamten«.

Aber bei alledem bleibt zu bedenken, welch große Leistungen die Vermittlung von Staat und Gesellschaft durch die beamtete Bildung hervorgebracht hat - nicht zuletzt in dem Sinne, daß in der Vermittlungsfunktion selbst in Gestalt der reformierten Universität eine Institution von Weltrang heranwuchs. Und zu fragen bleibt, welch andere Möglichkeiten sich angesichts der deutschen Misere denn überhaupt anboten. Es gab nun einmal das mächtige und selbstbewußte Bürgertum nicht, das aus eigener Kraft, in der revolutionären Überwältigung des Ancien régime, sich den Weg nach vorn, in die Modernität und zur Einheit von Einheit und Freiheit hätte erkämpfen können. Nur den einzelnen führte, kraft Bildung und Leistung, sein Weg aufwärts: ins Beamtentum. Bevor man darüber den Stab bricht, muß man immer die deutsche Ausgangssituation der der Schwelle des modernen Zeitalters in Rechnung stellen: den Kontrast zwischen einem mächtigen, leistungstüchtigen, hochorganisierten Staat und einer armen, rückständigen Gesellschaft, die von allen seit Beginn der Neuzeit im westlichen Europa eröffneten Welthorizonten weitgehend abgeschnitten blieb. Das wirkliche Problem liegt anderswo: dort, wo es sich den Blicken eher entzieht, weil es als Verdrängung wirksam wird und in der Selbstrechtfertigung sich verhüllt. Worum es geht, läßt sich etwa so beschreiben:

Wo es nur einen Weg zum Aufstieg und keine Alternative gibt, da werden alle Fähigkeiten konzentriert, die sich unter anderen Umständen auf viele Gebiete verteilen; die Anforderungen und das Niveau steigen; man kann Spitzenleistungen geradezu züchten. Es ergibt sich für eine *privilegierte* Minderheit, was man sonst so oft an der *diskriminierten* beobachtet hat: Wenn ihr die traditionell anerkannten Berufe verschlossen sind, entwickelt sie auf dem Feld, das noch bleibt, herausragende Tüchtigkeit. Man denke an die Geschichte der Juden in der Diaspora oder auch an Inder in Ostafrika, die, von den Fesseln ihrer Ursprungsgesellschaft gelöst, inmitten noch weithin traditionell bestimmter Gastvölker als Händler-Minderheiten alles in Grund und Boden konkurrieren – und daher eine Art von »Antisemitismus« auf sich ziehen.

Das preußisch-deutsche Bürgertum befindet sich genau in der Doppelsituation von Diskriminierung und Privilegierung, die das Leistungsverhalten herausfordert und in eindeutiger, aber auch einseitiger Profilierung heranzüchtet. Als gewöhnlicher, »ziviler« Bürger ist man nichts: bloßer Untertan in gedrückter Lage. Erst mit dem Übertritt ins Beamtentum gewinnt man Anschluß ans Privileg und Prestige der Macht – oder man zieht zum mindesten doch so etwas wie deren Abglanz auf sich. Und natürlich beeilt man sich, dies auf jede Weise zum Ausdruck zu bringen.

Eben damit allerdings haftet dem Vorgang auch immer etwas von peinlicher Anbiederung, von Renegatentum, von Kapitulation vor dem überlegenen Gegner an. Schließlich ist der Staat, dem man dient, nach seiner historischen Herkunft und im Kern seines sehr real machtgeschützten Selbstverständnisses noch immer Ancien régime. Er nimmt gegenüber der Gesellschaft eine prinzipielle Höherwertigkeit für sich in Anspruch. Seine entscheidenden Kommandoposten hält der Adel besetzt; die Rangordnung des Ansehens richtet sich nach militärischem Modell aus.

Ein abgründiger Zwiespalt kennzeichnet deshalb folgerichtig die Geschichte von Beamtentum und Verwaltung im 19. Jahrhundert. Vor allem die höhere Beamtenschaft, von der Aufklärung berührt, an Kant geschult, im Zeichen des Neuhumanismus gebildet, von der Reformbewegung nach 1807 beflügelt, erweist sich nicht nur als Hauptträger einer fortschrittlichen Gesinnung, sondern auch aller Maßnahmen, die den Fortschritt praktisch ermöglichen sollen. Diese Beamtenschaft will Liberalität durchsetzen und verteidigen. Ihre nachhaltigsten Erfolge erzielt sie dort, wo dies ohne einen massiven Zusammenstoß mit den konservativen Interessen der Machtbehauptung möglich ist, zum Beispiel im Bereich der Wirtschaftspolitik mit der Vorbereitung und dem Aufbau des Zollvereins. *Gleichzeitig* aber sieht sich die Beamtenschaft dazu verurteilt, alle die Unterdrückungsmaßnahmen gegen freiheitliche und fortschrittliche Bewegungen zu exekutieren, die seit Beginn der Restaurationszeit in immer neuen Schüben das Land überrollen. Zugespitzt ausgedrückt: Die bürgerliche Gesellschaft sollte auf der einen Seite emanzipiert und zum selbständigen Träger einer dynamischen Wirtschaftsentwicklung gemacht werden, auf der anderen Seite aber von der politischen Konsequenz dieses Prozesses abgeschnitten bleiben. »Wie ein ausländischer Beobachter sich mokierte: Die preußische Verwaltung wünsche mit gutem Winde zu segeln und verlange doch Meeresstille.«[153]

Es bedeutet kein Entkommen aus dem Widerspruch, sondern nur dessen Spiegelung, wenn die Beamtenschaft zeitweilig gewissermaßen die Opposition gegen sich selbst übernimmt. Was dabei in ruhiger Zeit meist noch verhüllt bleibt, tritt in den Jahren der Krise dramatisch zutage: Die Abgeordneten der Frankfurter Nationalversammlung gehören ebenso wie die des preußischen Abgeordnetenhauses bis hin zur Konfliktszeit in ihrer Mehrheit zur »beamteten Intelligenz«.[154] (Nebenher bemerkt: Der Sachverhalt gilt auch oder wieder und der Tendenz nach immer stärker, für die Parlamente – und weithin sogar für die Parteien – der Bundesrepublik, sofern man den altmodischen Begriff und Sachverhalt einer »beamteten Intelligenz« zeitgemäß durch den »Öffentlichen Dienst« ersetzt; vieles ändert sich hierzulande in reißender Bewegung, manches wohl nie.)

Daraus ergab sich wiederum eine Zwiespältigkeit. Die Abgeordneten waren in ihrer Mehrheit eben nicht obskure Emporkömmlinge und skrupellose Demagogen, sondern anerkannte Männer, gebildete Honoratioren, die die geistigen Fragen, die Ideen und Ideale ihrer Zeit ebenso kannten wie den Staatsapparat und seine Verwaltungsprobleme. Doch genau daraus ergab sich zugleich ein Zögern, eine Bedenklichkeit, ein Mangel an Entschlußkraft und Härte des Willens, mit den überkommenen Verhältnissen wirklich aufzuräumen. Es ist ja in der Tat schwierig, einen Staat über den Haufen zu rennen, in dem man den eigentlichen »Staatsstand« bildet – und der einem Ansehen, Gehalt und Pensionsberechtigung garantiert.

Natürlich konnte es bei der Schizophrenie einer Opposition gegen sich selbst auf die Dauer nicht bleiben. Und zwangsläufig mußte es zu einem Kampf um die politische Geschlossenheit der Beamtenschaft kommen, der in dem Maße sich verschärfte, in dem allgemein die Verhältnisse sich politisierten, eine selbständige Macht der öffentlichen Meinung heranwuchs und Parteien entstanden. »Den Beamtenstand gesinnungstüchtig zu erhalten durch Ausschluß verdächtiger Elemente, war in der Zeit der Demagogenverfolgung eifriges Bemühen.«[155] Die Zusammensetzung des Paulskirchenparlaments und der preußischen Landtage demonstriert allerdings, daß dieses Bemühen zunächst wenig erfolgreich war. Wie Reinhart Koselleck es ausgedrückt hat: »Die Gesinnung sollte auf Gehorsam umgestimmt werden. Dieses Vorhaben ist weder innerhalb der Beamtenschaft gelungen, die ja in ihrer Mehrheit noch liberal gesinnt war, noch – mit Hilfe verachteter Polizeiorgane – nach außen erfolgreich gewesen. Was aber erzielt wurde, war Indifferenz und Resignation. Damit wurde auch der moralische Spielraum der Verwaltung eingeengt, sie verlor jede Autorität, die ihren Erziehungsanspruch hätte rechtfertigen können.«[156]

Vielleicht hatte, bewußt oder vorbewußt, das Ausmaß der parlamentarischen Aktivität von Beamten auch mit dem Versuch zu tun, auf einem neuen Weg das eigene Ansehen neu zu begründen und damit dem inneren Zwiespalt zu entkommen. Doch abermals war der Ausgang ein Scheitern: In der Erfolgspolitik Bismarcks triumphiert der alte Staat, und mit dem Bürgertum insgesamt fügt sich die Beamtenschaft in ihn ein. Seither muß man bei Verwaltung und Justiz mehr und mehr nicht bloß von einem Gehorsams-, sondern zugleich von einem Gesinnungskonservativismus sprechen. Seine Front richtet sich gegen alle Kräfte, die noch auf eine Veränderung der Herrschaftsverhältnisse im Sinne ihrer Parlamentarisierung und Demokratisierung drängen, vorab gegen die Sozialdemokratie. Nochmals in den Worten eines kritischen Beobachters: »Der Rechtsstaat wurde geknebelt anstatt fortzuschreiten. Es war ein einzigartiges Schauspiel, daß nach der Erfüllung der langgehegten Wünsche der Nation, zu einer Verfassung zu gelangen, eine Verkümmerung alles dessen erfolgte, was im absoluten Staat in gedeihlicher Entwicklung begriffen war.«[157]

In diesem Prozeß der Umorientierung verliert oder verändert auch »Bildung« ihren einstigen Stellenwert. Was Friedrich Meinecke am Beispiel des Offizierskorps beschrieben hat, gilt in grundsätzlich gleicher Weise für die zivile Beamtenschaft: »Die geistigen Mächte der Zeit, die zu Beginn des (19.) Jahrhunderts die Dämme des Standesbewußtseins hatten durchreißen können, hatten sich gewandelt. Teils hatten sie an innerer Stärke verloren, teils wirkten sie sogar als günstige Winde in den Segeln. Jene Verbindung einer realistisch-utilitaristischen Bildung mit einem sozialen Standesgeist, der Elemente aus anderen Kreisen nur soweit aufnahm, als sie gleichartig oder verwandt waren, war und wurde immer mehr modern und wurde im preußischen Offizierskorps eigentlich zuerst verwirklicht. Fachbildung und Standesgeist förderten sich gegenseitig, denn der moderne Realismus erkannte sehr genau, daß nicht nur Bildung, sondern auch Milieu und Tradition, selbst irrationale Tradition, Macht sei. Nicht Universalität, sondern Einseitigkeit der Bildung macht schneidig für den Zweck, sagte Roon später einmal, als er die Kadetteninstitute verteidigte.«[158]

Auf die Frage schließlich nach der Rechtfertigung des Gesinnungskonservativismus vor sich selbst gibt ein Zauberbegriff Antwort: *Überparteilichkeit.* Nach der einen Seite griff man damit in dem Anschein einer Traditionsbegründung auf Verhältnisse zurück, wie sie ja wirklich einmal bestanden hatten. Hegel hatte in seiner »Rechtsphilosophie« von 1821 gesagt: »Die Mitglieder der Regierung und die Staatsbeamten machen den Hauptteil des Mittelstandes aus, in welchen die gebildete Intelligenz und das rechtliche Bewußtsein der Masse eines Volkes fällt.«[159] Das hieß seinerzeit nicht Untertanen und Unterschichten verhöhnen, sondern die Realität beschreiben – auch wenn gleich hinzugefügt werden muß, daß hier wie so oft die Eule der Minerva erst in der Dämmerung ausflog, das heißt: daß es sich um die Beschreibung einer Realität handelte, deren Zerfall begonnen hatte und unaufhaltsam war. Denn tatsächlich galt nur noch in den Anfängen des Jahrhunderts, was Koselleck mit dem Satz umreißt: »Die Beamtenschaft stellte... den einzigen wirklichen Staatsstand, den es im damaligen Preußen gab. Staat und Gesellschaft waren in ihm identisch – aber auch nur in ihm... Nur die Beamten waren Staatsbürger, sie übten über die nichtbeamtete Bevölkerung eine Vormundschaft aus, was deren Beteiligung am Staat so sehr ausschloß wie herausforderte.«[160]

Erwies sich nun schon die Begründung einer Tradition der Überparteilichkeit im Rückgriff auf vergangene, aber tatsächlich längst versunkene Verhältnisse als höchst problematisch, so gilt nach der anderen Seite erst recht, daß man mit einer Fiktion operierte. Zwar eignet sich eine Berufung auf die eigene, an die Höherrangigkeit des Staates gebundene Überparteilichkeit hervorragend, um alle gesellschaftlichen Kräfte zu diffamieren, die ihre Parteilichkeit bekennen, und um damit Parteiensystem und Parlamentarismus überhaupt zu treffen; wie verhängnisvoll die angeblich nur am Staat orientierte Behauptung der Überparteilichkeit sich ausgewirkt hat, wurde im vorhergehenden Kapitel gezeigt.

Im Zeitalter einer immer fortschreitenden Verflechtung von Staat und Gesellschaft, einer Vielzahl von legitim unterschiedlichen, nicht selten gegensätzlichen Anschauungen und Interessen und ihrer politischen Organisation in Parteien und Verbänden verkommt die Behauptung der Überparteilichkeit zur bloßen Ideologie, sei es der Machtverteidigung, sei es der Machteroberung.[161] Wie Koselleck sagt: »Überständisch zu handeln war dem Staat möglich gewesen, überparteilich nicht mehr.«[162] Oder in dem harten und klaren Wort Gustav Radbruchs aus der Zeit der Weimarer Republik: »Die Überparteilichkeit ist die Lebenslüge des Obrigkeitsstaates.«

Lebenslüge: in ihr spiegelt sich und gipfelt der Verdrängungsprozeß, von dem die Rede war. Die Behauptung der Überparteilichkeit als einer spezifischen preußisch-deutschen Tradition *zerstört* Tradition; sie tilgt aus dem Bewußtsein, daß man einst zum Kampf um Fortschritt und Freiheit gegen den Obrigkeitsstaat angetreten war.

Die Lebenslüge *entlastet* von allen Zweifeln, Zweideutigkeiten und Zwiespältigkeiten; sie »macht schneidig für den Zweck«. Nur eines verträgt sie nicht: daß man sie beim Namen nennt. Aufgedeckt, als Lüge durchschaut, müßte sie in sich zusammenstürzen. Daher erscheint in ihrer Perspektive Kritik als »zersetzend« – und wird ihr am Ende Geist überhaupt, als das nie sicher zu verriegelnde Potential von Kritik und von Aufklärung, zum Feind schlechthin, zum Objekt der Aggression, der Verfemung, Verfolgung, Vernichtung.

Der Abgrund von Zwiespalt und Zweifel, den schließlich die Lüge überdeckt, kennzeichnet nicht bloß die Situation eines gebildeten Beamtentums zwischen Obrigkeitsstaat und Liberalität. Er reicht noch tiefer; er steckt im Geist selber, in der deutschen »Bildung«. Denn auf der einen Seite ist Bildung zwar das Mittel, das einzige und unerläßliche, das aus gedrückter Lage heraushelfen kann. Es führt, sei es auch auf langen, oft demütigenden Wegen, zum Aufstieg: ins Ansehen und in die Sicherheit des »Staatsstandes«. Auf der anderen Seite dient Bildung aber auch dazu, sich von den herrschenden Mächten des ancien régime - der höfisch-adligen Oberschicht - zu emanzipieren und *gegen* sie eine eigenständige Position, ein neues bürgerliches Selbstbewußtsein zu begründen. Stets mit der Übermacht, sozusagen mit der physischen Robustheit der Staatsgewalt und ihrer Repräsentanten konfrontiert, kann man einzig im »rein Geistigen« erfolgreich konkurrieren: durch den Aufbau einer moralisch-kulturellen Eigenwelt.

Als im 18. Jahrhundert die bürgerliche Bildungsbewegung einsetzt, dient zur Begründung dieser Eigenwelt vor allem eine Gegensatzkonstruktion zwischen der höfisch-aristokratischen, bloß vordergründig, eitel und ehrsüchtig getünchten *Zivilisation* - und der wahren, in der Tiefe des Gemüts und des Herzens angelegten *Kultur.* Schon in dem Zedlerschen Universal-Lexikon von 1736 heißt es in dem Artikel »Hofmann« drastisch:

»Einer, der in einer ansehnlichen Bedienung an eines Fürsten Hof steht. Das Hofleben ist zu allen Zeiten einesteils wegen der unbeständigen Herrengunst, wegen derer vielen Neider, heimlichen Verleumder und offenbaren Feinde als etwas Gefährliches; andererseits, wegen des Müßiggangs, Wollust und Üppigkeit, so zum öfteren daselbst getrieben wird, als etwas Laster-Tadelhaftes beschrieben worden. Es haben aber zu allen Zeiten sich auch Hofleute gefunden, die durch ihre Klugheit die gefährlichen Steine des Anstoßes vermieden, und durch ihre Wachsamkeit den Reizungen des Bösen entgangen, also sich zu würdigen Exempeln glücklicher und tugendhafter Hof-Leute vorgestellt. Gleichwohl wird nicht vergeblich gesagt, daß nahe bei Hofe, sei nahe bei der Hölle.«[163]

Ein verteufeltes Porträt. Aber es kehrt in Variationen ständig wieder. Man lese so verschiedenartige Literatur wie Sophie von La Roches »Geschichte des Fräuleins von Sternheim« (1771), Goethes »Leiden des jungen Werthers« oder Schillers »Kabale und Liebe«: Stets geht es um dieses Thema, um diesen Gegensatz. Bei Kant heißt es: »Wir sind *zivilisiert,* bis zum Überlästigen, zu allerlei gesellschaftlicher Artigkeit und Anständigkeit. Aber, uns schon für *moralisiert* zu halten, dazu fehlt noch sehr viel. Denn die Idee der Moralität gehört noch zur Kultur; der Gebrauch dieser Idee aber, welcher nur auf das Sittenähnliche in der Ehrliebe und der äußeren Anständigkeit hinausläuft, macht bloß die Zivilisierung aus. Solange aber Staaten alle ihre Kräfte auf ihre eiteln und gewaltsamen Eroberungsabsichten verwenden, und so die langsame Bemühung der inneren Bildung der Denkungsart ihrer Bürger unaufhörlich hemmen, ihnen selbst auch alle Unterstützung in dieser Absicht entziehen, ist nichts von dieser Art zu erwarten; weil dazu eine lange innere Bearbeitung jeden gemeinen Wesens zur Bildung seiner Bürger erfordert wird. Alles Gute aber, das nicht auf moralisch-gute Gesinnung gepfropft ist, ist nichts als lauter Schein und schimmerndes Elend.«[164]

Ein wahrhaft deutsches Thema, das in immer neuen Wendungen immer wiederkehrt - und zu dem es in westlichen Ländern so wenig Vergleichbares gibt wie zur »Bildung«. Französische »civilisation« und englische »civilization« umspannen, was in Deutschland zum Gegensatz von »Zivilisation« und »Kultur« auseinanderbricht.[165] Aber in den westlichen Ländern gelingt dem Bürgertum eben die praktische Durchsetzung eigenständig-selbstbewußter Lebensformen - oder es gelingt, wie in England, die aristokratische-bürgerliche Symbiose -; man erobert auch politisch die Macht, die man zuvor schon wirtschaftlich errungen und ideell begründet hat.

In Deutschland versteinert der Gegensatz gewissermaßen; man gerät in Versuchung, von einem Wiederholungszwang zu sprechen. Sturm und Drang, Romantik, Junges Deutschland, Jugendbewegung ...: Es gilt, »daß dies das Wahre sei, was jeder über die sittlichen Gegenstände, vornehmlich über Staat, Regierung und Verfassung, sich aus seinem Herzen, Gemüt und Begeisterung aufsteigen lasse« - so Hegel, freilich verachtend, 1821.[166] »Aus eigener Bestimmung vor eigener Verantwortung, mit innerer Wahrhaftigkeit« und in »innerer Freiheit« das Leben gestalten: Meißner-Formel von 1911.[167] »Rein bleiben und reif werden« - die vielzitierte Formel von Walter Flex, 1916.[168] In den »Ideen von 1914« wird nur nach außen gestülpt, gegen »den Westen« gerichtet, was ursprünglich einmal innergesellschaftlich gemeint wird: »Deutschtum, das ist Kultur, Seele, Freiheit, Kunst und nicht Zivilisation, Gesellschaft, Stimmrecht, Literatur.«[169] Natürlichkeit gegen Künstlichkeit, »Gemeinschaft« gegen »Gesellschaft«[170], »Sein« gegen »Haben«[171], »Anliegen«, Echtheit, Ursprünglichkeit gegen Formen und Förmlichkeiten - auch gegen das angeblich »bloß Formale« der parlamentarischen Demokratie -, gegen Kuhhandel und Kompromiß: Aufbruch und kein Ende.

Zweideutigkeit und Zweifel: Der Reichtum wahrer Kultur beruht auf geistigen Leistungen, nicht auf materiellem Wohlstand oder dem Besitz der Macht. Gehört sie womöglich überhaupt auf die Seite der Armut und der Ohnmacht? Demonstriert nicht die bürgerliche Bildungsbewegung, was trotz oder wegen einer gedrückten Lage alles erreicht werden kann?

»Denn Armut ist ein großer Glanz aus Innen ...«
- heißt Rilkes berühmte Zeile. Nur, leider: Zunächst einmal muß man schlicht sein Leben fristen. Unter den deutschen Bedingungen des 18. und weithin noch des 19. Jahrhunderts heißt das konkret, daß man der höfisch-aristokratischen Gegenwelt oft sehr lange und unter

demütigenden Umständen sich verdingen muß, als Hauslehrer, »Kandidat«, Bibliothekar oder wie immer. Sofern man nicht gerade dem gehobenen Gesinde zugerechnet wird, unterliegt man zum mindesten den Unwägbarkeiten patriarchalischen Wohlwollens. Praktischer Monopolist der kulturellen Repräsentation in Theater, Baukunst, Malerei und Musik ist ohnehin der Fürstenhof - oder der ihm gerade in diesen Fragen der Repräsentation noch lange und eng verbundene Staat. Der Staat ist aber auch die einzige Instanz, die durch die Vergabe der beamteten oder beamtenähnlichen Stellung, der ersehnten Professur aus der Unsicherheit und personengebundenen Abhängigkeit erlösen kann.

So kommt die Emanzipation durch Bildung von der Vormundschaft doch nie wirklich los, aus der zu befreien ihre Verheißung ist. Kann es in einem solchen Verhältnis oder Mißverhältnis eigentlich ohne Verwundungen und Wundschmerzen, ohne tiefe und lange, womöglich dauerhafte Beschädigungen des Selbstbewußtseins abgehen? Kann es sein, daß an Kultur und Bildung, am »rein Geistigen« bei aller Hoch- oder sogar Überschätzung *zugleich* ein Makel klebt, der Geruch aus Armut und Demütigung, der noch beim halben Erinnern ans Erlittene schaudern macht? Und muß eben damit nicht ein die Wertungen umwertender Verdrängungsprozeß einsetzen, sobald - endlich, atemlos nachholend! - die bürgerliche Gesellschaft zu Wohlstand kommt und der Über-Macht sich einfügt? Ein Gedicht von Heinrich Leuthold aus dem Jahre 1872 beginnt mit den Zeilen:

»Lange genug als Dichter und Denker priesen
oder höhnten andere das Volk der Deutschen;
aber endlich folgten den Worten Taten,
Taten des Schwertes.
Nicht des Geistes, sondern des Schwertes Schärfe
gab dir alles, wiedererstandenes Deutschland:
Ruhm und Einheit, äußere Macht und Wohlfahrt
dankst du dem Eisen.«

»Wie deutsche Ideologen melden, hat Deutschland in den letzten Jahren eine Umwälzung ohne Gleichen durchgemacht. Der Verwesungsprozeß des Hegelschen Systems, der mit Strauß begann, hat sich zu einer Weltgärung entwickelt, in welche ›alle Mächte der Vergangenheit‹ hineingerissen sind. In dem allgemeinen Chaos haben sich gewaltige Reiche gebildet, um alsbald wieder unterzugehen, sind Heroen momentan aufgetaucht, um von kühneren und mächtigeren Nebenbuhlern wieder in die Finsternis zurückgeschleudert zu werden. Es war eine Revolution, wogegen die französische ein Kinderspiel ist, ein Weltkampf, vor dem die Kämpfe der Diadochen kleinlich erscheinen. Die Prinzipien verdrängten, die Gedankenhelden überstürzten einander mit unerhörter Hast, und in den wenigen Jahren 1842–1845 wurde in Deutschland mehr aufgeräumt als sonst in drei Jahrhunderten. – Alles dies soll sich *im reinen Gedanken* zugetragen haben.«

Diese Sätze stammen von Karl Marx; sie stehen im Anfang seiner »Deutschen Ideologie«. Man spürt den Hohn, vielleicht auch Bitterkeit: In Deutschland findet die wirkliche Revolution nicht statt, sondern bloß als Parodie die »rein geistige«. Und es liegt verführerisch nahe, im Hohn fortzufahren: Setzt man nur andere Namen und Jahreszahlen ein, zum Beispiel »Frankfurter Schule« für »Hegelsches System« und 1968–1972 statt 1842–1845, so scheint es sich um einen seltsam aktuellen Text zu handeln.

Aber die Bedeutung der *Revolution des Geistes*[172] kann kaum hoch genug veranschlagt werden; ihre Folgen sind unabsehbar. Übrigens ist ja Marx selbst ein Schüler dieser Revolution; ohne sie wäre sein Werk – und dessen weltgeschichtliche Wirkung – kaum vorstellbar. Im »rein Geistigen«, nur darin, wird eine einzigartige Radikalität möglich, weil keine Realität sie widerlegt, keine Praxis sie ermüdet, keine Erfahrung sie belehrt oder enttäuscht. Zugleich wirkt die Revolution im »Reich der Vorstellungen« auf die Wirklichkeit selbst zurück, wenngleich oft auf höchst unerwartete, nicht selten fatale Weise.

Die deutsche Revolution des Geistes setzt, wie sollte sie anders, sehr theoretisch an: als Untersuchung über die Bedingungen der Möglichkeit menschlicher Erkenntnis. *Kants* berühmte »kopernikanische Wendung« stellt die herkömmliche Auffassung so buchstäblich wie doppelsinnig auf den Kopf: Was von außen in uns eindringt, ist bloße »Erscheinung«, nicht die Realität. Vielmehr sind es die in uns immer schon angelegten Anschauungsformen, Schemata, Kategorien, die unsere Welt-Bilder bestimmen. Was dagegen die Wirklichkeit wirklich, was sie »an sich« ist, können wir nicht wissen.

Diese Wendung, so theoretisch sie sich ausnehmen mag, hat sofort Auswirkungen auf andere Bereiche, zum Beispiel auf Moral und Recht. Wir müssen das Sittengesetz *in uns* finden und können es nicht mehr in einer vorgegebenen, sei es göttlichen, sei es natürlichen Ordnung der Dinge und aller Lebensverhältnisse verankern. Dadurch wird, mit einem einzigen gewaltigen Schlag, eine ehrwürdige Tradition des Abendlandes zertrümmert; allem Naturrecht wird der Boden seiner Begründbarkeit entzogen.

Fichte geht noch um einen wesentlichen Schritt weiter: »Aller Realität Quelle ist das Ich, denn dieses ist das Unmittelbare und schlechthin Gesetzte. Erst durch und mit dem Ich ist der Begriff der Realität gegeben.«[173] Das »absolute Ich«, das sich selbst setzt, schafft Welt, seine Welt - so, wie es sie will, wie sie sein soll: einen »neuen Menschen« und eine neue Welt.

Hegel dagegen vollzieht zwar dem Anschein nach eine »konservative« Wendung, die Anpassung ans Bestehende, gemäß seiner berühmten Formel:

»Was vernünftig ist, das ist wirklich;
und was wirklich ist, das ist vernünftig.«[174]

Aber die Pointe dabei meint, daß die Wirklichkeit des Wirklichen selbst die des Geistes ist. Weltgeschichte bedeutet in dem Sinne das Weltgericht, daß sie sozusagen alles Ungeistige als Trug vernichtet. Was bleibt, was am Ende triumphiert, ist der reine, der absolute Geist, der zum Bewußtsein seiner selbst durchbricht und damit als Freiheit sich erfährt.

Schellings Naturphilosophie schließlich zielt auf die »Indifferenz von Natur und Geist«. In einem »Identitätssystem« wird die Natur als der sichtbare Geist, der Geist aber als die unsichtbare Natur aufgefaßt.

Die deutsche Revolution des Geistes, in kaum zwei Menschenaltern vollzogen, bringt also eine unerhörte, vielleicht phantastische, jedenfalls aber totale Vergeistigung mit sich; sozusagen in einem gewaltigen Kriegs- oder Kreuzzug wird die Welt dem Geiste unterworfen. Übrigens läßt sich vor diesem Hintergrund und nur von ihm her verstehen, was Wilhelm von Humboldt meint, wenn er seine »Idee« der Universität formuliert und in die Praxis umzusetzen unternimmt. Denn »der Universität ist vorbehalten, was nur der Mensch durch und in sich selbst finden kann, die Einsicht in die reine Wissenschaft. Zu diesem Selbstactus im eigentlichsten Verstand ist notwendig Freiheit und hilfreich Einsamkeit, und aus diesen beiden Punkten fließt zugleich die ganze äußere Organisation der Universitäten. Das Kollegienhören ist nur Nebensache, das Wesentliche, daß man in enger Gemeinschaft mit Gleichgestimmten und Gleichaltrigen, und dem Bewußtsein, daß es am gleichen Ort eine Zahl schon vollendet gebildeter gebe, die sich nur der Erhöhung und Verbreitung der Wissenschaft widmen, eine Reihe von Jahren sich und der Wissenschaft lebe.«[175]

Wenn man nach Erklärungen sucht, nach den Kräften fragt, die die Bewegung auslösten und vorantrieben, dann ist vor allem auf zweierlei hinzuweisen. Zum einen handelt es sich auch hier um jene gedrückte wirtschaftlich-gesellschaftliche Lage und damit um die politische Ohnmacht des Bürgertums, von der die Rede war. Nur im Geiste konnte man das erregende Schauspiel der Französischen Revolution mitvollziehen und womöglich überbieten, nur in der Theorie umstürzen und neu erbauen, was in der Praxis sich als unabänderlich erwies.

Wie sehr die erlittene Ohnmacht und Demütigung ins »rein Geistige« hineinwirkte, läßt sich oft bis ins Biographische hinein nachweisen, besonders am Beispiel Fichtes. Er, der so mühsam aus armen Verhältnissen aufgestiegen war und lange als Hauslehrer sich durchbringen mußte, als - wie er selbst bitter anmerkte - »Informator der zarten Pflanzen eines petit bourgeois oder eines filzigen Krautjunkerleins«[176] -, sah sich »immerfort durch die ständischen Schranken des Ancien régime an seine Herkunft aus dem Volk erinnert und in seiner Würde als Mensch verletzt«.[177] Dabei gehörte er zu den ersten, die ihre Kompensation der Ohnmacht aus der sozialen in die nationale, nationalistische Dimension verschoben. Konsequent genug hatte er »schon alle Antworten parat, die dann die Deutschen einer verblüfften Welt geben sollten, von der sie sich schlecht behandelt fühlten. Eine hohe Intelligenz mit ausgeprägtem Reflexionsvermögen, intensive Spiritualität und existentielles Engagement, ein starker moralischer Impetus und unterentwickelter *common sense,* Herrschlust verbunden mit hemmungslosem Tatendrang, eine schweifende Phantasie und kleinbürgerliche Provinzialität machten Fichte - in einem anderen Sinn, als er selber glaubte - zu einer Person von repräsentativer ›Deutschheit‹.«[178]

Die zweite wesentliche Antriebskraft der deutschen Bewegung lag im Religiösen. Wie Friedrich Schlegel es ausgedrückt hat: »Der revolutionäre Wunsch, das Reich Gottes zu realisieren, ist der elastische Punkt der progressiven Bildung und der Anfang der modernen Geschichte.«[179] Den Anfang der modernen Geschichte aber bezeichnet für Deutschland die Reformation. Sie setzte ungeahnte Energien frei - und wandte sie schroff nach innen, in Geist und Gewissen des einzelnen. Die dadurch bewirkte grundsätzliche Abwertung des Institutionellen - gleichsam die Vereinsamung des Individuums vor Gott - wurde noch verstärkt durch die Erstarrung des Luthertums in der Orthodoxie und durch seine

Unterwerfung unter die jeweilige Obrigkeit des Landesherrn. In dieser Kombination konnten die religiösen Energien kirchlich nicht mehr aufgefangen werden. Wie ein glühender Lavastrom brachen sie sich Bahn ins Diesseits, hinein in die Sehnsucht und Suche nach der Erlösung, nach dem Heil und der Heiligung in dieser Welt. Präziser: Die Sehnsucht richtete sich auf eine Transzendenz im Diesseits, das heißt auf die Zertrümmerung der bestehenden Verhältnisse zugunsten eines neuen Menschen in einer neuen Welt. Auch in dieser Hinsicht hat Fichte den Sachverhalt beispielhaft formuliert, wenn er in seinen Vorlesungen über »Die Grundzüge des gegenwärtigen Zeitalters«[180] die Weltgeschichte in fünf Epochen unterteilt, von denen die dritte, gegenwärtige, den »Stand der vollendeten Sündhaftigkeit« bezeichnet, die fünfte und endzeitliche aber den »Stand der vollendeten Rechtfertigung und Heiligung«. Bei Hegel freilich scheint vorschnell eine »Versöhnung des Göttlichen mit der Welt« und »die Vernunft als die Rose im Kreuze der Gegenwart« aufzuleuchten[181] – vorschnell vor allem in den Augen von Marx. Darum nimmt dieser auf seine Weise das Schema von Fichte wieder auf.

Wohl niemand hat die Revolution des Geistes so anschaulich geschildert wie Heinrich Heine in seinen großen Essays »Zur Geschichte der Religion und Philosophie in Deutschland«. Vor allem hat er in eindringlichen Passagen eine Art von Wirkungsgeschichte schon vorweggenommen; es lohnt sich, sie ausführlich zu zitieren:

»Die deutsche Revolution wird darum nicht milder und sanfter ausfallen, weil ihr die Kantsche Kritik, der Fichtesche Transzendentalidealismus oder gar die Naturphilosophie vorausging. Durch diese Doktrinen haben sich revolutionäre Kräfte entwickelt, die nur des Tages harren, wo sie hervorbrechen und die Welt mit Entsetzen und Bewunderung erfüllen können. Es werden Kantianer zum Vorschein kommen, die auch in der Erscheinungswelt von keiner Pietät etwas wissen wollen und erbarmungslos, mit Schwert und Beil, den Boden unseres europäischen Lebens durchwühlen, um auch die letzten Wurzeln der Vergangenheit auszurotten. Es werden bewaffnete Fichteaner auf den Schauplatz treten, die in ihrem Willensfanatismus weder durch Furcht noch durch Eigennutz zu bändigen sind; denn sie leben im Geist, sie trotzen der Materie, gleich den ersten Christen, die man ebenfalls weder durch leibliche Qualen noch durch leibliche Genüsse bezwingen konnte; ja, solche Transzendentalidealisten wären bei einer gesellschaftlichen Umwälzung sogar noch unbeugsamer als die ersten Christen, da diese die irdische Marter ertrugen, um dadurch zur himmlischen Seligkeit zu gelangen, der Transzendentalidealist aber die Marter selbst für eitel Schein hält und unerreichbar ist in der Verschanzung des eigenen Gedankens. Doch noch schrecklicher als alles wären Naturphilosophen, die handelnd eingriffen in die deutsche Revolution und sich mit dem Zerstörungswerk selbst identifizieren würden. Denn wenn die Hand des Kantianers stark und sicher zuschlägt, weil sein Herz von keiner traditionellen Ehrfurcht bewegt wird; wenn der Fichteaner mutvoll jeder Gefahr trotzt, weil sie für ihn in der Realität gar nicht existiert: so wird der Naturphilosoph dadurch furchtbar sein, daß er mit den ursprünglichen Gewalten der Natur in Verbindung tritt, daß er die dämonischen Kräfte des altgermanischen Pantheismus beschwören kann und daß in ihm jene Kampflust erwacht, die wir bei den alten Deutschen finden und die nicht kämpft, um zu zerstören noch um zu siegen, sondern bloß um zu kämpfen. Das Christentum - und das ist sein schönstes Verdienst - hat jene brutale germanische Kampflust einigermaßen besänftigt, konnte sie jedoch nicht zerstören, und wenn einst der zähmende Talisman, das Kreuz, zerbricht, dann rasselt wieder empor die Wildheit der alten Kämpfer, die unsinnige Berserkerwut, wovon die nordischen Dichter soviel singen und sagen. Jener Talisman ist morsch, und kommen wird der Tag, wo er kläglich zusammenbricht. Die alten steinernen Götter erheben sich dann aus dem verschollenen Schutt und reiben sich den tausendjährigen Staub aus den Augen, und Thor mit dem Riesenhammer springt endlich empor und zerschlägt die gotischen Dome... Lächelt nicht über den Phantasten, der im Reiche der Erscheinungen dieselbe Revolution erwartet, die im Gebiete des Geistes stattgefunden. Der Gedanke geht der Tat voraus wie der Blitz dem Donner. Der deutsche Donner ist freilich auch ein Deutscher und ist nicht sehr gelenkig und kommt etwas langsam herangerollt; aber kommen wird er, und wenn ihr es einst krachen hört, wie es noch niemals in der Weltgeschichte gekracht hat, so wißt: der deutsche Donner hat endlich sein Ziel erreicht.«[182]

Trotz allem, noch immer: Heine verharmlost. Denn er schildert zwar die Revolution des Geistes. Aber er zeigt nicht, was sie dunkel begleitet und umlauert, manchmal seltsam sie durchdringt und dennoch und vor allem als ihr Todfeind sich erweist, der am Ende triumphiert: *die Gegenrevolution der Macht und der Ohnmacht.*

Daß die Macht mißtrauisch wird, wenn ein geistiger Umsturz sich ankündigt oder gar vollzieht, ist ja verständlich genug. Denn wer garantiert, daß nicht dem theoretischen der praktische auf dem Fuße folgt? Bedingung der radikalen Revolution des Geistes ist daher so paradox wie folgerichtig ihre radikale Ohnmacht. Schon Kant hat in seinem Aufsatz über Aufklärung diesen Zusammenhang präzise erfaßt: »Nur derjenige, der selbst aufgeklärt, sich nicht vor Schatten fürchtet, zugleich aber ein wohldiszipliniertes zahlreiches Heer zum Bürgen der öffentlichen Ruhe zur Hand hat, – kann sagen, was ein Freistaat nicht wagen darf: *räsoniert, so viel ihr wollt, und worüber ihr wollt; nur gehorcht!* So zeigt sich hier ein befremdlicher nicht erwarteter Gang menschlicher Dinge; so wie auch sonst, wenn man ihn im großen betrachtet, darin fast alles paradox ist.«[183] Nicht umsonst ist das aufgeklärte, friderizianische Preußen, auf das Kant hier anspielt, ein exemplarisch mächtiger Staat über exemplarisch ohnmächtigen Untertanen; kaum von ungefähr spielt Preußen in der deutschen Geschichte der Aufklärung wie bei der Entwicklung der Bildungsinstitutionen eine zentrale Rolle.

Freilich: Seit der Epochenwende von 1789 ist nichts mehr, wie es einmal war. In den Worten Lorenz von Steins: »Die Vernichtung des Königtums in Frankreich hat für ganz Europa zunächst *eine* inhaltsschwere Folge gehabt. Sie hat das Königtum, das sich in der Mitte des 18. Jahrhunderts an die Spitze der Reformen stellte, allen *Reformen in der Gesellschaft dauernd entfremdet.*«[184] Und rasch wird klar, wie sehr Ideen oder Ideologien, also geistig revolutionäre Bewegungen dem politischen Umbruch nicht nur vorgearbeitet, sondern ihn entscheidend geprägt haben. Zwar hat Hegel noch im Rückblick dies als das Kennzeichen der Französischen Revolution gefeiert, daß in ihr - erstmalig in der Geschichte überhaupt - »der Mensch sich auf den Kopf, das ist, auf den Gedanken stellt und die Wirklichkeit nach diesem erbaut«.[185] Doch genau das ist schon im Jahre 1790 für Edmund Burke zum Eckstein des Anstoßes geworden; seine »Betrachtungen über die französische Revolution« - 1793 von Friedrich Gentz glanzvoll ins Deutsche übertragen - bilden das Manifest zur Gegenrevolution.[186] Burke beschreibt das weltgeschichtlich Neue: Die Revolution aus der »Doktrin«, aus dem »theoretischen Dogma«, mit dem der politische Kampf unvermeidbar Kreuzzugscharakter annimmt und zum »Religionskrieg« entartet.[187]

Seither, so ließe die Wendung Kants sich abwandeln, fürchtet sogar der vordergründig starke Staat sich vor Schatten. Es beginnt die Verdächtigung, Bespitzelung, Unterdrückung, Exilierung des Geistes; bald wird schon die Schwärmerei eines einzelnen Studenten ganz unverhältnismäßige Reaktionen auslösen.[188] Wie in einer Vorahnung des Kommenden war in Preußen übrigens schon ein Jahr vor dem Epocheneinschnitt der Umschwung eingeleitet worden. 1788 erging ein Religions- und Zensuredikt. Es bestätigte zwar das Prinzip der religiösen Toleranz, unterwarf zugleich jedoch die lutherische Kirche im Sinne der Orthodoxie strenger Aufsicht. Und vor allem: Damit waren Zensurbestimmungen zum Kampf gegen die »zügellose Freiheit« und die »Glaubenslosigkeit und Sittenverderbnis« der Aufklärung verbunden. So wurde nur zwei Jahre nach dem Tode Friedrichs des Großen die friderizianische Aufklärung widerrufen. Nicolais »Allgemeine Deutsche Bibliothek« und die »Berlinische Monatsschrift«, in der 1784 Kants »Beantwortung der Frage: Was ist Aufklärung?« erschienen war, entschlossen sich zur Auswanderung. Es waren die literarischen Institutionen bürgerlicher Aufklärung in Berlin.

So verständlich indessen die Abwehrreaktionen der Macht gegenüber der Revolution des Geistes immer sein dürften, so unverständlich mag auf den ersten Blick eine Gegenrevolution der Ohnmacht sich ausnehmen. War nicht soeben, noch einmal, davon die Rede, daß Ohnmacht geradezu eine Bedingung geistiger Radikalität darstellt? Gewiß. Und folgt daraus nicht, daß die Ohnmacht des Geistes in der Ohnmacht der Untertanen ihren natürlichen Verbündeten findet – um dann zur »materiellen Gewalt« zu werden, wenn sie die Massen ergreift? Nein, keineswegs. Dies ist die intellektuelle Illusion. Sie ist es jedenfalls unter den deutschen Bedingungen, von denen dieses Buch handelt.

Was die Ohnmacht zunächst und vor allem will, ist *Sicherheit.* Dazu gehört die materielle Abstützung. Um sie hat der deutsche Obrigkeitsstaat sich beinahe immer gesorgt, zum mindesten in dem Maße – oder noch mehr – wie westlich-liberale Staaten; zu den Verhängnissen des 19. Jahrhunderts gehörte, daß ausgerechnet die fortschrittliche, freiheitliche Grundhaltung liberaler Wirtschaftspolitik diese Komponente materieller Abstützung zeitweilig vernachlässigte. Darum konnte

1878/79 Bismarcks konservative »Umgründung« des Reiches so überzeugend sich ausnehmen, die doch weit mehr mit sich brachte als bloß der Übergang vom Freihandel zur Schutzzollpolitik.

Aber mindestens ebenso wichtig wie die materielle Sicherheit ist die ideelle. Zu ihr zählt Orientierungsfähigkeit, eine verläßliche »Verortung« in den gegebenen Verhältnissen, die sich mit Ansehen, mit Selbstbewußtsein verbinden kann. An der Vorgabe einer genau verorteten Orientierung läßt der alte Staat es gewiß nicht fehlen. Und was das Ansehen betrifft, so kommt jener Mechanismus ins Spiel, den Hegel in einem abgründigen Kapitel seiner »Phänomenologie des Geistes« beschrieben hat. Dieses Kapitel handelt vom Selbstbewußtsein - unter dem Titel »Herrschaft und Knechtschaft«. Der Herr wird selbstbewußt durch seine Macht über Menschen, die er als Verantwortung für sie deutet; noch der Neid, den er auf sich zieht, stärkt seinen Stolz. Der Knecht aber deutet die an der Über-Macht erfahrene Angst, die erlittene Demütigung um: Teils - und um so starrer, erstarrter, je tiefer Angst und Demütigung sich eingruben - kommt es zu einer Identifikation mit dem Herrn und seiner Macht; teils wird die insgeheim aufgestaute Aggressivität auf die gelenkt, die »anders«, womöglich noch unter dem Knecht und noch ohnmächtiger, weil herrenlos sind. Damit wächst ein unheimliches Potential zur Jagd auf den Sündenbock heran.

Hegel entwickelt allerdings eine andere und produktive Möglichkeit, die Marx dann aufgreift: Der Knecht gewinnt neues Selbstbewußtsein durch die ihm aufgezwungene *Arbeit.* Denn diese Arbeit wird zur Macht; sie drängt den Herrn in die Abhängigkeit, bis zu dem Punkt, an dem die Ohnmacht der Macht offenkundig wird und der Knecht sich befreit. Zweifellos hat die in diesem Sinne inspirierte deutsche Arbeiterbewegung ein beispielhaftes Selbstbewußtsein entwickelt: »Alle Räder stehen still, wenn dein starker Arm es will.«[189] Nur: Es handelt sich um eine Entwicklungsmöglichkeit, die in der neueren deutschen Geschichte nicht siegt, sondern unterliegt. Charakteristisch für die Reflexe des knechtischen Bewußtseins sind die Angst, die das Vordringen der Sozialdemokratie auslöst – und der Haß, den eine von ihr getragene Republik auf sich zieht.

Vielleicht läßt der schwierige Zusammenhang sich anschaulich machen am Begriff des *Milieus*. Damit sind wenn nicht »natürliche«, dann doch über lange Zeiträume gewachsene und in ihnen befestigte Lebensformen gemeint: Zusammenhänge, die Arbeitswelt, Familie, Generationen, die Rangordnungen in der Gesellschaft wie die Normen des Verhaltens zur Einheit zusammenschließen und die das Selbstverständnis des Individuums so selbstverständlich bestimmen und stabilisieren, wie sie ihm freilich auch Grenzen ziehen.

Es gab viele und sehr verschiedenartige Milieus, ganz besonders die regional geprägten. Was sie einmal bedeutet haben, kann man aus der Literatur erfahren: bei Theodor Fontane und Thomas Mann wie bei Fritz Reuter oder Ludwig Thoma. Im Abglanz zum mindesten gilt das sogar noch nach dem Zweiten Weltkrieg: Was wäre Heinrich Böll ohne Katholizität und Köln, was Günter Grass ohne sein kaschubisch umlagertes Danzig? Was dagegen fehlt, ist die literarische Darstellung eines Milieus, das direkt, ohne die Brechung im Regionalen und Besonderen, nationale Repräsentanz beanspruchen könnte. Kein Balzac, Dickens oder Tolstoi weit und breit.[190] Und wo die direkte Repräsentanz dennoch versucht wird, gerät sie wie zwangshaft ins historisch weit Hergeholte, ins Blasse, Zweit- und Drittklassige oder – vor allem – in Sentimentalität, wehleidiger Theatralik, Kitsch – sozusagen in die Spannweite von Wildenbruch bis zur Marlitt.[191]

Literatur zeigt, was ist und was nicht ist. In Deutschland gibt es kein nationales Milieu. Es fehlt die verbindende und verbindliche konfessionelle Prägung, wie sie etwa Polen katholisch oder die Niederlande calvinistisch bestimmt.[192] Bürgerliche Leitbilder, wie sie Frankreich und andere westliche Länder kennzeichnen, setzen sich als gesellschaftlich allgemeingültige so wenig durch wie als politisch herrschende. Bestimmte Sozialrollen - wie die des preußischen Offiziers, des »satisfaktionsfähigen« Akademikers oder auch des Gelehrten - erweisen sich zwar als prestigeträchtig. Aber im Gegensatz etwa zum englischen »gentleman« sind sie kaum verallgemeinerungsfähig, sondern im Gegenteil ihrem Prinzip nach auf Exklusivität angelegt. Was bleibt - oder vielmehr als Überdecken des Mangels, als Füllung eines Vakuums in Funktion tritt -, sind unscharfe, ja widersprüchliche Vorstellungen von einer besonderen, gegen das Fremde sich irgendwie abgrenzenden Wesensart. Doch die romantische Deutschtümelei, die auf diese Weise sich entwickelt, mag für Stammtischphrasen und Sonntagsreden, vielleicht sogar zum erbaulichen Aufschwung, zur Begeisterung, Berauschung in Ausnahmesituationen sich eignen; zur alltagspraktischen Orientierung und zum strapazierfähigen Gebrauch in der Normalität taugt sie um so weniger.[193]

Bei Hegel heißt es einmal: »Unter Patriotismus wird häufig nur die Aufgelegtheit zu *außerordentlichen* Aufopferungen und Handlungen verstanden. Wesentlich aber ist er die Gesinnung, welche in dem gewöhnlichen Zustande und Lebensverhältnisse das Gemeinwesen für die substantielle Grundlage und Zweck zu wissen gewohnt ist. Dieses bei dem gewöhnlichen Lebensgange sich in allen Verhältnissen bewährende Bewußtsein ist es dann, aus dem sich auch die Aufgelegtheit zu außergewöhnlicher Anstrengung begründet. Wie aber die Menschen häufiger lieber großmütig als rechtlich sind, so überreden sie sich leicht, jenen außerordentlichen Patriotismus zu besitzen, um sich diese wahrhafte Gesinnung zu ersparen oder ihren Mangel zu entschuldigen.«[194] Diese Kritik zielt nicht aufs Ungefähre, sondern auf deutsche Einstellungen.

Doch was taugt dann überhaupt noch, jenseits des regional oder sozial jeweils eng begrenzten Sondermilieus, zur Verhaltensorientierung im nationalen Maßstab? Mit einem Wort: *Rangordnung.* Daher die betonte Ausrichtung auf den Staat statt des Sich-Einrichtens in der Gesellschaft; daher die Faszinationskraft des militärischen Modells mit der Armee als »Schule der Nation«[195] und bis in vorbewußte Haltungen der Abglanz des Beamtentums als des eigentlichen »Staatsstandes«. Wenn man für die Zeit nach der Reichsgründung eine »Verjunkerung der Bourgeoisie« registriert, für die wilhelminische Epoche das Fehlen angemessener ziviler Verhaltens- und Repräsentationsformen beschrieben und beklagt hat[196] oder wenn sogar in den Universitäten statt des altehrwürdigen Begriffs der Gelehrtenrepublik der der *Geistesaristokratie* sich zunehmend durchsetzte, dann hat dies alles gewiß mit den politischen Umständen zu tun: mit dem Scheitern der bürgerlichen Bewegung 1848, mit dem Durchbruch zur nationalen Einheit dank der Schlagkraft des alten Staates oder mit der angstdurchtränkten Abriegelung gegen die aufkommende Arbeiterbewegung. Aber hintergründig geht es noch um mehr. Der nationale Rahmen mußte eben auch im Sinne der alltagspraktischen Orientierungen und Verhaltensmaßstäbe irgendwie gefüllt werden. Und es gab keine – außer der Rangordnung, der herrschaftlichen Hierarchie.

Die Revolution des Geistes nun läßt sich mit alledem nicht in Einklang bringen. Sie wirkt verquer oder sogar streng gegenläufig. An ihrem Anfang steht Aufklärung. Sie meint, im Sinne Kants, den Mut zur Mündigkeit, Emanzipation, den Ausbruch aus den Gängelwagen selbsternannter Vormünder.[197] Und: Die Revolution des Geistes ist wesentlich kosmopolitisch bestimmt. Geschichte, wie immer zu Unheils- und Heilsdimensionen überdehnt, wird vorausentworfen »in weltbürgerlicher Absicht«; der »neue Mensch«, wie immer utopisch verzeichnet, soll der menschheitliche sein, der schlechthin allgemeine, für den es Herrschaft und Knechtschaft, Rangordnung und Hierarchie dem Prinzip nach sowenig geben kann wie die national besondere und begrenzte

Eigen-Art. Wenn Heine die Deutschtümelei anklagt, »die schäbige, plumpe, ungewaschene Opposition gegen eine Gesinnung, die eben das Herrlichste und Heiligste ist, was Deutschland hervorgebracht hat, nämlich gegen jene Humanität, gegen jene allgemeine Menschenverbrüderung, gegen jenen Kosmopolitismus, dem unsere großen Geister, Lessing, Herder, Schiller, Goethe, Jean Paul, dem alle Gebildeten in Deutschland immer gehuldigt haben«[198]: dann geht es um den Kern und die Frucht der deutschen Bildungsbewegung und ihrer Revolution des Geistes.

Und damit wird die Frontstellung sichtbar, der Todeskeim absoluter Feindschaft. *Geist zersetzt:* das traditionelle Milieu ebenso, wie - erst recht - dessen nationales Surrogat, die angeblich im deutschen Wesen begründete, am Obrigkeitsstaat orientierte Rangordnung. Beide, das altertümliche Milieu und die neudeutsche Hierarchie, erscheinen als Schranken, die im Namen der Aufklärung, der Emanzipation, des menschheitlichen Menschen niedergelegt werden müssen. Wie aber die Revolution des Geistes ein Produkt deutscher Bedingungen ist, so mutet sie, genau unter diesen Bedingungen, den Menschen eine Aufgabe ihrer Orientierungsmöglichkeiten, eine Zertrümmerung ihrer Maßstäbe zu, die ihre Kräfte unmenschlich überfordert. Genau damit werden abgründige Ängste geweckt, welche die Ohnmächtigen in den Schutzwall der Macht flüchten lassen - und jene Aggressivität sprungbereit machen, die gegen die »Mächte der Zersetzung« sich richtet. Ist ein kritischer »Punkt ohne Wiederkehr« erst einmal überschritten, so verhallen alle Appelle an die Vernunft ohne Wirkung. Denn die Vernunft selber ist es ja, die als Aufrührer der Ängste erscheint, wie der Geist überhaupt als »Widersacher der Seele«.[199]

Wesentlich ist bei alledem, daß man zwar in der Theorie zwischen der Revolution des Geistes und der Gegenrevolution der Macht und der Ohnmacht genau unterscheiden und sie in ihrer polaren Gegensätzlichkeit erkennen kann, daß aber in der Praxis vieles zweideutig ineinander verschwimmt, ja daß oft genug das eine geradezu im anderen angelegt scheint. Fichte ist der Menschheitsrevolutionär, an dem man dennoch schon die Konturen des deutschen Gegenrevolutionärs ablesen kann; Treitschke ist ein Gelehrter, ein bedeutender Historiker und *zugleich* der Demagoge, der wortgewaltig das Verhältnis von Obrigkeit und Untertanen, von Herrschaft und Knechtschaft als naturgegeben rechtfertigt. Und so fort und fort.

Diese *prinzipielle Ambivalenz* kann eigentlich kaum überraschen. Denn »Bildung« bietet dem Bürger ja eine Möglichkeit zu seiner Emanzipation, die Chance, gegen die Übermacht des Ancien régime ein eigenständiges Selbstbewußtsein zu entwickeln. Und die Revolution des Geistes führt zur Überwindung der eigenen Ohnmacht wenigstens in der Utopie. Doch ebenso und zugleich führen Bildung und geistige Leistung nun einmal zur Einordnung in die gegebene Ordnung; sie ermöglichen es, *in* ihr sich einzurichten und mit ihr sich auszusöhnen, weil sie den Aufstieg in den »Staatsstand« erlauben, der materielle Sicherheit und Selbstbewußtsein als Teilhabe am Ansehen der Macht garantiert. Diese so mühsam errungene Stabilität wird aber wiederum bedroht und untergraben, »zersetzt« von genau den Kräften, die ihr Fundament legen.

Die Ambivalenz wird sehr früh spürbar. Sie ist schon im Verhältnis zur Aufklärung angelegt. Auf der einen Seite war es zwar verständlich, daß dem Ancien régime die wesentlich aus Frankreich bezogene Aufklärung ab 1789 als Quelle des Bösen, des republikanischen und demokratischen Ungeistes sich darstellte. Denn »Aufklärung war nicht nur die historische und philosophische Voraussetzung zur Entstehung der Demokratien, sondern bleibt für alle Zukunft ihre Bedingung.«[200] Dieser Satz stammt zwar aus der Gegenwart, doch was er meint, war seit der Französischen Revolution klar genug erkennbar.

Aber auf der Gegenseite gab es keineswegs eine entschlossene Verteidigung der Aufklärung. Gewiß: Viele Gebildete haben den Ausbruch der Revolution in Frankreich zunächst begeistert begrüßt. Doch nicht nur der Terror der Jakobiner dämpfte diese Begeisterung, und nicht nur die nachfolgende napoleonische Eroberung weckte antifranzösische Emotionen. Denn von vornherein hatte sich die Frage gestellt, ob nicht die Aufklärung bloß an der Oberfläche blieb, einzig das Formale, Rechenhaft-Rationale geistiger Entwicklung meinte – ob sie also nicht, mit anderen Worten, in der gebildeten Gegensatzkonstruktion von »Zivilisation« und »Kultur« der Zivilisation zuzurechnen war. Zeigte sich dies nicht auch – oder gerade – am Beispiel der friderizianisch-preußischen Aufklärung »von oben«, die doch offensichtlich als ein Produkt höfischer Zivilisation und französischer Orientierung sich darstellte? Für Friedrich, den Philosophen auf dem Königsthron, wäre zum Beispiel ein Verständnis Shakespeares, wie Lessing es anbahnte, im Vergleich zu Molière oder Racine völlig indiskutabel gewesen: Ausdruck deutscher Barbarei.

Lessing war der bürgerliche Aufklärer par excellence, neben Kant der größte, den Deutschland je hatte. Und wenn er auch gegen die Erstarrung der französischen Klassik, gegen »bloß formale« Regeln das »innere Gesetz« stellte, gegen den nur »witzigen Kopf« Originalität und »Genie«, wenn er mithin dem deutschen Kulturverständnis auf den Weg half, dann wäre es ihm doch nicht im Traum eingefallen, daraus eine Frontstellung gegen den »französischen« Geist der Aufklärung überhaupt zu machen. Ausdrücklich wandte er sich gegen die kritiklose Verherrlichung des »Naturgenies«, die er bei Hamann und Herder angelegt sah.

Aber konnten mindere Geister die gleiche Kraft zur Differenzierung aufbringen? War es nicht naheliegend, im Kulturbegriff der Bildungsbewegung einen Gegensatz zur Aufklärung überhaupt zu unterstellen – und damit, sei es zunächst vorbewußt und ungewollt, den

Kräften der Gegenrevolution in die Hände zu arbeiten? Kam von ungefähr, daß »die romantische Schule«, die Heine porträtiert hat, bis hin zur Schwärmerei für alles Mittelalterliche weit stärker zum Kennzeichen der deutschen Bildungsbewegung wurde und in ganz andere Tiefen wirkte als die Aufklärung? »Seichtigkeit« der Aufklärung, bloßer »Rationalismus« und »Formalismus«: Davon bekam schon Lessing etwas zu spüren. Das blieb bis heute an ihm hängen; der Artikel über ihn in der Brockhaus-Enzyklopädie von 1970 schließt mit dem zweideutigen Lob: »Er blieb *zwar* im Aufklärungsdenken verhaftet, *doch* war es bei ihm so vertieft und differenziert, daß er wesentlich zur Überwindung des selbstgewissen und bald dogmatisch erstarrten Rationalismus beitrug.«

Ambivalenz: Sie ist sogar dann noch wirksam, wenn vordergründig eine Eindeutigkeit sich herstellt, wie in der Zeit nach der Reichsgründung, als die Mehrheit der Gebildeten und der akademischen »beamteten Intelligenz« ihren Frieden mit dem Obrigkeitsstaat macht und immer fester in der von ihm garantierten »machtgeschützten Innerlichkeit« sich einschließt. In einem bestimmten Sinne wird die Ambivalenz sogar erst recht wirksam. Denn nun muß sie *Verdrängungsarbeit* leisten und, faustisch gesprochen, gegen die andere, die erste Seele in der eigenen Brust sich richten. Sie muß vergessen machen, daß die Einordnung ins Bestehende, die Unterordnung unter die Macht jene Ohnmacht besiegelt, aus der herauszuführen doch einst die Verheißung der Bildung, die revolutionäre Utopie des Geistes gewesen war.

Eine neue Phase, ein Letztes und Äußerstes wurde erreicht, als der alte Staat 1918 so plötzlich wie schmählich zusammenbrach. Unversehens sah sich die Innerlichkeit ihres Schutzes beraubt – sozusagen der Nacktheit ihrer Ohnmacht preisgegeben. War die Verdrängungsarbeit umsonst geleistet, der Preis des Verrats an den eigenen Möglichkeiten vergeblich entrichtet worden? Einige wenige haben, wie die »Vernunftrepublikaner« unter den Professoren der Weimarer Republik, mutig versucht, die Konsequenz zu ziehen und den steinigen Weg zu gehen, der zurück zur Aufklärung und zu den mit ihr verbundenen Hoffnungen hätte führen können. Doch die Mehrheit zog die entgegengesetzten Folgerungen: Es ging jetzt darum, der »Zersetzung« noch entschlossener zu wehren und politisch-ideologisch eine neue Über-Macht zu begründen, einen noch stärkeren Staat aufzurichten als den alten, der sich als zu schwach erwiesen hatte. Dazu aber gehörte, im Namen des Geistes den Geist zu vernichten. Es gehörte dazu, die Zerstörung zu vollenden, die nur als Selbstzerstörung tatsächlich gelingen konnte.

Es gibt ein Thema, in dem sich das deutsche Verhängnis wie in einem Brennspiegel bündelt: die Geschichte der Juden. Schon die vielgerühmte preußische Toleranz schloß Juden keineswegs ein. Zwar waren sie geduldet oder sogar willkommen, sofern sie Wohlstand ins Land brachten. So hat der Große Kürfürst aus Wien und Niederösterreich vertriebene Juden aufgenommen. Aber noch »Text und Geist des Generaljudenreglements von 1750 - Mirabeau nannte es ›würdig eines Kannibalen‹ - war noch ganz mittelalterlich orientiert. Die Toleranz war nur innerchristlich gemeint.«[201]

Die formelle Emanzipation der Juden erfolgte erst nach dem Zusammenbruch des absolutistischen Staates, mit dem Edikt vom 11. März 1812; sie wurden von schrillen Klagen darüber begleitet, daß »das ehrliche, brandenburgische Preußen ein neumodischer Judenstaat werden solle«. So hieß es in einer Eingabe der Stände des Lebus'schen, Storkow- und Beeskowschen Kreises.[202] Ohnehin hatten Juden es weiterhin schwer, selbst wenn sie sich taufen ließen; die angesehenste Laufbahn - die militärische - blieb ihnen praktisch verschlossen und bis zuletzt ein jüdischer Gardeoffizier sozusagen ein Widerspruch in sich.

Mit anderen Worten: In der Situation der Juden wiederholt sich noch einmal, nur gesteigert, verdichtet, ja potenziert, die des Bürgertums: die Ohnmacht, der Mangel an Sicherheit und Ansehen in einem Obrigkeitsstaat, dessen Kommandoposten der Adel besetzt hält - und damit der Zwang, die Diskriminierung durch gesteigerte geistige Leistungen wettzumachen. Tatsächlich werden die jüdischen Beiträge in der Kunst, Musik, Literatur, Publizistik und nicht zuletzt in allen Bereichen der Wissenschaft seit dem 19. Jahrhundert immer bedeutsamer; sie wachsen rasch über alle Grenzen statistischer Wahrscheinlichkeit weit hinaus. Und wenn bei den Studenten die bürgerlichen Mittelschichten deutlich überrepräsentiert waren, dann galt dies wiederum verstärkt für Juden: Ihr Anteil an der Studentenschaft der preußischen Universitäten betrug 1886/87 9,1 und 1930 immerhin noch 5,08 Prozent, während er an den deutschen Universitäten insgesamt zwischen 1928 und 1933 um die 4,5 Prozent pendelte.[203] Der Anteil der jüdischen Hochschullehrer betrug um diese Zeit, 1931, knapp 6 Prozent.[204] Der jüdische Bevölkerungsanteil insgesamt aber betrug 1925 0,9, 1933 sogar nur noch 0,76 Prozent.[205]

Juden leisten ihren Beitrag zu geistigen Revolutionen; manchmal markieren sie diese, wie etwa die Namen von Karl Marx, Sigmund Freud und Albert Einstein es anzeigen. Doch ebenso leisten Juden konservative Beiträge: Friedrich Julius Stahl beschafft als getaufter Jude den Konservativen in Preußen erst ein geistiges Rüstzeug; Siegfried Isaacsohn schreibt bis zu seinem Tode an einer Geschichte des preußischen Beamtentums, die fast nur Licht und kaum Schatten kennt; Hans Joachim Schoeps verteidigt noch im melancholischen Rückblick die Ehre Preußens, besonders das altkonservative Preußen, das in der Bismarckschen Erfolgspolitik untergeht.[206]

Doch ob nun revolutionär oder konservativ, liberal, sozialistisch, deutsch-national, assimiliert, zionistisch oder wie im einzelnen immer: Mit all ihren Leistungen, die die Ohnmacht kompensieren und über die Diskriminierung scheinbar triumphieren, werden Juden zum *Symbol:* Zum Symbol des Geistes schlechthin. Genau darum trifft sie der Haß.

Man hat vom modernen Antisemitismus mit seinen fanatisch-bizarren Zügen manchmal gesagt, er sei eher ein Produkt des Zufalls gewesen, nicht unausweichlich, aus Österreich nach Deutschland importiert; Hitler habe ihn aus Wien ein- und dann lebenslang mit sich geschleppt »wie einen angeborenen Buckel«.[207] Das mag vordergründig sogar so sein. Aber in der Tiefe ging es um viel mehr: Der lange und stets gesteigerte Verdrängungsprozeß des Bürgers im Obrigkeitsstaat, seiner der Macht sich unterwerfenden Ohnmacht, des Verrats der Bildung und ihrer Institutionen am Geist staute den *Selbsthaß* auf, mit ihm die Gier nach der *Selbstzerstörung;* dazu war das Symbol nötig, um darauf hinzulenken und so den Selbsthaß, die Selbstzerstörung als Aggression gegen das angeblich Fremde vor sich selbst zu verbergen.

Darum brauchte die Zerstörung des Geistes den Antisemitismus. Darum meinte die schauerliche »Endlösung der Judenfrage« am Ende: *die Erlösung vom Geist.*

Die Zerstörung des Geistes II: Folgen

Die Scheiterhaufen, die am 10. Mai 1933 vor den deutschen Universitäten entzündet werden, lodern als Fanale des Aufstands - oder wie es in der Sprache der neuen Machthaber genannt wurde: der »nationalen Erhebung« - wider den europäischen Geist des Humanismus, der Toleranz und der Aufklärung, gegen Freiheit und Gleichheit.

Wider den *europäischen* Geist: Denn es handelt sich ja nicht um die Errungenschaften nur eines Sprachraumes, eines Landes oder einer Nation, sondern um das Erbe und Gemeingut des europäischen, auch abendländisch oder westlich genannten Kulturkreises. Gewiß ist keine Dichtung ohne ihre Heimat in der Sprache vorstellbar, und zum Reichtum Europas gehört die Vielfalt; noch in der Philosophie kann man zum Beispiel an René Descartes so viel Französisches entdecken wie an John Locke und David Hume Englisches oder an Kant und Hegel Deutsches. Aber zum geistigen Leben gehört der Dialog, zu seinem europäischen Prinzip nicht die Eingrenzung, sondern die Grenzüberschreitung - bis hin zum Weltbürgerlichen und Menschheitlichen. Eben darum bedeutet jeder Versuch der Beschränkung aufs nur Nationale, angeblich Art-Eigene barbarische Provinzialität und, in strenger Konsequenz, die Zerstörung des Geistes.

Verfolgungen und Vertreibungen hat es in der europäischen Geschichte immer wieder gegeben. Man denke an die Wellen der Judenverfolgungen in vielen Ländern. Das Zeitalter der Religionskämpfe im Zuge von Reformation und Gegenreformation führt zu Glaubensverfolgungen und damit zu umfangreichen Fluchtbewegungen. Emigrantenströme verlassen Frankreich nach 1789; Polen fliehen im 19. Jahrhundert nach niedergeschlagenen Aufständen aus ihrer Heimat; viele Deutsche gehen nach 1848 in die Vereinigten Staaten. Auch Schriftsteller und Gelehrte können oft nur in der Fremde halbwegs sicher leben und arbeiten. John Locke verfaßt und veröffentlicht seinen berühmten »Brief über Toleranz« – aus Vorsicht zunächst anonym – in den Niederlanden; Heinrich Heine lebt lange Jahre und stirbt in Paris wie Karl Marx in London... Die Reihe der Beispiele ließe sich fast beliebig fortsetzen. Nichts Neues also? Doch: Die geplante Radikalität, die wütende Konsequenz der deutschen Zerstörung des Geistes steht einzig da.

Die Verfolgung beginnt natürlich nicht erst in der Nacht der Bücherverbrennungen; die setzt nur das weithin sichtbare Zeichen. Sie beginnt unmittelbar nach der »Machtergreifung«; sie hält an, so weit die Gewalt des »Dritten Reiches« nur reicht und so lange sie dauert. Die Folgen aber der Verfolgung lassen sich zunächst und vor allem mit einem einzigen, bitteren Wort bezeichnen: *Exil.* In diesem Kapitel sollen zunächst Bedingungen des Exils skizziert, danach die Folgen der Vertreibung im Bereich der Wissenschaft näher dargestellt werden.

Exil: Der Begriff mag etwas wie Pathos enthalten. Wer in den Tagen und Wochen, Monaten oder auch Jahren nach dem 30. Januar 1933 Deutschland verließ, der demonstrierte – freiwillig oder durch die Umstände erzwungen – seine Absage an die neuen Machthaber. Er machte sichtbar, daß er einem anderen, besseren, humanen, einem europäischen und weltbürgerlichen Deutschland zuzurechnen war.

Das sollte hoch veranschlagt werden. Denn wenn es nach 1945 für die Deutschen im moralischen Sinne eine Chance gab, dann beruhte sie eigentlich auf zwei Umständen. Zum einen konnte sie auf den Widerstand sich gründen, den es in Deutschland selbst gegeben hatte, vom Alltagswiderstand »kleiner Leute« bis zum Versuch, Hitler durch den militärischen Staatsstreich zu stürzen. Zum anderen aber hatte es das Exil gegeben. Es gehört zum Beschämenden unserer Nachkriegsentwicklung, daß weder im einen noch im anderen Sinne diese Chance überhaupt begriffen, geschweige denn wirklich ergriffen worden ist. Weithin ist sie schlicht übergangen worden. Das Vergessen überwog, und nicht selten wurden Widerstand und Exil sogar verleumdet, so als hätten sie Verrat bedeutet. Auch die Aufarbeitung der Geschichte des Exils hat nur sehr zögernd eingesetzt.[208]

Vor einer falschen Heroisierung ist allerdings ebenfalls zu warnen. Wer Deutschland verließ, der tat es meist nicht aus freien Stücken, sondern für den ging es zunächst einmal um die nackte Existenz, ums schiere Überleben. Was das Ausharren bedeuten konnte, zeigte das Schicksal des Publizisten und Herausgebers der »Weltbühne«, Carl von Ossietzky. Er wurde ins Konzentrationslager gebracht und starb 1938, noch nicht fünfzig Jahre alt, an den Folgen der Mißhandlungen, nachdem ihm 1936 der Friedens-Nobelpreis verliehen worden war, den er nicht annehmen durfte.[209]

Wer sich jedoch ins Exil gerettet hatte, den erwartete in der Regel bittere Not. Denn die Vertriebenen kamen meist ganz mittellos in die Fremde. Gewiß: Es gab die Hochberühmten, die Weltbekannten, etwa Nobelpreisträger wie Thomas Mann oder Albert Einstein. Für sie bestanden kaum Schwierigkeiten; man rechnete es sich zur Ehre an, sie willkommen zu heißen. Es gab auch internationale Erfolgsschriftsteller, die auf den gewohnten Lebensstandard nicht zu verzichten brauchten, wie Lion Feuchtwanger oder Stefan Zweig. Aber das blieben Ausnahmefälle. Die Regel besagte, daß man nichts besaß und entweder gar keine oder nur geringe Möglichkeiten hatte, wieder zu einem geregelten Einkommen zu gelangen. Selbst wer sich in Deutschland bereits einen Namen gemacht hatte, war damit in der Welt doch noch wenig oder gar nicht bekannt. Schon der Bruder Thomas Manns, Heinrich Mann, stand bettelarm da. Ähnlich Bertolt Brecht, Arnold Zweig, Jakob Wassermann.

Mittellosigkeit schafft Barrieren. Die Aufnahmeländer kamen eigentlich nur den Wohlhabenden freundlich entgegen, die eine Garantie dafür boten, nicht zur Last zu werden. Allenfalls war man an qualifizierten Handwerkern, Technikern, Ingenieuren interessiert, doch eben nicht an Menschen des Geistes, von denen man sich keinen praktischen Nutzen versprach. Im Beispiel: Der Präsident der Vereinigten Staaten, Franklin Delano Roosevelt, veranlaßte die internationale Flüchtlingskonferenz, die im Sommer 1938 in Evian in Frankreich tagte.[210] Beschwörende Reden wurden gehalten, Resolutionen gefaßt. Doch praktisch wurde so gut wie nichts erreicht. Einige Länder erklärten, daß sie »erprobte Facharbeiter« und »erfahrene Landwirte« aufnehmen würden. Das hätten sie in normalen Zeiten aus Eigennutz wohl ohnehin getan. Nur: Facharbeiter und Bauern gab es unter den Flüchtlingen kaum.

Zur Bitterkeit der Vertreibung kam also die zweite Bitterkeit hinzu, nicht und nirgends willkommen zu sein. Alfred Polgar, einer der großen Theaterkritiker der Weimarer Republik, hat das im Prager Tageblatt vom 18. September 1938 so beschrieben:

»Ein Mensch fällt in den Strom. Er droht zu ertrinken. Von beiden Seiten springen, eigener Gefahr nicht achtend, Leute ins Wasser, ihn zu retten. – Ein Mensch wird hinterrücks gepackt und in den Strom geworfen. Er droht zu ertrinken. Die Leute auf beiden Seiten des Stroms sehen mit wachsender Beunruhigung den verzweifelten Schwimmversuchen des ins Wasser Geworfenen zu, denkend: wenn er sich nur nicht an *unser* Ufer rettet.«

Je dunkler im übrigen die Wolken der Kriegsgefahr sich von Deutschland her über Europa zusammenballten und je schärfere Formen gleichzeitig die Judenverfolgung annahm, je unmißverständlicher also die Flucht aus dem nationalsozialistischen Machtbereich für immer mehr Menschen zur Überlebensfrage wurde, desto verzweifelter die Lage. Schon 1938 hatte Hitlers Einmarsch in Österreich, dem ein Jahr später der in Prag folgte, sie noch wesentlich verschärft. Eine Episode, ein kleiner Stein bloß aus dem großen Mosaik der Schicksale, mag den Sachverhalt anschaulich machen.

Im Frühsommer 1939, nur wenige Monate vor dem Kriegsausbruch, lief das Passagierschiff »St. Louis« von Hamburg aus, voll besetzt mit Männern, Frauen und Kindern auf der Flucht. Viele hatten ihr letztes Geld für eine Einreiseerlaubnis nach Kuba hingegeben. Aber als das Schiff vor Havanna ankam, erklärte die Regierung diese Erlaubnis für ungültig - man hoffte wohl noch einmal kassieren zu können. Niemand sonst wollte die Menschen von der »St. Louis« haben; das Einlaufen in amerikanische Hoheitsgewässer verhinderten Küstenwachboote. Durch Tage, Wochen irrte das Schiff umher. In der Zeitschrift »Aufbau«, die in New York in deutscher Sprache erschien, schrieb Berthold Viertel, früher Schriftsteller und Kritiker in Berlin:

»Schiff mit der Menschenfracht, die es den Küsten
Wie ein Hausierer seine Ware bietet.
Wo ist das Land, das Menschen kauft, tauscht, mietet?
Wo öffnet sich ein Hafen, zu empfangen
Die ausgestoßenen Tausend?

Wo wird der neue Bürger eingetragen,
Wer wagt es, seine Ankunft zu verkünden?
Wir aber leben auch in diesen Tagen
Das Dasein unsrer Unterlassungssünden.«

Schließlich schien die Rückkehr nach Hamburg unabwendbar. Verzweiflung breitete sich unter den Passagieren der »St. Louis« aus, viele planten den Selbstmord. Immerhin zeigte einer sich der Situation gewachsen, ein Mann von Mut und von Ehre: der Kapitän des Schiffes, Gustav Schroeder. Er war entschlossen, die »St. Louis« eher an der englischen Küste auf den Strand zu setzen, als es zur Rückkehr nach Hamburg, das heißt zur Katastrophe für die ihm Anvertrauten kommen zu lassen. Im letzten Moment fanden sich dann doch noch die Niederlande, Belgien, Frankreich und Großbritannien bereit, den Ausgestoßenen Asyl zu bieten. Die Passagiere aber schrieben ihrem Kapitän zum Abschied einen Brief. Darin hieß es:

»Nach den ungeheuren Sorgen in der Heimat, die wir verließen, nach den aufreibenden Vorbereitungen der Ausreisearbeiten war Ihr wunderschönes Schiff, Herr Kapitän, Ihre sichtbar waltende Fürsorge für die Passagiere, die fabelhafte Verpflegung, die Aufmerksamkeit Ihres gesamten Personals und insbesondere aller Ihrer leitenden Herren so eindringlich und geradezu überwältigend, daß wir fast vergessen konnten, was zu verlassen und zu verlieren wir im Begriff waren... Ihnen selbst aber, Herr Kapitän, möchten wir sagen: In unseren Herzen und in den Herzen unserer Kinder wird eingegraben sein - dauerhafter als in Erz und Marmorstein - unvergeßlich und unauslöschlich das schöne Schiff ›St. Louis‹ und sein wunderbarer Kapitän Schroeder.«

Wenigstens in diesem Falle also noch ein halbwegs glimpflicher, versöhnender Ausgang? Leider nein: Denn in den Niederlanden, in Belgien und Frankreich, wo die Mehrheit der Passagiere an Land gegangen war, marschierten kaum ein Jahr später, im Mai 1940, Hitlers Heere ein. Die meisten der zunächst Geretteten sind ein Opfer der deutschen Verfolgung geworden.

Bei der Asylpraxis wirkten mehrere Faktoren fatal zusammen. Zunächst einmal wollten viele Länder ihre Neutralität oder den Frieden retten, also sich mit den Machthabern des Dritten Reiches nicht zu sehr anlegen. Von Deutschland aus aber wurden den Flüchtlingen Drohungen und Beschimpfungen nachgeschickt; sie wurden als »Gesindel« oder als »Kriminelle« eingestuft. Alle ihre Äußerungen und Aktivitäten galten als Versuche, die Beziehungen zwischen den Asylländern und dem Deutschen Reich zu schädigen. In den Worten Heinrich Manns: »Wer je in seinem eigenen Lande der Macht verdächtig ist, wird es jeder Macht.«[211]

Klaus Mann nannte einen zweiten Faktor, wenn er schrieb: »Ohne Paß kann der Mensch nicht leben. Das scheinbar unbedeutende Dokument ist in Wahrheit ebenso kostbar wie der Schatten, dessen Wert der arme Schlemihl erst so recht begriff, als er sich seiner leichtfertigerweise entledigt hatte.«[212]

Hier ging es allerdings nicht um Leichtfertigkeit, sondern buchstäblich ums Überleben, um den immer zermürbenden, oft vergeblichen Kampf mit Paßämtern, Einwanderungsbehörden, Polizei oder Ministerien, kurz mit Bürokraten. Wenn sie schon nicht böswillig waren - was durchaus auch vorkam -, dann doch schwerfällig, gepanzert mit Paragraphen, zugeschnitten nicht auf diese Art von Fluchtbewegung und schon gar nicht auf die Vertreibung des Geistes, sondern auf die übliche Abwehr von Mittellosen, gewissermaßen von transnationalen Landstreichern, die als bloße Belastung erschienen. In den Worten Walter Mehrings: »Oh, gewiß, anfangs frischt das Klima des Exils das Blut auf; stärkt den Trotz; kräftigt und rührt das Herz des Flüchtlings durch eine fühlbar mildtätige Hospitalität. Aber wie rasch verscherzt er sich, wenn er sich häuslich niederläßt, die Sympathie des Gastlandes; wie bald fällt er sich und jedem mit seinem Querulantentum gegen das ihm angetane Welt-Unrecht auf die Nerven; wie gründlich verzettelt er sich in Bittgesuchen um eine weitere Verlängerung seiner Aufenthaltserlaubnis, um eine Carte d'Identité bei den ohnehin schon überlasteten Ausländer-Überwachungspolizeien!«[213]

Im rückblickenden Gespräch hat der Sozialwissenschaftler Hans Gerth eine besonders anschauliche Schilderung gegeben.[214] Zunächst kam es darauf an, auf abenteuerliche Weise eine - gefälschte - Paßverlängerung zu erreichen, um nach Dänemark zu gelangen. »In Dänemark blieb ich ein paar Tage zur Erholung vom Grenzübergang, nur um Mut zu sammeln für den nächsten. Der hat mich mehr Herzklopfen gekostet, als was vorherging. Als ich in England landete, kam nämlich ein sehr peinliches Verhör von englischen Grenzwächtern, denen ich Rede und Antwort zu stehen hatte, weswegen ich keine Rückfahrkarte hätte. Da hörte man sich selbst sprechen, und jedes Wort fiel in einen ganz tiefen Wasserschacht. Denn das war ein wichtiger Herr. Der war verantwortlich nur für die Leute, die er hereinließ, niemals für die Leute, die er abwies. Folglich kam es auf diese zehn Minuten kolossal an, und mir schlug das Herz bis zum Halse. Nur dieser eine Mann, nicht wahr, an dem hing ihr Leben, und dabei dauerte es nur eine halbe Stunde. Da steckt alles in der Fragwürdigkeit, ob es gelingt oder nicht gelingt. Wenn Sie durchkommen... großartig!«

Gerth kam durch. Allerdings ohne Arbeitserlaubnis, angewiesen auf die Hilfe eines Flüchtlingskomitees. »In England konnte ich also nur ein paar Monate bleiben, und diese Flüchtlingshilfe hatte nur die Aufgabe, mich fertigzumachen für den Besuch beim amerikanischen Konsul. Das vergeß ich mein Leben nicht. Die sagten mir: ›Wissen Sie, wenn der Herr Sie fragt: Und wie kommt es, daß Sie so ein stattliches Vermögen vorweisen können bei Barclays Bank?‹ – das hatte ich nur für zwei Tage, das arrangierten die – ›dann sagen Sie: ›Sir, under the circumstances‹ – learn it by heart, young man – ›I beg leave from having to answer that question.‹ Und so geschah es. Worauf – damals war das so modisch, Donald Duck war noch neu, so ein Augenzwinkern zu machen – er kurz zwinkerte, und ich zwinkerte, und dann unterschrieb er.« – Aber wo sonst kam solch ein augenzwinkerndes Einverständnis schon vor?

Ein dritter Faktor deutet sich bei Gerth bereits an: Als Folge der Weltwirtschaftskrise herrschte überall in den Ländern der westlichen Welt noch mehr oder weniger ausgeprägt die Arbeitslosigkeit. Daher gab es für die Emigranten im besten Falle eine Aufenthaltsgenehmigung, aber fast nirgends eine Arbeitserlaubnis. Und illegale Arbeit konnte wiederum rasch die Ausweisung nach sich ziehen.

Noch ein vierter Faktor muß erwähnt werden: Aus Angst, einen lauernden Antisemitismus zu wecken, haben eingesessene Juden sich oft nur zögernd oder gar nicht für die Vertriebenen eingesetzt. Wie es schon 1934 in einem Brief von Albert Einstein an Max Born heißt: »Das Hauptunglück liegt darin, daß die saturierten Juden der bisher verschonten Länder wie ehedem die deutschen Juden sich der törichten Hoffnung hingeben, durch Schweigen oder patriotische Gebärden sich sichern zu können. Aus diesem Grunde sabotieren sie die Aufnahme der deutschen Juden wie früher letztere die Aufnahme der Ostjuden. In Amerika ist dies ebenso der Fall wie in Frankreich und England.«[215]

Bei aller Kritik, die im nachhinein sich aufdrängt – besonders angesichts der »Endlösung«, die freilich bis in die Anfänge des Zweiten Weltkriegs hinein noch jenseits allen Vorstellungsvermögens lag –, bei all dieser Kritik darf man natürlich nicht vergessen, wer eigentlich die Vertreibung verursachte und wo die Fluchtbewegung ihren Ursprung nahm. Dies ist noch aus einem anderen Grunde wichtig. Denn wenn wir heute von Flucht und Vertreibung sprechen, dann denken wir in der Regel an das, was 1945 und danach in Ostpreußen, Pommern, Schlesien oder dem Sudetenland geschah. Daran erinnern die Verbände der Vertriebenen, dazu gibt es umfassende Dokumentationen ebenso wie populäre Darstellungen.[216] Aber in Wahrheit begann eben alles schon viel früher; das Unheil war seit 1933 auf dem Weg. Und die Vertreibung der Deutschen bildete nur den vorläufigen Endpunkt, in einem präzisen Sinne die *Folge* von allem, was die Gewaltherrschaft im Dritten Reich und im Eroberungs- und Unterwerfungskrieg mit Menschenverachtung angerichtet und als Haß gegen alles Deutsche aufgetürmt hatte.

Das Gesagte gilt auch für einen Begriff, der ebenfalls erst seit 1945 in unseren Sprachgebrauch eingegangen ist: *Heimatvertriebene*. Wenn wir aber an die Vertreibung des Geistes denken, dann müßte dieser Begriff bereits viel früher gelten, sogar in besonderer und in besonders bitterer Weise. Denn für Schriftsteller und Publizisten bedeutet das Exil ja nicht nur den Verlust von Besitz, Büchern, Beziehungen, die Trennung von der gewohnten Umgebung und von den Freunden. Sondern es wird ihnen dazu noch das Haus ihrer Sprache geraubt. *Sprache:* Sie ist für die Menschen des Wortes und der Schrift das Handwerkszeug. Oder vielmehr mehr als das: Sie ist die Grundlage des Berufs, ja der ganzen Existenz, eben – Heimat.

Hier verfemt und vertrieben, am Ende womöglich vergessen, dort, in der Fremde, unbekannt, sprachlos: Was daraus folgte oder jedenfalls sehr leich folgen konnte, hat René Schickele in seinem Tagebuch notiert. Er schrieb schon im Dezember 1933: »Wenn es Goebbels gelingt, unsere Namen von den deutschen Tafeln zu löschen, dann sind wir tot. Gespenster in der Diaspora, in der wasserarmen Provinz. Schon die nächste Generation wird nichts mehr von uns wissen.«[217]

Mindestens zum Teil ist das tatsächlich eingetreten. Im Nachwort zu seinem Buch »Die verbrannten Dichter« sagt Jürgen Serke: »Dieses Buch ist der späte Bericht über eine Entdeckungsreise in die deutsche Geschichte, die mir in der Schule verschlossen blieb, die dort nicht auf dem Unterrichtsprogramm gestanden hat. Ich war sechs Jahre alt, als der Faschismus in diesem Lande besiegt und der Zweite Weltkrieg beendet war. Doch der Stern dieser hier versammelten Schriftsteller, die ihr Leben eingesetzt hatten gegen Hitler und die NS-Ideologie, ging nicht auf über Menschen meiner Generation. Ich habe von diesen Schriftstellern in der Schule nichts gehört und nichts erfahren. – Hitler hatte erreicht, was er 1933 mit der Bücherverbrennung hatte erreichen wollen: eine ganze Generation mißliebiger Schriftsteller aus dem Gedächtnis der Deutschen zu streichen.«[218]

Der Strom der Zeit fließt zwischen Nebelklüften freilich unaufhaltsam dahin, dem Meer der Vergessenen entgegen. Was über den Tag hinaus bleibt oder sogar gegen die Jahre sich behauptet, ist immer, noch unter den freundlichsten Umständen, eine sehr kleine, oft sehr ungerechte Auswahl. Immer gilt, für jede Generation wieder, was Rilke gesagt hat: »Die belebten, die erlebten, die uns mitwissenden Dinge gehen zur Neige und können nicht mehr ersetzt werden. Wir sind vielleicht die Letzten, die noch solche Dinge gekannt haben.«[219]

Eben darum fährt Rilke allerdings fort: »Auf uns ruht die Verantwortung, nicht allein ihr Andenken zu erhalten (das wäre wenig und unzuverlässig), sondern ihren humanen und larischen Wert.« Aber diese Verantwortung ist schlecht genug wahrgenommen worden.

Zurück zum Verlust der Heimat des Geistes in der Sprache: Die ersten Stationen der Flucht mochten Wien, Prag oder Zürich sein. Da trug das Deutsche noch. Doch damit war es bald vorbei. Oft halfen nicht einmal die in der Jugend erlernten Fremdsprachen weiter. Man muß bedenken, daß das Englische seinerzeit weit weniger geläufig war als heute. Der deutsche Gebildete war im Gymnasium vor allem mit dem Lateinischen und dem Altgriechischen vertraut gemacht worden; hinzu trat als internationale Umgangssprache der Oberschichten das Französische. Nicht nur, doch auch aus diesem Grunde war Frankreich für mehr als die Hälfte aller deutschsprachigen Emigranten zum mindesten eine Durchgangsstation.[220] Aber auch Frankreich fiel 1940. Spätestens danach waren die Exilierten endgültig heimatlos geworden – und dem Wuchern ihres Heimwehs preisgegeben. Mit Adorno zu reden: »In der Erinnerung der Emigration schmeckt jeder deutsche Rehbraten, als wäre er vom Freischütz erlegt worden.«[221]

Sogar die Rückkehr, sofern sie irgendwann nach 1945 versucht wurde und selbst wenn sie rein äußerlich, im materiellen Sinne gelang, konnte das Verlorene oft nicht mehr zurückbringen. Die Verhältnisse waren anders geworden, die Menschen mit ihren Erfahrungen, ihren Interessen und ihren Anschauungen nicht mehr die gleichen; sogar die Sprache bleibt ja nicht stehen. Hans

Gerth, erst 1971 aus den Vereinigten Staaten auf einen Lehrstuhl in Frankfurt am Main zurückberufen, sagt am Ende des zitierten Gesprächs auf die Frage, ob es ihm schon einmal leid getan habe, daß er zurückgekommen sei: »Ja, es ist traurig. Ich habe keine Freunde hier. Einige ja, die sind auch verschiedentlich mal dagewesen. Einer hat mir mal gesprächsweise mitgeteilt, eigentlich finde er doch, der Spengler habe recht gehabt, sei ein großartiger Kerl und so weiter. Da kann ich doch nichts sagen, da bleibt einem doch die Spucke weg. Verzeihen Sie. – Ja, wenn ich so was sehe, dann tut es mir leid. Dann sind mir die amerikanischen Freunde lieber. Sogar im Sinne des deutschen Gemüts, wirklich! Es sind aber immer Juden, die sich erinnern, die mal schreiben. Aber es ist schrecklich. Der Adorno nannte das ›beschädigtes Leben‹. Mein Gott, der hat doch gar keine Ahnung gehabt, wie beschädigt das sein kann.«[222]

Abgründige und bewegende Geschichten vom Heimweh – deutsche und vor allem jüdische Geschichten. So die von dem alten Mann, den das Schicksal unter die Sonne Kaliforniens, an die pazifische Küste verschlug. Täglich ging er hinunter an den Strand, starrte hinaus aufs Meer, oft für Stunden. Wenn man ihn fragte: »Warum«? – dann war die Antwort, traumverloren: »Da drüben, auf der anderen Seite, liegt Europa. Da liegt Deutschland.« Niemand wagte dem alten Mann zu sagen, daß an der Gegenküste gar nicht Europa lag und nicht Deutschland, sondern China.

In New York, so wird erzählt, erreicht jemand gerade noch mit dem letzten Schiff das rettende Ufer. Er besucht einen Freund, der schon einige Jahre früher angekommen ist – und prallt zurück. Denn im Eingang zur Wohnung hängt ein großes Hitlerbild. »Bist du verrückt?« fragt der Gast, »was soll denn das?« »Ach, weißt du ..., es ist gegen das Heimweh.«

Unwahrscheinliche, aber wahre Geschichte: Im Frühjahr 1944 treffen sich im Untergrund in Amsterdam zwei jüdisch-deutsche Gelehrte. Hätte die SS sie gefaßt, so wäre der Weg ins Vernichtungslager wohl nur kurz gewesen. Der eine sagt: »Herr K., jetzt sind wir bald gerettet. Die Invasion kommt, die zweite Front, dann bricht der deutsche Widerstand zusammen.« Überraschte, fast entrüstete Antwort: »Aber, Herr Kollege! Sie meinen doch nicht, daß *die unseren* Atlantikwall stürmen können?«

Seit dem Aufbruch im 18. Jahrhundert schienen in einer großen und machtvollen Bewegung deutscher und jüdischer Geist fast zur Einheit verwachsen. Genau darum war mit der Judenverfolgung die Zerstörung des Geistes schlechthin gemeint. Genau darum hatte bis zur »Machtergreifung« der Zionismus, die Bewegung zur Rückkehr ins Land der Väter, unter den alteingesessenen Juden Deutschlands nur wenig Resonanz gefunden. Und selbst nach 1933 gingen viele zunächst eher widerwillig nach Palästina. »Kommen Sie aus Überzeugung?« hieß damals eine stehende Redensart. »Nein, aus Deutschland...«

»›Geist‹ ist ursprünglich gestimmte, wissende Entschlossenheit zum Wesen des Seins. Und die *geistige* Welt eines Volkes ist nicht der Überbau einer Kultur, sowenig wie das Zeughaus für verwendbare Kenntnisse und Werte, sondern sie ist die Macht der tiefsten Bewahrung seiner erd- und bluthaften Kräfte als Macht der innersten Erregung und weitesten Erschütterung seines Daseins.« Dieser Geist wird verwirklicht in einem »Wesenswillen«, der für die Universität in der Dreieinigkeit von Arbeitsdienst, Wehrdienst und Wissensdienst sich formiert. Denn »*eines* freilich wissen wir aus dem angezeigten Wesen der Wissenschaft, daß die deutsche Universität nur dann zu Gestalt und Macht kommt, wenn die drei Dienste – Arbeits-, Wehr- und Wissensdienst – ursprünglich zu *einer* prägenden Kraft sich zusammenfinden.«

So hieß es in Martin Heideggers Freiburger Rektoratsrede vom Mai 1933, die den Titel trug: »Die *Selbstbe-*

hauptung der deutschen Universität«.[223] Doch in Wahrheit lief diese Art von Selbstbehauptung auf die *Selbstzerstörung* des Geistes und der Universität hinaus.

Der Sachverhalt läßt sich nüchtern belegen: mit Zahlen. Vergleicht man nämlich die Verzeichnisse der Hochschulen aus der Zeit vor der »Machtergreifung« mit denen einige Jahre danach, so kann man den Umfang der »Säuberungen«, des freiwilligen oder erzwungenen Abgangs von Lehrkräften am »Schwund« ablesen, an den Namen, die aus den Verzeichnissen getilgt worden sind. Eine solche Untersuchung hat Christian von Ferber im Rahmen seiner umfangreichen statistischen Erhebungen über »Die Entwicklung des Lehrkörpers der deutschen Universitäten und Hochschulen 1864–1954« angestellt.[224]

Aus den Vorlesungsverzeichnissen von 1938 sind insgesamt 3 120 Lehrpersonen verschwunden, die für das Wintersemester 1931/32 aufgeführt waren. Darunter befinden sich 756 Ordinarien (ordentliche öffentliche Professoren und planmäßige außerordentliche Professoren) und 1303 Nichtordinarien (außerplanmäßige Professoren, Privatdozenten und Dozenten). Das sind vom Gesamtbestand 28 Prozent der Ordinarien, 37 Prozent der Nichtordinarien und 39 Prozent aller Lehrpersonen überhaupt. Natürlich enthält das Bild einige Unschärfen.[225] Aber es ändert sich auch dann nicht wesentlich, wenn man erstens nur die Personen einbezieht, die 1931 noch jünger als sechzig Jahre waren, und wenn man zweitens die Nichtordinarien in der Medizin ausklammert, die stets in größerer Zahl in Positionen außerhalb der Hochschulen überzugehen pflegten. Unter diesen Voraussetzungen ergibt sich bei den Ordinarien ein Verlust sogar von 29 Prozent, bei den Nichtordinarien immer noch von 33 Prozent. Die Untersuchungen machen im übrigen klar, daß es sich zum weit überwiegenden Teil um endgültige Verluste handelte. Nur 17 Prozent der Ordinarien und 13 Prozent der Nichtordinarien, die getilgt waren, sind in die Vorlesungsverzeichnisse der Wintersemester 1949/50 oder 1953/54 zurückgekehrt.

In einzelnen Bereichen lagen die Verluste noch weit über dem Durchschnitt. So betrugen sie in der Mathematik (plus Geographie) bei der Gesamtheit der Lehrpersonen 50 Prozent, in den Wirtschafts- und Sozialwissenschaften 47 Prozent, in der Rechtswissenschaft 45 und in den Geisteswissenschaften 42 Prozent. Was das bedeutete, hat Dietrich Goldschmidt am Beispiel der Wirtschafts- und Sozialwissenschaften näher dargestellt.[226] Hier gab es 1932 insgesamt 134 Lehrstuhlinhaber (ordentliche öffentliche Professoren). Hiervon räumten bis 1938 54 ihren Platz, darunter 45, die 1932 jünger als sechzig Jahre gewesen waren: ein Verlust von 40 beziehungsweise 34 Prozent. Diese Verluste sind zum überwiegenden Teil auch gar nicht durch Neuberufungen wettgemacht worden; mit 96 Lehrstuhlinhabern 1938 werden nur 72 Prozent des Standes von 1932 erreicht. Da in diesen Jahren die Betriebswirtschaftslehre ausgebaut wurde, machte sich der Schwund in den anderen Bereichen um so drastischer bemerkbar; in der Volkswirtschaftslehre läßt er sich sogar noch 1953 an den Zahlen erkennen.[227]

Über die Zahlenveränderungen hinaus stellt sich mit mindestens gleichem Gewicht die Qualitätsfrage. Denn wie in allen Bereichen geistiger Leistungen geht es ja in der Wissenschaft nicht bloß um die Zahl der Personen, sondern um ihre Produktivität, um ihr schöpferisches Potential. Diese Qualitätsfrage läßt sich ihrem Wesen nach freilich kaum exakt beantworten. Aber zum mindesten eine plausible Vermutung spricht dafür, daß diejenigen, die nicht der nationalistischen Verengung und dem weltanschaulichen Bekenntnisdunst erlagen oder doch Zugeständnisse machten, die vielmehr kritisch und unabhängig forschen, Neuland betreten und von der internationalen Diskussion sich nicht abschneiden lassen wollten, unter den Emigranten überproportional vertreten waren. Darum dürfte das Urteil des älteren und anerkannten Nationalökonomen zutreffen, der 1954 in einem Interview über die Fachkollegen, die wie er in

Deutschland geblieben waren, zu Protokoll gab: »Nach ihrem wissenschaftlichen Gewicht konnten sie sich im ganzen, ohne Ausnahmen ausschließen zu wollen, nicht mit jenen messen, die Deutschland unter nationalsozialistischem Druck verlassen hatten. Im Austrocknungsprozeß der NS-Zeit war es im ganzen gerade gelungen, Überkommenes zu hüten und dort, wo man sich eigens darum bemüht hatte, ein Minimum an internationaler Orientiertheit zu wahren. Zu eigentlich schöpferischer Arbeit aber hatte fast allen das Fluidum der Freiheit und des ungehinderten wissenschaftlichen Austauschs gefehlt.«[228]

Es gibt weitere Indizien. Zum Teil mögen sie sogar eine Annäherung an die Quantifizierung von Qualitätsfragen erlauben. Das gilt besonders dann, wenn es darum geht, die *langfristigen Folgen* der deutschen Zerstörung des Geistes abzuschätzen. Zum Beispiel kann man die Zahl der Verleihung von Nobelpreisen vor 1933 mit einer späteren Zeit vergleichen, die eine ungestörte wissenschaftliche Arbeit im Prinzip wieder erlaubte. Gewiß: Wissenschaftliche Spitzenleistungen lassen sich nicht wie Olympiasiege im Sport exakt vermessen. Dennoch gibt es Relationen statistischer Wahrscheinlichkeit, und in ihnen fällt der Vergleich eindrucksvoll oder vielmehr erschreckend genug aus:

Von 1901 bis 1932 waren unter den Trägern wissenschaftlicher Nobelpreise – für Physik, Chemie und Medizin – 31 Deutsche, 17 Engländer, 6 Amerikaner. Überprüft man einen entsprechenden Nachkriegszeitraum und setzt man für das ehemalige Reich die Bundesrepublik Deutschland von ihrer Gründung 1949 bis zum Jahre 1981 ein, so gab es unter den Preisträgern – bei zunehmend geteilten Preisen und daher erhöhten Zahlen – 101 Amerikaner, 32 Engländer, 14 Deutsche. Übrigens gibt es seit 1969 auch einen Nobelpreis für Wirtschaftswissenschaften. 1981 wurde er bereits zum zehnten Male an einen Amerikaner verliehen. Einen deutschen Preisträger aber gab es bisher noch nicht. Bei allen Vorbehalten läßt sich an solchen Zahlen der Verlust der einstigen Weltgeltung, ja der internationalen Vorrangstellung deutscher Forschung wohl eindeutig ablesen, und besonders im Verhältnis zu den Vereinigten Staaten zeichnet sich eine dramatische Verkehrung der Relationen ab.

Dabei ist der Zusammenhang des amerikanischen Aufstiegs mit der deutschen Selbstzerstörung offenkundig. Denn wie kein anderes Land sind die Vereinigten Staaten zum Refugium der Verfolgten, zu einer Arche Noah des Geistes geworden. Nach den Angaben von Kurt R. Grossmann sind nach Großbritannien, dem zweitwichtigsten Aufnahmeland, ungefähr 800 Wissenschaftler und 3 200 Angehörige akademischer und freier Berufe gekommen, in die Vereinigten Staaten 2 500 Wissenschaftler und etwa 23 000 bis 25 000 Angehörige freier Berufe. Diese Angaben dürften viel zu hoch liegen.[229] Sie dürften auch sonst ungenau sein. Einerseits ist für viele Emigranten England nur eine Zwischenstation auf dem Weg nach Amerika gewesen – wodurch sich die Zahlen noch weiter zugunsten der Vereinigten Staaten verschieben. Andererseits sind wegen dieses Weiterwanderns Doppelzählungen wahrscheinlich. Außerdem verschwimmen die Grenzlinien: Wer war »nur« Angehöriger eines freien akademischen Berufes, wer Wissenschaftler? Oft ist es nachträglich zu Verschiebungen gekommen: Mancher, der in Deutschland als Journalist, Ministerialbeamter oder in anderen Berufen gearbeitet hatte, ist in Amerika Professor geworden[230]; während für viele die in der Heimat schon begonnene Hochschullaufbahn mit der Emigration ans Ende gelangte. Aber bei aller Unschärfe liefern Grossmanns Angaben Anhaltspunkte zum mindesten für Relationen, zumal wenn man sie mit den Zahlen vergleicht, die Ferber von Deutschland aus ermittelt hat.[231]

Hinter den Zahlen stehen Schicksale. Ein Beispiel für viele: James Franck wurde 1882 in Hamburg geboren. Am Ersten Weltkrieg hat er als Offizier teilgenommen. Im Jahre 1920 wurde er Professor in Göttingen. Für seine

Untersuchungen über die Anregungen von Atomen durch Elektronenstöße erhielt er 1926 zusammen mit Gustav Hertz den Nobelpreis. Damals ehrten ihn die Studenten durch einen Fackelzug - nur sieben Jahre, bevor ihre Nachfolger die Scheiterhaufen entzündeten und Franck in die Emigration getrieben wurde. 1935 wurde Franck Professor an der Johns-Hopkins-Universität in Baltimore/Maryland, 1938 in Chicago; daneben war er seit 1941 auch an der Universität von Kalifornien tätig. Zu Francks amerikanischen Studenten in Göttingen gehörte übrigens Robert Oppenheimer, der spätere »Vater« der Atombombe.[232] Franck hat an der Entwicklung in Amerika seinen Anteil gehabt, aber 1945 versucht, den Einsatz der Bombe zu verhindern. 1964 ist Franck gestorben - während eines Besuches zufällig wieder in Göttingen.

Wie aber läßt es sich eigentlich erklären, daß die Vereinigten Staaten in so herausragender Weise dazu bereit und befähigt waren, die vertriebenen Gelehrten aufzunehmen? Um einen komplizierten Sachverhalt nach Möglichkeit anschaulich zu machen, sei zunächst eine Geschichte erzählt, der sich gewiß vieler Beobachtungen ähnlicher Art anfügen ließen.

Im Herbst 1962 - also mehr als siebzehn Jahre nach dem Ende des Dritten Reiches und fast dreißig Jahre nach der »Machtergreifung« - fand in der berühmten Harvard-Universität in Cambridge/Massachusetts nahe bei Boston eine Diskussion führender amerikanischer Politikwissenschaftler statt. Auf dem Podium saßen vier Professoren. Der erste war Hans Joachim Morgenthau, Hauptvertreter der »realistischen« Schule in der Politikwissenschaft[233] und akademischer Lehrer Henry Kissingers, im übrigen nicht zu verwechseln mit dem Morgenthau des sogenannten Morgenthau-Plans. Hans J. Morgenthau war aus Chicago herübergekommen. Aber er war in Coburg geboren, und studiert hatte er in Berlin, München und Frankfurt am Main.

Der zweite war Arnold Brecht von der »New School

for Social Research« in New York. In Lübeck geboren, war er in der Weimarer Republik preußischer Ministerialbeamter. Als solcher vertrat er 1932 nach dem Staatsstreich Papens die preußische Regierung des Sozialdemokraten Otto Braun vor dem Reichsgericht. Sein Gegenspieler hieß Bracht, und so entstand damals der Vers:

»Brecht hat das Recht,
aber Bracht hat die Macht.«

Als stimmführender Bevollmächtigter Preußens im Reichsrat hielt Brecht 1933 nach Hitlers Antrittsrede als Reichskanzler eine Gegenrede, mit dem Sinn: Man werde alles tun, um dem Herrn Reichskanzler zu helfen, den Eid auch zu halten, den er gerade auf die Verfassung abgelegt hatte... Da blieb natürlich nur der Weg ins Exil.[234]

Dritter auf dem Podium war Carl Joachim Friedrich. Er war schon vor 1933 nach Amerika gegangen; nach dem Kriege lehrte er viele Jahre hindurch abwechselnd in Harvard und in Heidelberg. Vierter schließlich war ein Ökonom, Wassily Leontief, ebenfalls Harvard-Professor. Der stammte zwar aus Rußland, aus St. Petersburg. Aber wissenschaftlich groß geworden war er im Weltwirtschaftsinstitut in Kiel.

Den Zuhörer aus Deutschland überkam während der Diskussion unvermutet das Gefühl, daß er womöglich der einzige sei, der verstehe, was da verhandelt wurde. Denn die meisten auf dem Podium, Morgenthau voran, sprachen ein sehr germanisches Englisch. Als Deutscher jedenfalls hörte man das Deutsche hinter der rissigen Fassade der Fremdsprache, mit der die Diskutierenden umgingen. Aber niemanden schien dies zu stören. Niemand nahm Anstoß. Für jeden im Saal schien alles ganz selbstverständlich zu sein.

Das war es auch. Hier zeigt sich ein wichtiger Unterschied etwa zu Frankreich und zu England – und einer der Gründe dafür, daß gerade Amerika zur Herberge des deutschen Wissenschaftsexils geworden ist. Die Vereinigten Staaten sind ja eine aus Einwanderern gewachsene Nation; jeder war erst einmal Engländer, Ire, Deutscher, Italiener, Norweger, Pole oder sonst etwas, bevor er - oder sein Sohn oder sein Enkel - amerikanischer Amerikaner wurde. Niemand nimmt deshalb Anstoß am Akzent der älteren Generation.

Wenn vorhin von den Sprachbarrieren die Rede war, von der Sprache als Heimat, die die Vertreibung zerstörte, dann ging es in erster Linie um Schriftsteller und Publizisten. Wissenschaftler standen gewiß auch vor Anpassungsschwierigkeiten und Sprachproblemen, aber diese blieben doch vergleichsweise gering. Wissenschaft kennt keine Grenzen. Man kann sie nicht national einsperren, und wenn man es doch versucht, zerstört man sie. Eine »deutsche Physik«, wie sie dem Heidelberger Nobelpreisträger Philipp Lenard vorschwebte, bleibt ein Unsinn, ein Widerspruch in sich.

In mancher Hinsicht reicht die amerikanische Toleranz für das Abweichende über die Sprache noch hinaus. Die selbstverständliche Vielfalt ethnischer und sonstiger Gruppen erlaubt oft - und zumal im akademisch liberalen Milieu - zugleich eine Vielfalt von Verhaltensformen. Adolph Lowe[235], der mehrere Jahre in England verbracht hatte und erst 1940 nach Amerika kam, hat es so ausgedrückt: »Die Eingewöhnung hier war ungewöhnlich viel leichter. Warum? Weil es hier keine soziale Konformität gibt, weil Amerika im Gegensatz zu England immer noch eine offene Gesellschaft ist und Fremde viel leichter zu integrieren versteht. Das gilt besonders hier in New York.«[236]

Gleich am Anfang des eben zitierten Interviews macht Lowe seinen deutschen Gesprächspartner noch auf einen anderen Umstand aufmerksam: »Zunächst müssen Sie wissen, daß die Akademiker zu den Emigrationsgewinnlern gehören. Nicht, als ob es sehr einfach war - ich hatte es nicht sehr einfach in Manchester -, aber unter dem groben Gesichtspunkt des materiellen Überlebens waren die Akademiker privilegiert. Für Juristen war die Sache schwierig wegen der nationalen Struktur der

Rechtsordnung, aber für Sozialwissenschaftler, für Naturwissenschaftler, zum größten Teil auch für Philologen gab es Möglichkeiten, die für den Rest der Emigration nicht bestanden.«[237]

Tatsächlich entwickelte sich im Felde der Wissenschaften rasch mehr zielbewußt organisierte Hilfe als in jedem anderen Bereich. Schon 1933 entstand, zunächst in der Schweiz, eine »Notgemeinschaft deutscher Wissenschaftler«, gegründet von Geheimrat Demuth und Philipp Schwartz. Sie arbeitete eng mit Hilfskomitees zusammen, die in anderen Ländern entstanden, zum Beispiel mit dem Academic Assistance Council in England. Es wurde später umbenannt in »Society for the Protection of Science and Learning«: Gesellschaft zum Schutz von Wissenschaft und Forschung. Einer ihrer Repräsentanten war der berühmte Physiker Lord Rutherford of Nelson, der sein ganzes Prestige in die Waagschale warf.

Wenn nun diese Aktivitäten über alle nationalen Grenzen hinweg zu wirken versuchten, dann konnten sie praktisch in den Vereinigten Staaten doch viel mehr erreichen als irgendwo sonst. Denn das amerikanische Hochschulwesen ist offener, beweglicher und vielgestaltiger als das wohl jeden anderen Landes. Weit weniger, zum mindesten weit weniger direkt als in Europa, hängt es vom Staat und dessen bis in die Finanzierung hinein bürokratisch vorgegebenen, meist starren Regelungen ab. Daher kann es auf neue und außergewöhnliche Herausforderungen auch rascher, elastischer reagieren. Voraussetzung ist freilich, daß sich Persönlichkeiten finden, die die Initiative ergreifen und andere mit sich reißen.

Hier muß nun besonders an einen Mann erinnert werden: an Dr. Alvin Johnson, einen bedeutenden Gelehrten und - vor allem - einen Mann mit großem Herzen. Sein Leben lang hatte er gegen Unrecht, Unterdrükkung, Gewalt gekämpft. 1933 war er Präsident der »New School for Social Research« in New York. Das ist eigentlich eine Einrichtung der Erwachsenenbildung, allerdings nicht nur Volkshochschule im deutschen Sinne, sondern eine Institution, die auch akademische Diplome und den Doktorgrad verleiht. Vielleicht wäre sie am besten als Abend-Hochschule zu kennzeichnen. Dr. Johnson kam auf einen einzigartigen Einfall: nämlich seiner Hochschule kurzerhand eine »Universität im Exil« für die vertriebenen Gelehrten anzugliedern. Er schreibt in seinen Erinnerungen:

»Ich war tief besorgt um eine Institution, die vor der Welt dagestanden hatte als die sicherste Festung der akademischen Freiheit, die deutsche Universität. Kein mächtiger Hohenzoller hatte je Hand an sie gelegt. Bismarck, der nichts zu respektieren pflegte, was sich ihm in den Weg stellte, hat die Universität respektiert. Selbst der unglückselige Weltkrieg hatte die Universität nicht verletzt...«[238]

Dr. Johnsons Vorhaben fand Zustimmung. So schrieb zum Beispiel der bekannte Historiker Charles A. Beard: »Einige der profundesten Gedanken der Sozialwissenschaften sind in den letzten fünfzehn Jahren aus Deutschland gekommen. Amerikanisches Leben, amerikanische Kraft können aus diesen Quellen gespeist werden. Dogmatische Formeln können wir uns auch aus Büchern holen. Dieses aber ist eine Gelegenheit, durch lebendige Persönlichkeiten im Exil direkt bereichert zu werden. Das Experiment spricht für sich selbst und ist darüber hinaus ein Beispiel, wie man Lynchjustiz draußen und drinnen zu begegnen hat.«

So weit, so gut. Aber Geld war nötig. Woher nehmen? Auf den Staat darf man wie schon angedeutet in Amerika zuallerletzt hoffen, allenfalls im nachhinein, wenn man selbst schon etwas auf den Weg gebracht hat. Und das Land befand sich 1933 noch auf der Talsohle der Weltwirtschaftskrise. Briefe wurden geschrieben – viele Briefe. Eines Tages kam der erlösende Telefonanruf: »Dr. Johnson, Sie kennen mich nicht, ich bin Hiram Halle... Es geht um eine Universität im Exil?... Darf ich fragen, wieviel Geld Sie bisher haben?... Ich bin bereit, Ihnen sechzigtausend Dollar zu garantieren... Fangen Sie sofort an.«

So fing es tatsächlich an. Schon im akademischen Jahr 1933/34 begannen zehn deutsche Wissenschaftler mit ihren Vorlesungen und Seminaren. Zu ihnen gehörten der Nationalökonom und Soziologe Eduard Heimann aus Hamburg, der Strafrechtler und Rechtsphilosoph Hermann Kantorowicz aus Kiel, der Nationalökonom Emil Lederer aus Heidelberg beziehungsweise Berlin, der Musikpsychologe und -ethnologe Erich von Hornbostel aus Berlin, der Psychologe Max Wertheimer aus Frankfurt. Arnold Brecht war ab 1934 dabei. Manche dieser Gelehrten wanderten bald weiter, an andere Hochschulen. Insgesamt 167 Wissenschaftler hat Alvin Johnson über die »New School« nach Amerika geholt.

Aber dieser Mann hat noch viel mehr getan. Ungezählte samt ihren Familien hat er gerettet, oft mit einem Trick: Für die Einreisegenehmigung kam es darauf an, daß irgendeine Hochschule einen Arbeitsplatz, eine Stelle im Lehrkörper garantierte, zunächst wenigstens auf zwei Jahre. Nun wollten natürlich die akademischen Institutionen nur ungern Leute »einkaufen«, die sie kaum oder gar nicht kannten. Also kam es darauf an, den Hochschulen das Risiko abzunehmen und ihnen das Geld vorzuschießen. Dr. Johnson erzählt im Rückblick von einer besonders dramatischen Periode:

»Als der Krieg über Frankreich hereinbrach und deutsche Armeen im Anmarsch auf Paris waren, wurde das Problem sehr viel schwieriger, weil sich viele der vertriebenen deutschen Professoren nach Frankreich gerettet hatten. Diese Menschen waren in besonders großer Gefahr, denn sie waren ›schuldig‹, entweder weil sie Juden oder Liberale oder gar beides waren. Als die Rettungsaufgabe ins Gigantische wuchs, ging ich kurz entschlossen zur Rockefeller-Stiftung. Der damalige Direktor war ein Mr. Fosdick. Ich erklärte ihm, ich sei in der Lage, den Professoren Visen zu verschaffen, wenn ich Geld für ihre Lehrtätigkeit bekäme. Die Rockefeller-Stiftung hatte große Beträge an Universitäten in Frankreich und Deutschland geschickt, und ich machte Mr. Fosdick klar, daß das keinen Sinn mehr hätte. Wir müßten die Professoren nach hier bekommen, und ihre Zahl hinge davon ab, wieviel Geld die Rockefellers geben würden. – Am nächsten Tag rief mich Fosdick an. Kurz und bündig sagte er: »Go ahead! Wir garantieren die notwendigen Mittel.« Ich fragte nicht, wieviel, sondern kabelte nach Frankreich und Italien und anderen bedrohten Ländern. Später hörte ich von der Geschichte eines Professors, der gerade mein Kabel erhalten hatte und davon glückstrahlend seinen fünf Kollegen berichtete: er gehe nach Amerika. Die fünf waren sehr enttäuscht, aber als sie eine Stunde später daheim waren, fanden auch sie mein Kabel vor, und alle sind nach hier gekommen.«[239]

Eine Frage liegt nahe, vielleicht als Einwand gemeint: War dies alles nicht auch ein glänzendes Geschäft? Wenn die Weltgeltung deutscher Wissenschaft durch deutschen Wahn ruiniert wurde, geschah das nicht zum Vorteil Amerikas, das nun seine eigene Weltgeltung begründete?

Gewiß, so war es. Nur folgt daraus kein Einwand. Und es heißt Männer wie Alvin Johnson keineswegs herabsetzen, wenn man den Tatbestand ausspricht oder wenn man ihn sogar unterstreicht. Denn gerade damit werden im Kontrast die Folgen des selbstmörderischen Wahns und der Gewaltherrschaft erkennbar. Zu diesen Folgen gehört, daß die Vereinigten Staaten einen Sprung nach vorn gemacht haben. Das gilt nicht bloß für die Naturwissenschaften oder für die Mathematik. Es gilt für nahezu alle Bereiche, für die Psychologie ebenso wie die Sprachwissenschaften – oder für die Architektur. Und es gilt bis hinein in scheinbar so abseitige Gebiete wie die Musikwissenschaft.

Vielleicht deutet sich hier noch ein weiterer Umstand an, der die Vereinigten Staaten für die gelehrte Emigration so aufnahmefähig – und diese wiederum so fruchtbar machte. Amerika verfügte zwar über ein vielgestaltiges und traditionsreiches Hochschulwesen; die älteste Institution, Harvard, wurde bereits 1636 gegründet. Aber im allgemeinen waren die Universitäten doch weit stärker auf eine praxisorientierte Ausbildung ihrer Studenten ausgerichtet als auf »Einsamkeit und Freiheit«, anspruchsvolle Theorie und Gelehrsamkeit im Sinne der Grundlagenforschung. Im Grunde waren sie reif zu einem »Sprung nach vorn«, nicht um ihre eigenen Traditionen aufzugeben, sondern um sie mit einer mehr »europäischen« und insbesondere »deutschen« Orientierung zu verbinden. Es bedurfte nur des Anstoßes, und den brachte die Emigrantenwelle aus der Alten Welt mit sich.

Dr. Johnsons New Yorker Gründung hat man - durchaus mit Respekt - eine Mischung aus »bargain und charity« genannt, aus Geschäft und Barmherzigkeit. Er selbst hat gesagt: »Der Verlust für das deutsche Universitätsleben ist groß. Es ist eine gewaltige Lücke entstanden, und es dauert sehr lange, um einen guten Universitätsprofessor heranzubilden. Die Verfolgung hat Tausende solcher Kapazitäten vertrieben. Ich bedaure das für Deutschland, aber ich bin froh, daß die Vereinigten Staaten diese Menschen bekommen haben, von denen unsere Studenten jetzt so außerordentlich profitieren.«

Übrigens haben auch viele der deutschen Professoren von den neuen und ungewohnten Verhältnissen profitiert - und nicht zuletzt von den Studenten. Wie der Theologe Paul Tillich im Rückblick einmal erzählte: »Etwas hat mir sehr gefallen an Amerika. Das sind die Studenten. Sie haben ein ganz ungezwungenes, natürlich-menschliches Verhältnis zum Professor... Ich erinnere mich an eines meiner ersten Kollegs. Ein Student kam zu mir, klopfte mir auf die Schulter und sagte: ›Professor, das war eine gute Vorlesung.‹«[240]

Das gute Geschäft der Amerikaner war mit dem Zweiten Weltkrieg noch keineswegs beendet. Zur »Kriegsbeute« der Alliierten gehörten nach 1945 ja im Osten wie im Westen auch Wissenschaftler und technische Experten. Aber nur im Westen, in Amerika, sind sie in nennenswerter Zahl geblieben. Man denke an die Raketenforscher um Wernher von Braun. Andere folgten freiwillig, eben weil nun die Vereinigten Staaten, dank der deutschen Selbstzerstörung, das wissenschaftlich führende Land geworden waren. Wie bis 1933 junge Akademiker aus Amerika nach Deutschland reisten, so jetzt Deutsche in die Vereinigten Staaten, weil sie dort am meisten lernen und am fruchtbarsten arbeiten konnten.

Am Ende hat sogar noch eine Institution profitiert, auf unerwartete, um nicht zu sagen paradoxe Weise, nämlich die Nachkriegsuniversität in der Bundesrepublik Deutschland. Denn einige der Gelehrten, die das Dritte Reich vertrieben hatte, sind ja zurückgekehrt, befrachtet mit Erfahrungen, die sie sonst nie gemacht hätten, sei es aus den Vereinigten Staaten oder aus anderen Ländern. Man denke an Namen wie Theodor Adorno, Arnold Bergsträsser, Ernst Fraenkel, Max Horkheimer, René König, Siegfried Landshut, Richard Löwenthal, Karl Löwith, Helmuth Plessner, Alexander Rüstow, Eric Voegelin. Das sind nur einige Namen aus einer längeren Reihe und beispielhaft nur aus der Politikwissenschaft, der Soziologie und der Philosophie.[241] Solche Gelehrten waren es zum mindesten sehr wesentlich, die der deutschen Universität noch einmal zu einer Art von später Blüte, zu einem Nachglanz verholfen haben, obwohl sie eigentlich doch schon auf den Scheiterhaufen von 1933 verglüht war.

Verfemung und Vertreibung des Geistes: Ein amerikanischer Hochschulpräsident hat dazu gesagt: »Ich habe keinen allgemeinen Kommentar zu geben. Nur hoffe ich, wenn die Welt jemals wieder in die gleiche Situation kommen sollte, daß immer Vorkehrungen getroffen sein mögen, in akademischen Kreisen für vertriebene Mitglieder anderer Länder hier Platz zu schaffen.«[242]

Aber gilt das denn bloß für Akademiker? Oder nur für die Vereinigten Staaten?

Überlegungen nach fünfzig Jahren

Die Nacht der Scheiterhaufen ist Geschichte. Was geschah, macht im Rückblick nach fünfzig Jahren verschiedene Reaktionen möglich.

Die eine meint *Trauer* oder *Scham.* Denn die Verfemung, Vertreibung, Vernichtung des Geistes wurde ja nicht bloß im deutschen *Namen* vollzogen, sondern sie war in jedem Sinne ein Werk der *Selbst*-Zerstörung. Trauer und Scham sind wichtig; sie können Kräfte für einen neuen Anfang freisetzen. Wohin sie führen, bleibt dennoch eine offene Frage. »Trauerarbeit« fordern ist eines, sie leisten ein anderes. Und proklamierte Scham bedeutet wahrscheinlich einen Widerspruch in sich. Nur zu leicht schlägt sie um in die Arroganz der Nachgeborenen, die Väter oder Großväter aburteilt und dabei mit dem handgerechten Schlag-Wort »Faschismus« als vorgestrig abblendet, was vielleicht unter nur vordergründig gewechselten Vorzeichen sie selbst noch immer oder schon wieder betreffen könnte.

Eine zweite Möglichkeit, eher einer Zwischengeneration zuträglich, läuft hinaus auf die *Genugtuung:* Wir haben es über alles Erwarten weit gebracht. Und dies keineswegs nur im wirtschaftlichen Sinne: Bonn ist nicht Weimar, sondern die Demokratie etabliert und akzeptiert; sie scheint belastbar, jedenfalls kaum noch krisenanfälliger zu sein als in anderen Ländern auch. Die Bundesrepublik hat alte Abgründe überwunden, sich dem Westen zu- und eingeordnet. Wie ein Niederländer es einmal ausdrückte: Als Ergebnis des Zweiten Weltkriegs sind die Grenzen Westeuropas um einige hundert Kilometer - von Aachen bis Helmstedt - *vorverlegt* worden.

Eine dritte Möglichkeit könnte allerdings *Beunruhigung* bedeuten und die Selbstgerechtigkeit im einen wie im anderen Sinne erschüttern. Denn sie würde vor die Frage führen, ob Geschichte einfach abbricht oder ob sie nicht unter den Wellen des Wandels Kontinuität verbirgt – mit anderen Worten: ob wir nicht Anlaß haben, eine Rückkehr jener »unsinnigen Berserkerwut« zu fürchten, die einst Heinrich Heine voraussah.

Die Frage läßt sich vielfach untergliedern. Hier soll es dreifach geschehen: Kann man bei der Entfaltung und Verteidigung geistiger Freiheit mit den Universitäten rechnen? Wie steht es um die Vermittlung von »Geist« und »Macht« im Medium kritisch diskutierender Öffentlichkeit? Ist, mit Hegel zu reden, »die Versöhnung des Göttlichen mit der Welt« gelungen – oder wird ein ungestilltes Identitäts- und Sinnverlangen sich zu neuer »Religiosität im Diesseits« Bahn brechen?

Keine dieser Frage erlaubt unabhängig vom Standort des Betrachters eine schlechthin gültige, keine eine endgültige Antwort. Vielleicht ist das gut so. Der Strom der Geschichte schleppt, gottlob, nicht bloß altes Geröll mit sich, sondern sein Verlauf bleibt zur Zukunft hin offen.

»Gegen die zu weit gehende Unzufriedenheit mit der Hochschule ist zu sagen, daß die Hochschulen Träger einer alten und im Kern gesunden Tradition sind.« Dieser Satz stammt aus der frühen Nachkriegszeit: aus dem »Blauen Gutachten« zur Hochschulreform, das 1948 veröffentlicht wurde.[243] Damit wurde nur wiederholt, was schon nach dem Ersten Weltkrieg Carl Heinrich Becker in seinen »Gedanken zu Hochschulreform« formuliert hatte: »Der Kern unserer Universitäten ist gesund.«[244]

Kein Satz war populärer, kaum einer ist häufiger zitiert worden; für zwanzig Jahre bildete er die Richtschnur der Hochschulpolitik. Neben dem materiellen Wiederaufbau und einem eher zögernden quantitativen Ausbau ging es vor allem darum, durch Detail-Reformen diese »Kern«-Gesundheit zu wahren.[245] Eine selbstkritische Aufarbeitung der Vergangenheit fand kaum statt. Wenn etwas als das Übel erschien, das sich nicht wiederholen dürfe, dann die willkürlichen Eingriffe des Staates in die

Hochschulautonomie seit 1933. Daher erlangten die Hochschulen faktisch eine Unabhängigkeit, wie sie sie nie zuvor oder seither besessen haben.

Erst die Studentenrevolte von 1968 bewirkte einen radikalen Umschwung. Fast über Nacht wurde alles, »Gesundes« wie »Ungesundes«, in den Strudel des Kampfes und der Veränderungen, der nun hastig inszenierten Reformen hineingerissen. Die Schlagworte hießen »Politisierung« und »Demokratisierung«. Was zunächst gemeint war, hat Ulf Kadritzke - einer der Studentenführer im bevorstehenden Kampf - schon im Januar 1967 in einer Vortragsreihe der Freien Universität Berlin zum Thema »Universität und Demokratie« angekündigt: Die Studentenvertreter treffen »auf Professorenvertreter, denen die Vorstellung von divergierenden hochschulpolitischen Interessen zumeist fremd geblieben ist. Diese verstehen sich als Repräsentanten, die zwar stellvertretend für, aber nicht auf Weisung ihrer Ordinarienkollegen über das fiktive Gemeinwohl der Universität zu entscheiden und im übrigen den Fakultäten die alten Rechte zu sichern haben.« Kadritzke schloß sein Referat mit dem Satz: »Es wird in Zukunft an der Freien Universität nicht ohne Konflikte mit akademischen Lehrern und Universitätsorganen abgehen, die zwar die Würde der reinen Wissenschaft hervorkehren, jedoch auf universitäre Öffentlichkeit, auf demokratische Kooperation, auf politische Reflexion und auf Handlungsbereitschaft nur deshalb freiwillig verzichten, weil die Macht, die sie besitzen, diesen Verzicht erst hervorbrachte.«[246]

Im Rückblick lohnt es sich anzumerken, daß die Forderung nach Politisierung bildungs- und hochschulpolitischer Fragen keineswegs nur von Studenten oder Assistenten und von »links« aufgebracht, sondern sogar von Hochschullehrern erhoben worden ist, die inzwischen wohl als entschieden konservativ einzustufen sind. Gegen die Maskierung von Bildungsproblemen als politisch neutralen Expertenfragen hat Helmut Schelsky 1961 formuliert: »Damit etwas geschieht auf dem Gebiete des

Schul- und Erziehungswesens, ist also die Politisierung dieser Fragen notwendig, und das heißt unausweichlich: die westdeutschen Parteien müssen sich dieser Probleme als der entscheidenden Fragen unseres politischen Schicksals annehmen und die verschiedenen Möglichkeiten der Lösungen durch ›Majoritäten‹ austragen.«[247] Und Wilhelm Hennis hat die akademischen Entscheidungsgremien, besonders die Fakultäten, mit Parlamenten im Übergang von der ständischen zur repräsentativen Phase verglichen. Um die Gremien handlungsfähig zu machen, hat er ihnen die hochschul- und reformpolitische *Fraktionsbildung* empfohlen.[248]

Was freilich zu erwarten war, sofern solche Forderungen auch von Studenten oder Assistenten erhoben würden, hat Dieser Claessens in der Veranstaltungsreihe der Freien Universität vom Januar 1967 vorausgesagt: »Die Irritierung – sei sie bewußt oder mehr noch unbewußt – im akademischen Lehrkörper, die strukturell vorgegeben ist, wird sich bei einer kontinuierlich vorgetragenen Attacke einer gut geführten Studentenschaft steigern, und zwar mit dem Erfolg der Regression… Der vorher neutrale, traditionell ›unpolitische‹ Ordinarius wird – beunruhigt (mehr als er selbst weiß und registriert) – seinen passiv-liberalen Standpunkt verlassen und ›nach rechts‹ rücken, denn hier wird ihm die Chance der Ruhe angeboten: Ordnung auf Grund von Autorität.«[249]

Hennis hat – 1970 – die Gier nach Demokratisierung aus dem »Adamsneid« erklärt: Alle Menschen – abgesehen vom mythischen Adam – werden hilflos und unmündig geboren, aber sie sind »zunehmend weniger geneigt, die Umstände ihrer Kreatürlichkeit anzunehmen. Dieses ist der eigentlich tiefste Zusammenhang, in dem ich die emanzipatorische Forderung von auf Grund der *Natur* durch Ungleichheit bestimmten Sozialtatbeständen glaube sehen zu müssen. Diese Forderung ist mithin keine Ideologie, bloßes falsches gesellschaftliches Bewußtsein, sondern eine Revolte gegen die Natur.«[250]

Naturwidriger Neid der Kleinen, Unausgewachsenen

auf die Großen, Ausgewachsenen als Triebkraft der Forderung nach Demokratisierung? Aber sind denn Studenten oder Assistenten als Angehörige der Universität – oder Arbeiter, die in der Wirtschaft Mitbestimmung fordern – ihrer »Natur« nach Kinder? Oder handelt es sich womöglich eher um die Interessenlage jener »selbsternannten Vormünder«, von denen einst Kant sprach – und die dann Heinrich von Treitschke zur Natur verklärte?

Freilich muß ausgesprochen werden, daß in dem Klima der Verdächtigungen und des Hasses, das so rasch sich ausbreitete, vielfach ein Verhalten gedieh, daß an die Zeiten um 1933 nicht bloß erinnerte. Wie, zum Beispiel, Gelehrte von Rang wie Adorno und Jürgen Habermas ausgerechnet von denen behandelt worden sind, die wähnten, ihre Schüler zu sein, kann man wohl nur als infam bezeichnen.[251] Auch späte Heimkehrer aus der Emigration sind bitter betroffen worden. Über Hans Gerth, der 1971 aus den Vereinigten Staaten nach Frankfurt zurückberufen wurde und 1978 starb, schreibt Mathias Greffrath in einer Erinnerung: »Die Unmöglichkeit, mit Studenten ins Gespräch zu kommen, die von Kollegen als ›Störer‹ der Obrigkeit gemeldet wurden – als er einige der ›maoistischen‹ Wortführer zum Essen einladen wollte, wurde das mit einem Flugblatt quittiert, auf dem stand: ›Professor will Studenten mit Würstchen bestechen‹ –, diese Fremdheit empfand er als persönliche Niederlage. Wenn man seine amerikanischen Studenten hört, erscheint das Bild eines Lehrers, mit dem Persönliches, Moralisches, Theoretisches zu besprechen war, und der, wenn er von einem redete, immer auch das andere mitbedachte. Für diese Einheit von Studieren und Leben kein Verständnis mehr zu finden und auch nicht mehr herstellen zu können, hat Hans Gerth tief gekränkt. Und auch den Angriff auf seine Existenz als Gelehrter, den Diebstahl – die ›Vergesellschaftung‹ – von knapp 1000 Büchern aus einer Bibliothek, die er nach Amerika gerettet hatte und wieder zurück, hat er nicht verwinden können. Lange nach seiner Emeritierung hat er in Antiquariaten gesucht, um Bücher, die ihm fehlten, nachzukaufen.«[252] Gerths Fall war indessen nicht der einzige dieser Art.[253]

Verhängnisvoll war, daß im Kampf um Politisierung und Demokratisierung zwei ganz verschiedenartige Ansprüche sich durchkreuzten. Der eine zielte auf Mitbestimmung in den Entscheidungsgremien der Universität, auf die Umverteilung von Macht. Der andere aber meinte die Wissenschaft selbst, ihre Politisierung im Sinne einer nicht bloß eingestandenen, sondern ausdrücklich proklamierten Indienstnahme für Emanzipation, Klassenkampf oder wofür immer. In der Gegensatzkonstruktion von angeblich »kritischer« und objektivitätsorientierter (und eben damit angeblich unkritischer) »bürgerlicher« Wissenschaft fand diese Art von Politisierung ihren plakativen Ausdruck.

Aber damit wurde, zunächst einmal, die ursprüngliche Zielbestimmung der Demokratisierung unabsehbar diskreditiert, jede ihr zuneigende Liberalität entmutigt und gelähmt. Denn damit rückte bei allen Entscheidungsfragen unvermeidbar diese Art von Parteilichkeit - oder Anti-Parteilichkeit - in den Vordergrund. Etwa bei Berufungen und sonstigen Stellenbesetzungen verlor die Qualität der Kandidaten an Gewicht angesichts der Überlebensfrage: Welcher Gruppe ist der neue Mann wohl zuzurechnen? Wird er das eigene Lager verstärken oder das Gegenlager, mit »uns« stimmen oder mit »den anderen«? Sofern ein Kennzeichen lebendiger Wissenschaft und niveauvoller Universitäten die Vielfalt der Lehrmeinungen und ihre kontroverse Diskussion ist, sofern es also in möglichst allen Fächern und Fachbereichen auf die Vertretung der unterschiedlichen Auffassungen ankommen muß, wurde der Tendenz nach das Gegenteil erreicht: die provinzielle Verödung, gleich unter welchem Vorzeichen. Sie muß sich um so einschneidender auswirken, je weniger aus vielen, zum Teil verständlichen Gründen die Studenten noch bereit sind, im Laufe ihres Studiums den Studienort zu wechseln, um so die unterschiedlichen Lehrmeinungen originär kennenzulernen.

Als 1959 die Deutsche Gesellschaft für Soziologie ihr fünfzigjähriges Bestehen beging, sprach der Präsident der Gesellschaft, Helmuth Plessner, ironisch von jenem Weltlager, »das die Soziologie zu einer bürgerlichen Wissenschaft abwertet und durch seine dogmatisch gesicherte Gesellschafslehre ersetzt, welche die unbestreitbaren Vorzüge eines Katechismus und einer Felddienstordnung auf bestrickende Weise in sich vereint«.[254] Aber die Lagermentalität ist zurückgekehrt, nicht bloß in der Soziologie und unter beinahe allen Standarten. Darin nistet, man kann es kaum anders sagen, *der strukturelle Faschismus.* Denn wenn über die letzten Ziele, die Heils- und Unheilsperspektiven vorab schon entschieden ist, wenn im Dienste der einen, großen Bewegung, auf die es ankommt, alles, auch Wissenschaft, instrumentalisiert wird, dann verkommt eben Wissenschaft zum Wissensdienst - so wie Heidegger das 1933 folgerichtig formuliert hat. Und dann wird, folgerichtig, die Erstarrung des Denkens im Vorurteil zur Stärke und zur Tugend, wie das Bemühen um Objektivität in der Anerkennung der Vielfalt zur Schwäche und zum Laster:

»Es gehört zur Genialität eines großen Führers, selbst auseinanderliegende Gegner als nur zu einer Kategorie gehörend erscheinen zu lassen, weil die Erkenntnis verschiedener Feinde bei schwächlichen und unsicheren Charakteren nur zu leicht zum Anfang des Zweifels am eigenen Rechte führt. Sowie die schwankende Masse sich im Kampfe gegen zu viele Feinde sieht, wird sich sofort die Objektivität einstellen und die Frage aufwerfen, ob wirklich alle anderen unrecht haben und nur das eigene Volk oder die eigene Bewegung allein sich im Rechte befinde. Damit kommt aber auch schon die erste Lähmung der eigenen Kraft. Daher muß eine Vielzahl von innerlich verschiedenen Gegnern immer zusammengefaßt werden, so daß in der Einsicht der Masse der eigenen Anhänger der Kampf nur gegen einen Feind allein geführt wird. Dies stärkt den Glauben an das eigene Recht und steigert die Erbitterung gegen den Angreifer auf dasselbe.«[255]

Inzwischen haben sich auf andere Weise die Horizonte verdüstert. Es triumphiert die bürokratische Reglementierung; die Hochschulen stöhnen unter den ihnen mit »Überlastquoten« zudiktierten immer größeren Studentenzahlen, wie die Hochschullehrer unter der explosionsartig vermehrten »Gremienarbeit«. Nach einer Phase stürmischer Expansion, die beinahe jedermann, auch den weniger Qualifizierten, akademische Lebensstellungen bescherte, regiert der Rotstift. Die Aussichten des Nachwuchses in der Hochschullaufbahn haben sich damit so drastisch verschlechtert, wie die akademischen Berufschancen insgesamt. So verbreitet sich unter den Jüngeren eine aus Strebertum, Apathie und gestauter Wut fatal gemischte Stimmung.

Bei den Etablierten dagegen regiert vor allem die Larmoyanz. So jedenfalls zeigt es, nach und neben vielen anderen Publikationen, ein Sammelband aus dem Jahre 1982, der eine Bilanz der Hochschulreformen versucht.[256] Der Herausgeber Horst Albert Glaser schreibt: »Die Hochschulreform ist die einzige eingreifende Reform geworden, die der sozialliberalen Koalition gelungen ist. Geglückt ist sie ihr allerdings nicht.« Denn »die Staatsuniversitäten sind zugrunde reformiert. Und die bürokratischen Fesseln, die von den Regierenden den engagierten Gruppen- und Fraktionskämpfern angelegt werden, paralysieren allein das Chaos, funktionieren werden die Hochschulen hierdurch nicht wieder.«[257]

Das ist der Tenor: Die Universität wurde, »soweit sie Hitler und den Krieg überstanden hatte, in Grund- und Bodenlosigkeit reformiert«.[258] »Die Universitätsreform erwies sich als wirksames Vehikel jenes sozialen Drucks, der endlich die Wände der lang gehegten Enklave der Universitäten vernichtend durchbrach und die kulturlose Barbarei, die Baudelaire der modernen Zivilisatorik zuschrieb, auch dort zur Ausbreitung brachte, wo ihr noch traditionsgemäß Einhalt geboten wurde. Gerade das rückhaltlose Niederreißen einer bewährten Tradition machte die Universität durchlässig für die geistfeindlichen Tendenzen, die die Industriegesellschaft in hohem Maße regieren.«[259] »Gebt der Reform 10 Jahre Zeit, und ihr werdet Deutschland nicht wiedererkennen! So ist es geschehen, und die Zerstörung ist nachhaltiger als die von Stalingrad und Hiroshima zusammengenommen.« Es »blieb als Rest nicht einmal das Schweigen der Fettaugen auf der Brennsuppe, sondern bestenfalls ein Tümpel, belebt von links-extremistischen Erlöser-Fröschen, welche ihrerseits nichts anderes zu tun hatten, als aufeinander einzuquaken.«[260] Das klingt wie ein Echo auf Karl Steinbuch, der schon 1975 sagte: »Meines Erachtens wurde noch nie – kaum zur Nazizeit – eine Kulturnation mit großer Tradition durch eine solche kleine Ideologie verwirrt wie gegenwärtig unser Volk durch die arrogante Bewegung, die mit dem Anspruch auftritt, das ›kritische Bewußtsein‹ zu verkörpern und ›progressiv‹ zu sein.« Denn »es ereignete sich in unserem Lande noch nie eine solche hemmungslose Demontage christlicher Ethik, des Humanismus und der klassischen Philosophie wie unter der Verantwortung der SPD.«[261]

Davon einmal abgesehen, daß Kultur- und Hochschulpolitik in der Bundesrepublik Sache der Länder und ohne deren Zustimmung auch eine Rahmengesetzgebung des Bundes nicht möglich ist, also man die Verantwortung schwerlich allein der SPD oder der sozialliberalen Koalition zusprechen kann: Wahrhaft erschreckend wirkt an solchen Äußerungen die offenbar hemmungslose Demontage des historisch selbstkritischen Bewußtseins. Gab es wirklich noch nie – »kaum zur Nazizeit« – eine Zerstörung des Geistes? Brach kulturlose Barbarei erst um 1970 in die Universitäten ein, ihre »bewährten Traditionen« vernichtend? Kam im übrigen solche Barbarei nur von außen – von wem eigentlich, etwa vom Gesetzgeber gegenüber der Ordinarienmacht? – und nicht auch und entscheidend von innen, aus den Hochschulen selber?

Man kann und muß die neuere Entwicklung in den Universitäten gewiß sehr kritisch beurteilen. Aber wohin führt eigentlich, wozu hilft diese Larmoyanz von »rechts« – der noch dazu die von »links« angesichts zerbrochener Utopien nur zu genau entspricht?[262] Wohin wird das Gemisch aus verbissener Provinzialität und mißverstandener Politisierung, aus Wehleidigkeit und verweigerter, historisch begründeter Aufklärung hier wie dort, aus Selbstgerechtigkeit und Strebertum, Apathie, Angst und Haß am Ende führen?

Geistiges Leben meint doch die leidenschaftliche Neugier, die Entdeckerfreude am Überraschenden, am Neuen oder neu Gesehenen, am Witz der Zusammenhänge und der Ironie der Widersprüche in den Sachen selbst wie im Dialog über sie. Es meint mit einem Wort Weltoffenheit, so wie Karl Jaspers in seinen Vorlesungen über »Vernunft und Widervernunft in unserer Zeit« sie charakterisiert hat:

»Vernunft ist in Bewegung ohne gesicherten Bestand. Sie drängt zur Kritik jeder gewonnenen Position, steht daher im Gegensatz zu der Neigung, sich durch endgültig feste Gedanken vom weiteren Denken zu befreien ... In allem vorzeitigen und teilweisen Ergreifen von Einheit, wenn diese die letzte und absolute sein soll, weiß sie sich verloren. Denn sie will das Eine, das alles ist. Daher darf sie nichts auslassen, was ist, nichts fallen lassen, nichts ausschließen. Sie ist als sie selbst grenzenlose Offenheit.«[263]

In seiner akademisch institutionalisierten Gestalt aber meint geistiges Leben seit je nichts anderes als den sokratischen Dialog, wie er zwischen Älteren und Jüngeren, Lehrern und Schülern ohne Vorbehalt und Machtanspruch geführt wird. Gibt es dafür noch oder vielleicht einmal wieder eine Chance?

Jeder Versuch, das Verhältnis von »Geist« und »Macht« - mitsamt der ihr zugehörigen Ohnmacht - in der Bundesrepublik Deutschland zu kennzeichnen, verfängt sich in einem Widerspruch. Denn eigentlich gibt es dieses Verhältnis gar nicht, vielmehr eine seltsame Beziehungslosigkeit; der Dialog im Medium öffentlicher Diskussion findet nicht statt.

Man kann diese Feststellung konkretisieren und anschaulich machen etwa am Beispiel politischer Bücher oder Zeitschriften. Natürlich werden sie, wie historische, in allen Spielarten und Spezialitäten angeboten; natürlich gibt es Modeströmungen, und sie treiben, wie der Zeitgeist gerade weht. Wenn »Linkes« kaum mehr gefragt ist, dann grünt es grün: Alternatives im Überfluß. Oder wer möchte sich lumpen lassen, wo es um den Frieden geht? Und wenn Maos China sich verabschiedet, drängt Lateinamerika heran. Der Fachmann hat Mühe, im eigenen Revier den Überblick nicht zu verlieren. Ob Parteien, Verbände, Parlamentarismus, Weimarer Republik, Nationalsozialismus, die großen Männer von Adenauer zurück über Bismarck bis zu Cäsar oder der Alltag der kleinen Leute, das Lokale und das Regionale, Nostalgie, Preußen, die deutsche Geschichte von den Anfängen bis zur Gegenwart, was immer: für alle und alles wird gesorgt.

Aber was macht den Stellenwert solchen Publikationseifers in unserer politischen Kultur aus? Bewegt er etwas? Löst, bisweilen wenigstens, der engagierte politische Essay die entsprechend engagierte Diskussion aus? Wächst aus der Idee das Wort, aus dem Wort die Einsicht, aus der Einsicht das Handeln? Gilt, was einst Heine behauptete: daß die Welt die Signatur des Wortes ist und daß die stolzen Männer der Tat nichts sind als unbewußte Handlanger der Gedankenmänner, die oft in demütigster Stille ihnen all ihr Tun aufs bestimmteste vorzeichnen?

Davon kann offenbar keine Rede sein. Denn ob die Gedankenmänner nun demütig stillhalten oder wunderlich lärmen, es kümmert die Männer der Tat überhaupt nicht. Die wirklich öffentliche, »Geist« und »Macht« gleichermaßen und im Ernst aufrührende Diskussion kommt gar nicht erst in Gang. Es mag in den Sozialwissenschaften ein Grundlagenstreit zwischen den Abkömmlingen der »Frankfurter Schule« und denen des »kritischen Rationalismus« toben, die Legitimität der Verfassungsordnung oder Reform als politisches Prinzip zur Debatte stehen, die deutsche Frage im europäischen Kontext neu formuliert werden: Niemanden als die unmittelbar und mehr oder weniger professionell Betroffenen schert's.

Vielleicht muß man Heine zugute halten, daß er von Frankreich aus urteilte. Denn dort sieht es anders aus. Wenn, zum Beispiel, auf literarisch-intellektuellem Felde gegen die alternde »Linke« eine »neue Rechte« sich formiert, dann ist das ein öffentliches, nachhaltig bewegendes Ereignis. Insgesamt kann man den Tatbestand handfest an Auflageziffern ablesen. Ein so anspruchsvolles Buch wie Raymond Arons »Plädoyer für ein dekadentes Europa« wird zum Bestseller und in 200 000 Exemplaren verkauft; Peyrefittes »Le mal français« erreicht gar die Spitze der Bestseller-Liste und eine Auflage von anderthalb Millionen. Ähnlich Servan-Schreibers »Die amerikanische Herausforderung« oder Revels »Le tentation totalitaire« mit jeweils zwischen 200 000 und 400 000 Exemplaren. Bei den deutschen Ausgaben muß man mehr als nur eine Null abstreichen; sie kümmern dahin – ähnlich wie die Zeitschriften als Foren der Diskussion. (Schon die Wortwahl zeigt etwas an: Statt vom Forum als der Mitte des Gemeinwesens, das zur Vielfalt der Begegnungen, der Gespräche und des Streits einlädt, sprechen wir lieber vom hütenden *Haus* der Sprache, der Verfassung oder des Seins.)

Der Einwand, es handle sich um Übersetzungen und um fremde Probleme, sticht nicht. Gibt es denn deutsche Entsprechungen, Bücher, die die Nation erregen, Essays, die man gelesen haben muß, um mitreden zu können? Allenfalls predigen im jeweils geschlossenen Zirkel

Erwecker ihren Erweckten; allenfalls entscheiden wir uns, gesättigt gute Menschen, die wir sind, fürs innere »Sein« statt fürs schnöde »Haben«.[264] Oder wir betreiben »Spurensicherung«, von der Archäologie über Römerzeit und Staufer bis hin zu Preußen, in Sebastian Haffners schönem Abglanz. Aber die unheimliche Aktualität des Vergangenen in der Gegenwart, Neugier aufs Neue, Aufklärung? Nein, nichts.

Es war einmal anders. Es gab die große Revolution des Geistes, von der in diesem Buch die Rede war, auch natürlich die Gegenrevolution. Man denke an Namen wie Lessing, Kant, Fichte, an Görres, Friedrich Gentz oder Adam Müller. Buch, Pamphlet und Zeitschrift spielten eine wesentliche Rolle.

Es folgte nach 1830 die Bewegung des »Jungen Deutschland«, wohl die publizistisch brillanteste, die es hierzulande überhaupt gab. Zu ihr gehörten Heinrich Heine, Ludwig Börne, Karl Gutzkow, Ludolf Wienbarg, Theodor Mundt, Heinrich Laube und andere: Namen, mit denen sich außer bei Heine - als dem Dichter - in unserer Erinnerung bezeichnenderweise kaum mehr etwas verbindet.

Die vorläufig letzte bedeutende Epoche politischer Publizistik entwickelte sich in der Weimarer Republik. Bücher und Zeitschriften bewegten. Gleichsam vorab eröffneten Thomas Manns »Betrachtungen eines Unpolitischen« und Oswald Spenglers »Untergang des Abendlandes« den Reigen. Für die spätere Zeit wäre neben vielem anderen so Unterschiedliches zu nennen wie Remarques »Im Westen nichts Neues« und Heideggers sprödes, scheinbar ganz unpolitisches Hauptwerk »Sein und Zeit«, das nicht nur bei Fachleuten »einschlug wie ein Blitz«. Man mag von einer fiebrig erhitzten oder sogar überhitzten Atmosphäre sprechen. Kennzeichnend war, daß »rechte« Standpunkte ebenso markant vertreten wurden wie »linke«. Moeller van den Bruck, Ernst Jünger, Ernst Niekisch, Georg Lukács, Karl Mannheim, Ossietzky und Tucholsky, der George-Kreis und der Tat-

Kreis...: Seiten könnten, müßten nur mit Namen gefüllt werden.

Aber alles endet in der Nacht der Bücherverbrennung und in der Exilierung des Geistes, deren langfristige Folgen sich eben nicht nur im Bereich der Wissenschaften an Nobelpreisen ablesen lassen. Hinzu kommt, daß es keine Hauptstadt mehr gibt, in der kritische Intellektualität und Politik sich begegnen könnten. Ein Konservativismus von Rang ist nicht wieder entstanden; er bleibt durch seine historische Diskreditierung blockiert. Entschieden »linke« Positionen dagegen finden nur in ihren eigenen Zirkeln Resonanz. Die neuesten »Bewegungen«, die gegen die etablierte Politik sich richten, sei es im Zeichen der Ökologie und der Wachstumskritik oder der Abrüstung, entwickeln sich seltsam theoriefern, um nicht zu sagen theoriefeindlich, und den Dialog - der von der Gegenseite zwar proklamiert, aber kaum geführt wird - suchen sie erst gar nicht. Im übrigen drängt fast alles hin zu einer unanstößigen »Mitte«, um nur ja nicht dem Vorwurf sich auszusetzen, man stünde nicht im Kreidekreis der freiheitlich-demokratischen Grundordnung.

Der Sachverhalt spiegelt sich im Zustand der Sprache, genauer gesagt in einem Nebeneinander hermetischer Sprachen. Sofern man von einigen Bundespräsidenten absieht, denen ihr Amt die Distanz zur Macht auferlegt, und von den Ausnahmen, die die Regel bestätigen, klingt die Sprache der Politiker den Intellektuellen entweder pathetisch hohl und phrasenhaft oder herrschaftlich verschlossen, techno- und bürokratisch. Entsprechend umgekehrt: In den Ohren politischer Praktiker hört sich, was Intellektuelle zu sagen und im Grunde nicht zu sagen haben, teils romantisch verstiegen und wehleidig an, teils als zum jeweiligen (pseudo-)wissenschaftlichen Fachjargon verrätselt. Und wiederum entsprechend gilt für die Angehörigen der jungen Generation, die zu Alternativbewegungen hindrängen, daß sie die herrschenden Sprachen so wenig verstehen und achten, wie sie selbst verstanden und geachtet werden. Es entsteht damit nicht nur doppel-, sondern vielseitig der Eindruck lebensgefährlicher Realitätsferne, in der die Sprachstile bloß noch trennen, statt zu verbinden.

Sprache als das Handwerkszeug wirklich öffentlicher Diskussion und politischer Publizistik: Im 19. Jahrhundert haben Börne und Heine, Bismarck und Treitschke dieses Handwerk virtuos beherrscht. Sie wußten: Nicht bloß auf die Botschaft, aufs »Anliegen« kommt es an, sondern auch auf die Form. Die Sprache muß klar und lebendig sein, federnd im Witz oder auch in der Bosheit; Anschauung muß mit dem Begriff sich verbinden und das eine dem andern auf die Sprünge helfen. Wer weiß und beherzigt das noch - wenn man von alternden Außenseitern wie etwa Sebastian Haffner oder Golo Mann einmal absieht, denen noch die Erfahrungen der Emigration zugute kamen?

Außenseiter, Amateure: Das wollen wir nun gewiß nicht sein, sondern Apostel, Bedeutungs-Schwerathleten. Und überhaupt, um ein bekanntes Wort abzuwandeln: Kann man denn nach Auschwitz noch geistreich sein? Aber die Gegenfrage lautet: Wozu helfen eigentlich die hermetischen Sprachen des jeweils Eigentlichen? Oder die Expertengeheimnisse? Die Alternative zum Geist-Reichtum ist geistige Verarmung.

Expertensprachen bestimmen nicht zuletzt die akademische Welt, mit schwerwiegenden Folgen für ihre öffentliche Wirksamkeit. Sieht man sich ältere Privatbibliotheken an, so findet man sie auf der Höhe ihrer Zeit, zum Beispiel ausgestattet mit großen Historikern. Aber Mommsens »Römische Geschichte« konnte jeder Laie mit Genuß lesen; der Autor erhielt 1902 als erster Deutscher den Nobelpreis für Literatur. Doch schon um die Jahrhundertwende wird ein Bruch erkennbar; Max Weber kann man eben nicht mehr so lesen wie Mommsen, und was immer die Größe von Webers Werk ausmachen mag, literarisch ist sie schwerlich zu nennen.

Gewiß: Man muß die Spezialisierungstendenzen und

die Karrierebedingungen bedenken. Zwar beruht die akademische Laufbahn auf Veröffentlichungen. Bei Promotion, Habilitation, Berufung geht es um bedrucktes Papier. Was aber die Öffentlichkeit dieser Veröffentlichungen angeht, handelt es sich in erster Linie um Fach-Öffentlichkeit, gewissermaßen um das hölzerne Eisen einer exklusiven Publizität. Genau betrachtet geht es um die vier oder allenfalls vierzehn Leute, die über die Karrierestationen entscheiden. Danach richtet sich die Sprache dann aus, verständlich oder vielmehr: unverständlich genug. Sie soll durch ihr Expertentum beeindrucken, also, ironisch gesagt, ein Maximum von Fachbegriffen mit einem Minimum von Sätzen und dieses wieder mit einem Maximum von Fußnoten verbinden. Auch die zu demonstrierende Methoden- und Theoriebewußtheit trägt zur Anschaulichkeit und Eleganz der Sprache schwerlich bei. Pointiert ausgedrückt: Wer erst einmal gehörig »akademisch« sozialisiert wurde, dürfte sich für die wirklich öffentliche Diskussion nur noch ausnahmsweise eignen.

Für die jüngste Vergangenheit läßt sich dies exemplarisch am Scheitern der »Neuen Linken« ablesen. Sie war angetreten mit dem Anspruch, den Elfenbeinturm zu sprengen, um dem wahren Massenbewußtsein zum Wort und zum Durchbruch zu verhelfen und damit ein neues Verhältnis und zur politischen Praxis herzustellen. Daß hierbei die Linke so kläglich gescheitert ist, lag nicht nur am Widerstand der Herrschenden, sondern vor allem an ihrem eigenen Unvermögen, eine für jedermann verständliche Sprache zu entwickeln.[265]

Hohn wäre indessen unangebracht, eher Nachdenklichkeit über eine deutsche Misere. Und womöglich hat diese Misere nur eine neue Gestalt angenommen. Vor jedem verklärenden Rückblick in die Vergangenheit ist ja ohnehin zu warnen. Wie zu zeigen war, blieb Bedingung der deutschen Revolution des Geistes immer ihre Ohnmacht im Gegenüber zur Macht. Ihre Wirkung beruhte auf der praktischen Wirkungslosigkeit, darauf, mit Marx zu reden, daß sie »im reinen Denken« sich zutrug. Oder um an die von Kant formulierte Paradoxie zu erinnern[266]: Nur derjenige, der »sich nicht vor Schatten fürchtet, zugleich aber ein wohldiszipliniertes zahlreiches Heer zum Bürgen der öffentlichen Ruhe zur Hand hat, - kann sagen, was ein Freistaat nicht wagen darf: *räsoniert, soviel ihr wollt, und worüber ihr wollt; nur gehorcht!*« Im Maße dagegen, wie der Schatten des Geistes bedrohlich oder »zersetzend« auf die Machtverhältnisse fiel, wuchs die Neigung zum Verfemen und Verfolgen, die Zerstörungs- und Exilierungswut.

So gesehen müßte man heute womöglich die Kantische Paradoxie neu formulieren: Erst die Folgewirkungen einer radikalen Zerstörung des Geistes sowie jene Abschottungen, die in den hermetischen Sprachen ihren Ausdruck finden, haben eine relative Entspannung, eine Art von Windstille und in ihr von Koexistenz möglich gemacht. Der Akzent freilich liegt dabei auf dem Relativen; Illusionen sind schwerlich erlaubt.

Nochmals im Vergleich zu Frankreich, in der Anekdote: In der bitteren Spätphase des Algerienkrieges forderte Jean-Paul Sartre die Soldaten dazu auf, aus der Armee zu desertieren, weil es sich um einen ungerechten Krieg handelte. Daraufhin legte man de Gaulle nahe, gegen Sartre vorzugehen. Der aber rief abwehrend aus: »Aber Sartre, das ist doch auch Frankreich!« Nach einer anderen Version entschied der Generals-Präsident nur lapidar: »Man verhaftet nicht Voltaire.« Man vergleiche das mit der hierzulande lauernden angsterfüllten Aggressivität: »Wenn es dir hier nicht paßt, dann geh doch in die DDR!« - um von der finsteren Praxis im anderen deutschen Staat gar nicht erst zu reden. Und man stelle sich eine nur von ferne vergleichbare deutsche Situation vor - und dann die Reaktionen auf einen entsprechenden Aufruf, sagen wir: Heinrich Bölls.

Die in deutsche Abgründe reichenden Ängste vor dem Schatten des Geistes, die seine Renegaten dazu treiben, eine Art von unheimlicher intellektueller Verschwörungsmacht, wenn nicht gar schon ihre Machtergreifung zu unterstellen: diese Ängste sind ohnehin längst wieder formuliert, um nicht zu sagen formiert worden. Beispielhaft hat Helmut Schelsky sie ausgesprochen in seinem Anti-Intellektuellenbuch, das, bezeichnend, als solches zum Bestseller wurde: »Die Arbeit tun die anderen – Klassenkampf und Priesterherrschaft der Intellektuellen«.[267] Es heißt darin: »Nicht der ›Besitz der Produktionsmittel‹ im Sinne der Güterproduktion, sondern der ›Besitz der Produktionsmittel‹ im Sinne der Sinnproduktion, der Bewußtseins- und Normbeherrschung einer Bevölkerung, machen heute die Fronten der ›Klassenherrschaft‹ aus.« Wachsende Freizeit macht die Verfügung über sie zum Instrument, die Menschen zu beherrschen, und konsequent genug verteufeln Intellektuelle materiellen Konsum – mitsamt der darauf gründenden Lebensfreude – als Konsumterror: »Der Kampf zwischen ›Konsum‹ und ›Bildung‹ im Bereich der Freizeit ist die gegenwärtige Phase des Klassenkampfes von ausbeutenden Herrschaftsgruppen.« Die neuen, intellektuellen Ausbeuter aber haben ihre schleichende Machtergreifung schon weit vorangetrieben: »An die Stelle der Krupp und Ballin, der Thyssen und Flick und ihren Generaldirektoren und Aktionären als personenhaften Symbolen der Ausbeutung des ›Reiches der Notwendigkeit‹, also der produktiven Arbeit, sind heute als sozialmächtige Konkurrenz doch längst die Böll und Grass, die Marcuse und Mitscherlich mit ihren intellektuellen ›Show-mastern‹, ihren Freizeitverdienern und ihren Agenten unter Ministern und Abgeordneten getreten.«[268] Hauptmittel zum Kampf der Intellektuellen um Macht ist die Verketzerung produktiver Leistungen: »Die geisteswissenschaftlich-literarisch-ästhetische Gruppe verteidigt mit ihrer Leistungsdiffamierung ihr eigenes Unproduktivitätsprivileg und macht daraus einen Klassenherrschaftsanspruch.«[269]

Für den eigenen Wissenschaftsbereich fordert Schelsky als »Anti-Soziologe«[270] folgerichtig eine energische

Zurückdrängung, die indessen in der Praxis ohne eine Art von Metternichscher Unterdrückungsstrategie nur schwer sich vorstellen läßt: »Von diesem Standpunkt aus wird die Soziologie nicht nur in bestimmten Lehren oder Richtungen kritisiert, sondern die Soziologie wird als wissenschaftliches Fach schlechthin ihrer unwissenschaftlichen Wirkungen wegen bezweifelt und abgelehnt. Sicherlich wird man die hier kritisierten Auswirkungen der Soziologie niemals *innerhalb* der Soziologie durch interne Fachauseinandersetzungen beheben können, sondern ihre heils- und klassenherrschaftlichen Wirkungen werden erst aufhören, wenn die Soziologie ihre große Zeitwirkung verliert und in die Stellung eines ›esoterischen‹ Fachs zurückgedrängt, also auf einen Personenkreis wieder beschränkt worden ist, der seinen Welterfahrungen nach den Verführungen der Soziologie gewachsen ist.«[271]

Wer entscheidet über zureichende Welt-Erfahrung? Und wer wird am Ende - und wie - *extern* den Hobel ansetzen? Kritik und Gegenkritik gehören zum geistigen Leben, sofern sie aus der Sache begründet werden. Aber was hier in der Polemik - und in der Resonanz des Bestsellers - sich ankündigt, mutet vor dem Hintergrund unserer geschichtlichen Erfahrungen unheimlich an.

Kaum ein Begriff taucht in deutschen Debatten so häufig, hartnäckig und rätselhaft auf wie »Identität«. Jedermann, so scheint es, befindet sich hierzulande auf der Suche nach seiner verlorenen. Nicht zuletzt geht es dabei um die nationale Identität: Was bedeutet sie noch? Was soll sie sein?

Das Problem kommt von weither. Es hat zu tun, wie zu zeigen war[272], mit dem Mangel eines selbstverständlichen und daher das Selbstverständnis bestimmenden, dabei im Einklang mit der Modernität und nicht im Widerspruch zu ihr stehenden nationalen Milieus. Aus dem Mangel erwuchs die Mangelkrankheit: jene schon von

Heine beklagte Verengung auf eine angeblich deutsche Eigen-Art, die letztlich nur im Machtkampf um Herrschaft und Hierarchie Konturen gewinnen konnte.

Die buchstäbliche Bodenlosigkeit dieser Kompensation des Mangels hat sich in zwei Weltkriegen erwiesen. Doch das Problem ist damit nicht erledigt, sondern es stellt sich seit 1945 nur in gewandelter, in mancher Hinsicht sogar verschärfter Form - und dies nicht bloß oder nur vordergründig, weil auf deutschem Boden zwei Staaten mit konkurrierenden, einander ausschließenden Ansprüchen entstanden sind. Denn inzwischen haben auch die regionalen Milieus weitgehend sich aufgelöst, die - konfessionell oder wie auch immer bestimmt - wenigstens vorpolitisch und traditionsgeprägt einen Teil der Identitätsbedürfnisse hatten auffangen können.

Zu dieser Auflösung angestammter Milieus hat nicht zuletzt der Nationalsozialismus beigetragen - entgegen den Hoffnungen vieler, die zunächst auf ihn setzten. Die totalitäre Gewaltherrschaft muß, um alle gesellschaftlichen Kräfte im Interesse des Machtkampfes nach innen und außen zu aktivieren, die Gesellschaft möglichst vollständig durchdringen. Und wie die totalitäre Gewalt, soziologisch gesehen, sozusagen dem Milieu der Milieulosen entstammt, so muß sie dabei die relative Geschlossenheit traditioneller Milieus als Elemente der Trägheit und Fremdheit, wenn nicht gar als Potentiale des Widerstandes gegen »Gleichschaltung« und »totale Mobilmachung« erbittert bekämpfen. Tatsächlich ließe sich die Geschichte des deutschen Widerstandes gegen den Nationalsozialismus ja weithin als eine Geschichte aus Milieus beschreiben: von den konfessionellen und den sozialistisch-proletarischen bis zum preußisch-aristokratischen. Praktisch bedeutsamer war indessen der Erfolg des Regimes. Krieg und Kriegsfolgen taten ein übriges; man denke nur an das Einströmen der Millionen von Heimatvertriebenen und Flüchtlingen. Charakteristisch genug sind nach 1945 Anbindungen von Massenorganisationen an Milieus entweder gar nicht mehr versucht worden oder verblaßt: An die Stelle von Richtungsgewerkschaften oder Richtungssportverbänden traten Einheitsgewerkschaft und Einheitssportbund; gegenüber der neuen Volkspartei CDU hatte die alte Milieupartei Zentrum keine Chance mehr, und die SPD kam auf Erfolgskurs erst, als sie, markiert durch das Godesberger Programm, den Wandel zur Volkspartei nachvollzog.

Der Gesamtvorgang erweist sich als durch und durch ambivalent. Auf der einen Seite bringt die Auflösung der Milieus einen Modernitätsschub mit sich. Das Individuum emanzipiert sich aus Bedingungen, die im Rückblick als Fesseln erscheinen. Die Mobilitäts- und die Aufstiegschancen wachsen. Der wirtschaftliche Erfolg der Bundesrepublik, aber auch ihre relative, jedenfalls alle Anfangserwartungen übertreffende politische Stabilität sind durch diesen Mobilisierungsschub gefördert, wenn nicht begründet worden.

Auf der anderen Seite hatten die Milieus aber auch Verhaltensorientierung geliefert - und dies in einem prägenden Zusammenhang, der Familie, Arbeitswelt, Freizeit und kulturelle Normen ebenso umfaßte wie die Abfolge der Generationen. Gerade die traditionsmächtigen Begrenzungen ergaben zugleich Sicherheit, Lebensperspektive, kurz Identität. Sie zerfällt mit den Bindungen und Grenzen. Zugleich entfallen die einstigen Schutzfunktionen des Milieus. Es wachsen, zwangsläufig, der individualisierte Leistungs- und der Konkurrenzdruck - und damit die Orientierungsschwierigkeiten wie die Versagensängste. Daher entsteht so etwas wie »Nostalgie«, eine wiederum höchst ambivalente Sehnsucht und Suche nach der verlorenen Geborgenheit, wie sie unter anderem in der Neuentdeckung des Lokalen, des Regionalen, der Mundarten, im Kampf für die Erhaltung von Umwelten - der natürlichen ebenso wie der historisch-sozialen, zum Beispiel alter Stadtviertel - oder in dem Interesse für die Milieugeschichte zum Ausdruck kommt. Bei alledem liegt es zum mindesten nahe, daß auch ideologisch militante Formen von Antimodernität sich entwickeln oder neu erstehen: Urbanität und Liberalität, Technik und Industrie erscheinen dann, wie die arbeitsteilige, konkurrenzbestimmte und leistungsorientierte Gesellschaft überhaupt, als das Fremde, Feindliche, Lebensbedrohende schlechthin.

Wie zum Ersatz des Milieus, als ihr Surrogat, bilden sich moderne Spielarten des Gettos: Ausgrenzungen oder »Gemeinschaften« der Gleichaltrigen, Gleichartigen, Gleichgesinnten. Besonders auffällig zeigt sich dies in den Subkulturen der Jugend. Solche Gettos mögen einige der Orientierungs- und Schutzfunktionen übernehmen, die einst den Milieus eigneten. Aber im Unterschied zu diesen erweisen sich die modernen Gehege als eigentümlich strukturarm. Zum Beispiel werden die Verbindungen mit Familien- und Generationszusammenhängen weitgehend gekappt oder doch ausgeblendet, ebenso wie die zur Arbeitswelt. Die jeweils aktuellen »Bewegungen«, Leitbilder und Ausdrucksformen - von der Musik, der Kleidung, der Sprache, der Stilisierung überhaupt bis hin zu modisch religiösen und politischen oder antipolitischen Zielsetzungen - dienen wesentlich dazu, die Fremdheit und Feindseligkeit, das Unverständnis der Außenwelt demonstrativ sichtbar zu machen und damit die innere Abriegelung gegen sie zu begründen.

Aber damit entsteht, zum mindesten der Tendenz nach, ein pathologisches Verhältnis, ein fundamentales Mißverhältnis nicht nur zur Gegenwart, sondern vor allem zur Zukunft. Sie *ängstigt.* Denn in der Strukturarmut vermag sich eine Lebensperspektive kaum zu entwickeln; man kann zum Beispiel nicht dauernd jugendlich bleiben, und wer es doch versucht, sieht sich früher als gedacht mit sanfter Unerbittlichkeit abgedrängt: »Na, Opa, was willst du denn hier?«

Anders und allgemeiner ausgedrückt: Es stellt sich - und zwar prinzipiell für junge, ältere und alte Menschen gleichermaßen - die bedrängende Frage nach einer insgesamt tragfähigen Lebensperspektive, die Frage nach dem *Sinn.* Arnold Gehlen hat es in immer neuen

Anläufen und Perspektiven als eine Aufgabe der *Institutionen* beschrieben, daß sie die Frage nach dem Sinn beantworten oder vielmehr gar nicht erst aufkommen lassen, insofern sich das Individuum in der Objektivierung seiner Existenz, im Dienste der Institutionen »konsumieren« läßt.[273] Doch das dürfte jedenfalls für moderne Verhältnisse ein Traum bleiben – und wohl nicht einmal ein schöner –, weil die Institutionen den einzelnen zwar als Arbeitskraft konsumieren, aber, eben damit, Jugend und Alter ebenso beiseite lassen wie Familie und Freizeit. Was daher Gehlen von den Institutionen erwartete, dürfte weit eher den Milieus zuzurechnen sein. Erst ihre Auflösung macht die »Sinnfrage« akut – und zunehmend ausweglos auch für Institutionen, wenn diese mit ihr befrachtet werden.

Die Be- und Überfrachtung betrifft nicht zuletzt alle Institutionen des politischen Systems: Parteien, Parlamentarismus oder schlechthin »den Staat«. Die liberale Demokratie beruht darauf, daß sie zwischen dem »Vorletzten« und dem »Letzten«, zwischen mehrheitsfähigen und nicht mehrheitsfähigen Fragen eine klare Grenze zieht. Denn darüber, ob es Gott gibt oder nicht gibt, kann man sowenig abstimmen wie überhaupt über Heils-, Glücks- und Sinnfragen. Wenn man sie dennoch politisiert, entstehen unabwendbar radikale Freund-Feind-Verhältnisse, die nur im Bürgerkrieg oder Krieg ausgetragen werden können und einzig mit dem Triumph der einen, dem Untergang der anderen Partei aus der Welt zu schaffen sind. In diesem Sinne gilt als grundlegende Erfahrung – und nicht bloß für Parteien –, was Adolf Arndt einmal so ausgedrückt hat:

»Der soziale Staat und die menschenwürdige Gesellschaft sind ein Vorletztes; ihnen kann nicht gerecht werden, wer sich übernimmt, einzig im Namen des Letzten zu leben, und damit das uns anvertraute Diesseits mißachtet. Wer so verfährt, verfällt der Gefahr, nicht aus der Wahrheit, die er sich so offenbart glaubt, tätig zu sein, sondern mit dem politisch zu wirken, was sich an Brauchbarkeit mit dieser Wahrheit anfangen läßt, indem sie für ihn nicht mehr unverfügbare Wahrheit, sondern etwas Fungibles und Funktionierendes wird, kurz: eine Ideologie, d.h. ein Instrumentarium der Außensteuerung... Ich bitte, es als das Herzstück meines Versuchs, als den beschwörenden Zuruf meiner Ausführungen aufzufassen, wenn ich jetzt sage: Die Unmenschlichkeit bricht aus, sobald im Vorletzten, wie es jeder demokratischen Partei als Ort gebührt, eine letzte Wahrheit vom Menschen zum Maßstab für mitmenschliche Gemeinschaft erhoben wird.«[274]

Walter Scheel hat als Bundespräsident den Sachverhalt ironischer formuliert: »Die Demokratie will und kann ihren Bürgern nicht ihren Lebenssinn, handlich verpackt, liefern; den müssen sich die Bürger schon selber suchen.«[275] Doch in dieser Formulierung steckt wohl schon die Abwehr von Ansprüchen, die zunehmend an das politische System herangetragen werden – und *gegen* dieses sich richten, wenn es ihnen die Erfüllung versagt.

So beklemmend es vor dem Hintergrund deutscher Erfahrungen sich ausnehmen mag, wenn politische »Bewegungen« und »Antiparteienparteien« aufkommen, so selbstverständlich muß es in einem freien Gemeinwesen allerdings sein, daß neue politische Ziele proklamiert werden können, mögen sie nun den Vorrang des Umweltschutzes vor dem Wirtschaftswachstum, der Abrüstung vor der Abschreckung, das Nein zur Kernenergie und zu anderen technischen Großprojekten oder was immer meinen. Nicht das ist ein Problem, sondern daß die »Bewegungen« offenbar wesentlich vom idealistischen Sinnverlangen nach Letztem bestimmt werden, von heils- und unheilsgeschichtlichen Perspektiven, die den einzelnen zur bedingungslosen Identifikation drängen und eben damit in der Scheidung von Freund und Feind die Herstellung einer politischen Identität erst zu erlauben scheinen. Negativ ausgedrückt liegt darin zum mindesten ein Indiz dafür, daß es im Rahmen der *bestehenden* Verhältnisse – und ihrer politischen »Spielregeln« - noch immer keinen tragfähigen Boden für die Identitätsbildung gibt.

Wie vorletzte, praktische Fragen in die letzten, quasireligiösen des Heils oder Unheils schlechthin sich verwandeln, hat exemplarisch Iring Fetscher am Streit über die Kernenergie sichtbar gemacht: Es »sollte klar sein, daß in dieser Frage der Hinweis auf die formal-demokratischen Verfahren nicht mehr ausreicht, um Legitimitätsüberzeugungen zu begründen. Genausowenig wie sich die religiösen Minderheiten im 17. Jahrhundert - in England und in den Niederlanden - durch Mehrheitsbeschlüsse von ihren Glaubensüberzeugungen abbringen ließen, lassen sich heute Gegner der Nukleartechnologie... davon überzeugen, daß wir ›in die Steinzeit‹ zurückfallen, wenn wir auf diese technologische Möglichkeit verzichten, und daß sie sich aus diesem Grunde dem Mehrheitsvotum beugen müssen.«[276]

Nun geht es im Ernst wohl kaum um das »Steinzeit«-Argument, um so mehr aber ums Letzte heils- und unheilsgeschichtlicher Perspektiven. Sie führen in ein ausweglose Dilemma, das Fetscher selbst schildert: »Als während des konfessionellen Bürgerkrieges im 17. Jahrhundert die widerstreitenden Konfliktparteien sich nicht einigen konnten, wurde der politische Friede dadurch wiederhergestellt, daß sich der Staat aus der Sphäre der religiösen Streitigkeiten herauszog. Eine analoge Haltung ist deshalb bei unserer Streitfrage nicht möglich, weil der moderne Staat selbst als handelndes Subjekt energiepolitischer Förderer der technologischen Entwicklung ist. Ohne seine Entscheidungen... wäre die Entwicklung z. B. der Kernenergie kaum möglich gewesen und kann sie weder fortgesetzt noch abgebrochen werden.«[277]

In der Tat. Fetscher sagt allerdings nicht, daß die Durchsetzung religiöser Toleranz in den Niederlanden, England oder den Vereinigten Staaten keineswegs nur eine Sache der Staatsräson war - wie vielleicht in Preußen -, sondern ein zweiseitiger Vorgang: Die Bürger selbst lernten es allmählich, auf die politische Durchsetzung religiöser Überzeugungen zu verzichten. Erst damit konnte die Toleranz sich zu einem Element politischer Kultur entwickeln; erst auf dieser Grundlage wurde die westlich-liberale Demokratie möglich.

Als Ausweg aus dem gegenwärtigen Dilemma schlägt Fetscher ein Moratorium vor. Das mag von Fall zu Fall sinnvoll sein, obwohl nur ausnahmsweise politische Probleme durch ihre Vertagung sich erledigen und es hier wohl eher um eine verdeckt vorweggenommene Option gegen die Kernenergie ginge. Entscheidend bleibt, daß die demokratische Mehrheitsregel nicht mehr anerkannt wird; entscheidend bleibt, daß letzte und vorletzte Fragen wie selbstverständlich vermischt, ja zur Deckung gebracht, statt durch eine Grenze geschieden werden.

Konsequent bis ans Ende gedacht – und praktiziert – muß das verheerende Auswirkungen haben. Weil letzte Ansprüche und Überzeugungen ihrem Wesen nach nicht mehrheitsfähig sind, *können* Mehrheitsentscheidungen gar nicht mehr hingenommen werden, wenn sie dem eigenen Zugriff auf absolute Moral, höhere Einsicht und Heilswahrheit widerstreiten. Es ist dann heilige Pflicht, sie *mit allen Mitteln* zu bekämpfen. Die Konsequenz, mit anderen Worten, ist der Bürgerkrieg, hier der ökologische Bürgerkrieg, der folgerichtig ja schon angekündigt – und nicht bloß angekündigt worden ist. Konsequenz ist die Zerstörung der liberalen, parlamentarischen Demokratie.

Die Härte des Entweder-Oder erlaubt keine Illusionen. Das hat mit besonderer, dankenswerter Klarheit Bernd Guggenberger zum Ausdruck gebracht in seinem Buch »Bürgerinitiativen in der Parteiendemokratie«, das eigentlich »Bürgerbewegungen *gegen* die Parteiendemokratie« heißen müßte. Guggenberger sagt: »Was die Bürgerinitiativbewegung thematisch in ihrer Grundrichtung zum Ausdruck bringt, ist mit den von den Parteien traditionellerweise repräsentierten Themen, Werten und

Normen immer weniger koexistenzfähig. Sowenig dies im Einzelfall oft sichtbar wird – in ihrer Gesamtheit ergänzen die Bürgerinitiativen nicht auf eine vergleichsweise ›harmlose‹ Art die herkömmliche Parteiprogrammatik, sondern liegen quer zu ihr.« Daher ist von einem »Fundamentalkonflikt« die Rede – und, folgerichtig, vom ökologischen Bürgerkrieg: »Was sich abzeichnet, ist eine bevölkerungsweite Fundamentalpolarisierung, welche die konfliktkanalisierenden Pazifierungsmuster der parlamentarisch-repräsentativen Demokratie Stück für Stück außer Kraft setzt.« Und: »Die Bürgerinitiativbewegung setzt, in einem ganz grundsätzlichen Sinn, das Problem der Reichweite und der Grenzen politischer Entscheidungsfindung durch Mehrheiten auf die Tagesordnung.«[278]

Das ist es. Das folgt aus der Mißachtung der Grenzen zwischen dem Vorletzten und dem Letzten, zwischen mehrheitsfähigen und nicht mehrheitsfähigen Fragen. Guggenberger spricht von einem »lebensganzheitlichen« Prinzip, das im Gegensatz steht zu den Prinzipien der Arbeitsteilung, welche die repräsentative Demokratie ebenso wie die Industriegesellschaft insgesamt kennzeichnen. Doch damit wird wohl nur liebenswürdig verbrämt, was eigentlich beim totalitären Namen genannt werden müßte.

Man mag verstehen, wie es dahin kommen kann. Dieses Buch handelt von den geschichtlichen Konstellationen und von den Beschädigungen, die deutsche Ängste und Aggressionen freisetzten, von den verzweifelten Träumen und Hoffnungen, die in idealistischer Hingabe bis zum radikalen Selbstopfer endlich das Verlangen nach der tragfähigen Identität, nach der wirklichen Versöhnung des Göttlichen mit der Welt zu stillen versuchten.

Aber dieses Buch handelt vor allem von den schrecklichen Folgen; es handelt von der Zerstörung des Geistes. Sie ist das Ergebnis der Ängste und Aggressionen. Und sie ist das Unheil aus dem Heilsverlangen in einer

Welt, die nach christlicher Überzeugung endgültig versöhnt, heil und geheiligt niemals sein kann.

Soll sich nicht wiederholen, was geschah, so ist vor allem eins notwendig: geduldige und entschlossene Aufklärung über die geschichtlichen Zusammenhänge. Denn nur solche Aneignung der Geschichte kann deren Bann brechen. Zur Aufklärung wird freilich der Mut gefordert, den schon Kant beschwor. Werden wir ihn aufbringen, um unseren Ängsten standzuhalten und schließlich sie zu überwinden? Das ist die Frage an uns alle, der Kern der deutschen Frage.

Anmerkungen

1 Almansor, 1823.

2 Beantwortung der Frage: Was ist Aufklärung? 1784. – Wenn Kant auch oder gerade nach 1933 als »Lehrmeister rigoroser Pflichterfüllung« gerühmt wurde, dann unterschlug man den Aufklärer ebenso, wie man den »kategorischen Imperativ« verfälschte, der doch fordert, daß die Maxime des Willens »jederzeit zugleich als Prinzip einer allgemeinen Gesetzgebung gelten könne«. Damit wird die *menschheitliche* Dimension und in ihr die *Reziprozität* als Maxime eingesetzt, wie sie noch deutlicher in der anderen Fassung zum Ausdruck kommt: »Handle so, daß du die Menschheit sowohl in deiner Person als in der Person eines jeden anderen, jederzeit zugleich als Zweck, niemals bloß als Mittel brauchst.« (Grundlegung zur Metaphysik der Sitten.)

3 Von der Furcht und Flucht vor der Freiheit spricht Erich Fromm: Die Flucht vor der Freiheit, dt. zuerst Zürich 1945. Karl R. Popper behandelt den Lastcharakter der offenen Gesellschaft: Die offene Gesellschaft und ihre Feinde, 4. Aufl. Stuttgart 1975. Zur Deutung des Antisemitismus in diesem Sinne: Eva Reichmann, Flucht in den Haß, 4. Aufl. Frankfurt a. M. 1964. Eine Deutung von Selbsthaß, Selbstzerstörung und Fluchtbewegung des Bürgertums schon vor der »Machtergreifung«: Hermann Heller, Rechtsstaat oder Diktatur? Tübingen 1930.

4 Siehe dazu Detlev Peukert: Alltag unterm Nationalsozialismus; Beiträge zum Thema Widerstand 17, Informationszentrum Berlin – Gedenk- und Bildungsstätte Stauffenbergstraße, 1981, S. 6.

5 Diese Beispiele werden nur aus dem Bereich der Universitäten gewählt. Natürlich gibt es noch viele andere; man denke etwa an Gottfried Benn.

6 Breslau 1933, S. 5 u. 22.

7 Pallas Athene, Ethik des politischen Volkes, Jena 1935, S. 121f. – Kürzlich hat Helmut Schelsky Freyer für die Zeit nach 1933 als großen akademischen Lehrer – und

als den im tieferen oder höheren Sinne wahren Demokraten porträtiert. Das damit verbundene, vom Ressentiment verzerrte Gegenporträt rückt freilich Schelskys Zeugenschaft ins Zwielicht der Selbstrechtfertigung. (Rückblicke eines »Anti-Soziologen«, Opladen 1981, S. 134ff.)

8 Abgedruckt bei: Joseph Wulf, Literatur und Dichtung im Dritten Reich – Eine Dokumentation, Rowohlt Taschenbuch Ausgabe 1966, S. 26f.

9 Vgl. Marie Baum: Leuchtende Spur – Das Leben Ricarda Huchs, Tübingen 1950, S. 345.

10 Das Saarland stand als Mandatsgebiet des Völkerbundes noch außerhalb des nationalsozialistischen Machtbereichs; erst 1935 kehrte es nach einer Volksabstimmung »heim ins Reich«.

11 Zit. nach Max Hodann u. Walther Koch: Die Urburschenschaft als Jugendbewegung, Jena 1917, S. 15f.

12 Friedrich Meinecke: Das Zeitalter der deutschen Erhebung 1795–1815, 3. Aufl. Bielefeld u. Leipzig 1924, S. 623.

13 Legenden zerstört, z. B. durch die schlichte Auszählung des Anteils der Bildungsschichten an den Kriegsfreiwilligen von 1813: Rudolf Ibbeken, Preußen 1807–1813 – Staat und Volk als Idee und in Wirklichkeit, Köln u. Berlin 1970.

14 Das macht im Kontrast Karl Griewank deutlich, wenn er von der Zeit von 1848 sagt: »Dem Aktivismus einzelner Studenten und Studentengruppen konnte nun nicht mehr die Bedeutung zukommen wie in dem politischen Schlummerzustand der früheren Jahrzehnte; in dem öffentlichen Leben, das sich gegenüber dem politischen Obrigkeitsstaat allmählich ausbildete, wurde der Student zur Einzel- und Privatperson wie jeder andere.« (Deutsche Studenten und Universitäten in der Revolution von 1848, Weimar 1949, S. 16.) Nur in Wien spielte die »Akademische Legion« noch eine wichtige Rolle.

15 Ludwig Börne – Eine Denkschrift, Viertes Buch, 1840.

16 Zit. nach Veit Valentin: Das Hambacher Nationalfest, Berlin 1932, S. 110.

17 Valentin, a.a.O., S. 85.

18 A.a.O., S. 80.

19 Harry Pross: Studenten, Verbindungen, Politik, in: Vor

und nach Hitler - Zur deutschen Sozialpathologie, Olten u. Freiburg i. Br. 1962, S. 51.

20 Pross, a.a.O.

21 Zu Sand näher: Karl Alexander v. Müller, Karl Ludwig Sand, München 1924. - Follen hat ein wahrhaft bewegtes Leben geführt. Zunächst Privatdozent in Gießen, floh er später vor der Verfolgung nach Frankreich, dann in die Schweiz. 1824 wanderte er nach Amerika aus, wurde in Cambridge/Mass. Professor für deutsche Sprache und Literatur, schließlich unitarischer Prediger. Er starb 1840 bei einem Schiffsbrand auf dem Eriesee.

22 A.a.O., S. 52.

23 Die Romantische Schule, Erstes Buch, 1836.

24 Zit. nach: Werner Klose, Freiheit schreibt auf eure Fahnen - 800 Jahre deutsche Studenten, Oldenburg u. Hamburg 1967, S. 143.

25 A.a.O., S. 144.

26 Noch kürzlich - 1982 - hat es der Konvent der Universität Düsseldorf mit Stimmenmehrheit abgelehnt, die Hohe Schule nach dem größten Sohn der Stadt zu benennen.

27 Ludwig Börne - Eine Denkschrift, Viertes Buch, 1840.

28 A.a.O.

29 Vgl. Hannes Neumann: Die deutsche Turnbewegung in der Revolution von 1848/49 und in der amerikanischen Emigration, Schorndorf 1968.

30 Karl Griewank: Deutsche Studenten und Universitäten in der Revolution von 1848, Weimar 1949, S. 19.

31 Heinrich August Winkler: Bürgerliche Emanzipation und nationale Einigung - Zur Entstehung des Nationalliberalismus in Preußen. In: Probleme der Reichsgründungszeit 1848-1879, hrsg. v. Helmut Böhme, Köln u. Berlin 1968, S. 237.

32 Rudolf v. Thadden: Berührung zwischen Vergangenheit und Zukunft. In: Politik und Kultur, 5. Jg. 1978 H. 3, S. 60f.

33 Zum statistischen Nachweis der »Veradligung«: Hans Heigert, Die Romantik, die Studenten und die deutsche Wirklichkeit, Diss. Heidelberg 1949, S. 231.

34 Vgl. Karl Griewank, a.a.O., S. 51.

35 Werner Klose, a.a.O., S. 188.
36 Theobald Ziegler: Der deutsche Student, 11. u. 12. Aufl. Berlin u. Leipzig 1912, S. 139.
37 Vgl. dazu Walter Boehlich: Der Berliner Antisemitismusstreit, Frankfurt a. M. 1965.
38 W. Klose, a.a.O., S. 189.
39 Politische Ethik und Christentum, Göttingen 1904, S. 5.
40 Zit. nach Golo Mann: Max Weber als Politiker, in: Zwölf Versuche, Frankfurt a. M. 1973, S. 33.
41 Vgl. Fn. 36. Hier: S. 21.
42 Vgl. Fn. 19. Hier: S. 63.
43 A.a.O., S. 66.
44 Siehe dazu, exemplarisch: Hermann Thimmermann, Der Sturm auf Langemarck, München 1933, 8. Aufl. 1941. – Der deutsche Kriegsfriedhof von Langemarck zählt 45 000 Gräber.
45 Der Kampf als inneres Erlebnis, Berlin 1922, S. 53.
46 A.a.O., S. 116.
47 Der Arbeiter, Hamburg 1932, S. 71.
48 Der Kampf als inneres Erlebnis, S. 76.
49 Zit. nach Karl Barth, Eine Schweizer Stimme, 1938–1945, Zollikon-Zürich 1945, S. 342.
50 Der Arbeiter, S. 55.
51 Die totale Mobilmachung, in: Krieg und Krieger, hrsg. v. E. Jünger, Berlin 1930, S. 29.
52 Henri Barbusse, französischer Schriftsteller, schilderte in seinem Kriegsbuch »Le Feu« (1916, dt. »Das Feuer, 1918) das *Grauen* der Materialschlacht und wurde unter diesem Eindruck zum Pazifisten.
53 Die totale Mobilmachung, a.a.O., S. 25 u. 30. – Besonders markant kommt die gegen die Werte des traditionellen Europa gerichtete Haltung auch zum Ausdruck in: Das abenteuerliche Herz, 1. Fassung Berlin 1929, S. 184f. u. 186ff.
54 Den Antiliberalismus gleichsam als Quersumme vordergründig sehr unterschiedlicher Positionen und Strömungen analysiert materialreich: Kurt Sontheimer, Antidemokratisches Denken in der Weimarer Republik – Die politischen Ideen des deutschen Nationalismus zwischen 1918 und 1933, München 1962.

55 Vgl. Werner Klose: Freiheit schreibt auf eure Fahnen - 800 Jahre deutsche Studenten, Oldenburg u. Hamburg 1967, S. 213. - Weitere Literatur zum Folgenden: Jürgen Schwarz, Die deutsche Studentenschaft in der Zeit von 1918 bis 1923 und ihre Stellung zur Politik, Diss. Freiburg i. Br. 1962; Hans Peter Bleuel u. Ernst Klinnert, Der deutsche Student auf dem Weg ins Dritte Reich, Ideologien - Programme - Aktionen 1918-1935, Gütersloh 1967; Michael H. Kater, Studentenschaft und Rechtsradikalismus in Deutschland 1918-1933, eine sozialgeschichtliche Studie zur Bildungskrise in der Weimarer Republik, Hamburg 1975; schließlich besonders hervorzuheben: Anselm Faust, Studenten und Nationalsozialismus in der Weimarer Republik - Der Nationalsozialistische Deutsche Studentenbund, Diss. Frankfurt a. M. 1971, als Buch in 2 Bänden: Düsseldorf 1973. Als Beispiele von Lokalstudien seien noch genannt: Manfred Franze, Die Erlanger Studentenschaft, 1918-1945, Würzburg 1972; Wolfgang Kreutzberger, Studenten und Politik 1918-1933. Der Fall Freiburg im Breisgau, Göttingen 1972.

56 Friedrich Wolters: Stefan George und die Blätter für die Kunst, Berlin 1930, S. 41, 549, 561. - Weniger verstiegene, anschauliche Darstellung: Robert Boehringer, Mein Bild von Stefan George, München u. Düsseldorf 1951. - Einer der späten Lieblingsschüler Georges war Claus Graf Schenk von Stauffenberg.

57 Siehe dazu: Klaus Fritzsche, Politische Romantik und Gegenrevolution. Fluchtwege in der Krise der bürgerlichen Gesellschaft: Das Beispiel des »Tat«-Kreises, Frankfurt a. M. 1976.

58 Siehe Harry Pross: Studenten, Verbindungen, Politik. In: Vor und nach Hitler - Zur deutschen Sozialpathologie, Olten u. Freiburg i. Br. 1962, S. 69ff. - Vgl. ferner Faust, a.a.O., Bd. I, S. 52ff.

59 Zit. nach Faust, a.a.O., Bd. I, S. 49. - Das Windhund-Leder-Kruppstahl-Ideal wurde später vor allem auf die Hitlerjugend bezogen.

60 Klose, a.a.O., S. 223.

61 Zur Schilderung solcher Fälle siehe Faust, a.a.O., Bd. II, S. 51ff. u. Bd. I, S. 50ff.

62 Mein Konflikt mit der nationalsozialistischen Regierung 1933, in: Universitas 10/1955, S. 457ff.

63 Hochschule und Staat, in: »Der Staat«, Berlin 1928, S. 19.

64 Die noch immer bedeutendste Analyse zu diesem Thema stammt von Max Weber: Parlament und Regierung im neugeordneten Deutschland (Mai 1918), in: Gesammelte Politische Schriften, 2. Aufl. Tübingen 1958, S. 294ff. – Wehmütige Rückblicke sind bis zur Gegenwart geläufig. »Die große Zeit der Verwaltung in der deutschen Staatsgeschichte wird immer das 19. Jahrhundert bleiben«, heißt es etwa bei Ernst Forsthoff (Rechtsstaat im Wandel, Stuttgart 1964, S. 58). Doch geht es dabei eben nicht nur um Sparsamkeit, Unbestechlichkeit usw., nicht einmal nur ums Juristenmonopol, dessen Auflösung Forsthoff beklagt; es geht um die Kongruenz von Verwaltung und Herrschaft.

65 Zit. nach: Gerhard Ritter, Stein – Eine politische Biographie, 3. Aufl. Stuttgart 1958, S. 254.

66 Lehrfreiheit, Wissenschaft und Collegiengeld, Wien 1875, S. 15.

67 Jacob Grimm über seine Entlassung, Basel 1838, hier zit. n. d. Ausgabe Frankfurt a. M. 1964, S. 8.

68 A.a.O., S. 58 (Zit. im Nachwort v. W. Vordtriede.)

69 S. 17.

70 S. 18 u. 20. – Trefflich auch die Entrüstung eines hohen Beamten in Hannover: »Wir haben es nicht gewagt, dem Könige zu widersprechen, und sieben Professoren nehmen es sich heraus.« (Grimm, S. 22, Fußnote.)

71 S. 24.

72 S. 28 u. ff.

73 S. 31.

74 S. 5.

75 Brief an H. Baumgarten vom 27. Januar 1871, zit. nach J. Heyderhoff u. P. Wentzcke: Deutscher Liberalismus im Zeitalter Bismarcks – Eine politische Briefsammlung, Bonn u. Leipzig 1925, Bd. I, S. 494.

76 München u. Leipzig 1889ff., bereits 1892–1895 in 5. Auflage, 1901 als Volksausgabe.

77 Briefe, Bd. V, Basel 1963, S. 182f.

78 1908, 7. Aufl. 1928, im folgenden zit. nach der 5. Auflage, München u. Berlin 1919.

79 A.a.O., S. 326.
80 S. 495.
81 Hegel und der nationale Machtstaatsgedanke in Deutschland, Leipzig u. Berlin 1921, hier S. 47 u. 185. - Heller gehört im übrigen zu den wenigen Hochschullehrern der Weimarer Republik, die sich zu entschiedenen Demokraten entwickelten. Mit seiner postum veröffentlichten »Staatslehre« (Leiden 1934) ist er zu einem wichtigen Anreger moderner Politikwissenschaft geworden.
82 Auf höherer Ebene wird damit bestätigt, was u.a. E. Troeltsch (vgl. S. 43) und R. v. Thadden (vgl. S. 41f) beschreiben.
83 Historische und politische Aufsätze, 5. Aufl. Leipzig 1886, Bd. II, S. 152.
84 Vgl. oben. S. 43.
85 Politische Ethik und Christentum, Göttingen 1904, S. 6.
86 Das Wesen des Völkerrechts und die clausula rebus sic stantibus, Tübingen 1911, S. 135.
87 A.a.O.
88 S. 146.
89 A.a.O.
90 Der Nationalstaat und die Volkswirtschaftspolitik, in: Gesammelte Politische Schriften, 2. Aufl. Tübingen 1958, S. 21 u. 23. - Weber hat sich später zum entschiedenen Kritiker des wilhelminischen Obrigkeits- und Beamtenstaates entwickelt. Siehe vor allem: Parlament und Regierung im neugeordneten Deutschland (1918), a.a.O., S. 294ff.
91 Siehe dazu: Wolfgang Marienfeld, Wissenschaft und Schlachtflottenbau 1897-1906, Beiheft 2 der Marinerundschau (Zeitschr. f. Seewesen), April 1957.
92 Politik - Vorlesungen, hrsg. v. M. Cornicelius, 2 Bde., Leipzig 1897 u. 1898. Hier: Bd. I, S. 50f.
93 A.a.O., Bd. I, S. 143.
94 Treitschkes Biographie liefert einen drastischen Beleg. Er hatte als Liberaler begonnen und wandelte sich dann zum begeisterten Anhänger Bismarcks wie zum Apologeten des Obrigkeitsstaates. Im übrigen hat er, Sohn eines sächsischen Generals, 1866 die Annexion seiner Heimat durch Preußen gefordert. Darüber kam es zum Bruch mit dem Elternhaus.

95 German Social Democracy. Da das Buch wegen seiner Kritik am orthodoxen Marxismus auch deutschen Sozialdemokraten nicht behagte, wurde es kaum rezipiert. So erschien es in deutscher Übersetzung erstmals (!) unter dem Titel: Die deutsche Sozialdemokratie, hrsg. v. Achim v. Borries, Berlin u. Bonn 1978. Zitierter Text S. 178f., hier in etwas abweichender Übersetzung, nach: B. Russell, Politische Schriften I - Was wir tun können, hrsg. v. A. v. Borries, München 1972, S. 23f.

96 Politik - Vorlesungen, a.a.O., Bd. I., S. 74.

97 München u. Leipzig 1915.

98 Der Genius des Krieges und der deutsche Krieg, Leipzig 1915. (»Kategorientafel«: S. 442f.)

99 Das Ressentiment im Aufbau der Moralen, in: Vom Umsturz der Werte, Bd. I, 2. Aufl. Leipzig 1919.

100 3 Bde., Berlin 1915 ff.

101 Krieges Anfang. Neu abgedruckt, in: Aufrufe und Reden deutscher Professoren im Ersten Weltkrieg, hrsg. v. K. Böhme, Stuttgart 1975, S. 59f.

102 Die Deutschen auf dem Wege zur einigen und freien Nation, zuerst 1915, abgedruckt in: Aufrufe und Reden deutscher Professoren, a.a.O., S. 103f.

103 A.a.O., S. 105.

104 Heinrich von Treitschkes deutsche Sendung, in: Der Panther 5, 1917, S. 437.

105 Deutsche Staatsauffassung, in: Deutschlands Erneuerung, H. 2, 1918, S. 199ff.

106 A.a.O.

107 Betrachtungen eines Unpolitischen, 19./24. Aufl. Berlin 1922, S. XXXIV, XXXVI.

108 Siehe zum Text: Aufrufe und Reden deutscher Professoren..., a.a.O., S. 49f.

109 Die deutsche Freiheit. In: Die deutsche Freiheit. Fünf Vorträge. Hrsg. v. Bund deutscher Gelehrter und Künstler, Gotha 1917, S. 14ff.

110 Siehe: Aufrufe und Reden deutscher Professoren..., a.a.O., S. 125ff.

111 Versöhnungsfriede - Machtfriede - Deutscher Friede, Berlin 1917. Delbrück verfaßte auch schon eine Gegenerklärung zur Seeberg-Adresse; vgl. Aufrufe und Reden deutscher Professoren..., S. 135ff.

112 Hier nach: Bismarcks Erbe, Berlin 1915, S. 202.
113 Siehe: Aufrufe und Reden deutscher Professoren..., a.a.O., S. 184f.
114 Vgl. von Treitschke zum Thema: »Ein Wort über unser Judentum« in den Preußischen Jahrbüchern von 1879/1880. Im übrigen zu den Einzelheiten: Walter Boehlich, Der Berliner Antisemitismusstreit, Frankfurt a.M. 1965.
115 Vgl. oben, S. 68.
116 Der deutsche Student, 11. u. 12. Aufl. Berlin u. Leipzig 1912, S. 139.
117 So Mommsen in seinem »Testament«, erstmals veröffentlicht in: Die Wandlung, 3. Jg., H. 1, S. 69ff.; vgl. dazu: Dolf Sternberger, »Ich wünschte, ein Bürger zu sein« – Neun Versuche über den Staat, Frankfurt a.M. 1967, S. 10ff.
118 Vgl. Kurt Töpner, Gelehrte Politik und politisierende Gelehrte. Die Revolution von 1918 im Urteil deutscher Hochschullehrer, Göttingen 1970, S. 253f. – Zu einer kritischen Zeitgenossenschaft siehe vor allem: Ernst Troeltsch, Spektator-Briefe – Aufsätze über die deutsche Revolution und die Weltpolitik 1918/22, hrsg. v. H. Baron, Tübingen 1924.
119 Aus den Tagebüchern 1918–1937, München (dtv-Ausg.) 1965, S. 166.
120 Natürlich gab es so etwas keineswegs nur bei Professoren. Der Vater des Verfassers wurde von »Standesgenossen« zeitweilig »der rote Graf« genannt – weil er der Einladung des Reichspräsidenten zu einem Gespräch gefolgt war. Der Reichspräsident wollte sich über Probleme der ostdeutschen Landwirtschaft informieren. Aber er hieß leider noch nicht Hindenburg, sondern Friedrich Ebert.
121 Noch in der Bundesrepublik löste am Anfang der sechziger Jahre der Historiker Fritz Fischer eine heftige Kontroverse, fast einen Skandal aus mit seinem Buch »Griff nach der Weltmacht – Die Kriegszielpolitik des kaiserlichen Deutschland 1914/18« (3. Aufl. Düsseldorf 1964). Denn darin wurde die Schuldfrage erneut und kritisch zum Thema gemacht.
122 Vom Geist unserer Zeit, München 1929, S. 130.
123 1878–1949, Strafrechtler und Rechtsphilosoph, 1921/22 und 1923 Reichsjustizminister, 1933–1945 amtsenthoben.

124 1891–1933; vgl. Fußnote 81.
125 1849–1932, Staats- und Kirchenrechtslehrer, Mitglied der Weimarer Nationalversammlung und 1920–1932 für die Deutsche Volkspartei Mitglied des Reichstages.
126 Die deutschen Universitäten und der Staat, Referate erstattet auf der Weimarer Tagung deutscher Hochschullehrer am 23. und 24. April 1926, von Wilhelm Kahl, Friedrich Meinecke, Gustav Radbruch, Tübingen 1926, S. 8f.
127 A.a.O., S. 33.
128 1851–1930, ev. Theologe, Berater der Weimarer Nationalversammlung in Schul- und Kirchenfragen, zeitweilig Generaldirektor der Preußischen Staatsbibliothek, Begründer und erster Präsident der Kaiser Wilhelm-Gesellschaft, der Vorgängerin der heutigen Max-Planck-Gesellschaft.
129 Die Haltung der deutschen Universitäten zur Weimarer Republik, in: Nationalsozialismus und die deutsche Universität – Universitätstage 1966, Berlin 1966, S. 28. Vgl. von Sontheimer insgesamt auch: Antidemokratisches Denken in der Weimarer Republik, München 1962.
130 A.a.O., S. 11.
131 A.a.O.
132 Die Haltung der deutschen Universitäten, a.a.O., S. 29.
133 Die deutschen Universitäten und der Staat, a.a.O., S. 25.
134 Insgesamt zur Einstellung der Historiker gegenüber der Weimarer Republik: Bernd Faulenbach, Ideologie des deutschen Weges – Die deutsche Geschichte in der Historiographie zwischen Kaiserreich und Nationalsozialismus, München 1980.
135 Nach: Deutsche Hochschul-Zeitung, 16. 2. 1924.
136 Held und Volk, Erlangen 1928, S. 4 u. 14.
137 Politik und Geistesleben, München 1927, S. 4 u. 5f.
138 Politische Romantik, 2. Aufl. München u. Leipzig 1925 (zuerst 1919), S. 228.
139 Sontheimer, a.a.O., S. 35.
140 Dazu näher v. Verfasser: Warnung vor Preußen, Berlin 1981, S. 19ff.
141 Edmund Jörg, Zeitläufe: Sociale Phänomene. In: Historisch-politische Blätter, 69. Bd. 1872, S. 791.

142 Unsere Politik, Berlin 1850, S. 63.
143 Gerhard Ritter: Stein - Eine politische Biographie, 3. Aufl. Stuttgart 1958, S. 125 u. 267.
144 Zit. nach: Siegfried Isaacsohn, Geschichte des preußischen Beamtentums vom Anfang des 15. Jahrhunderts bis auf die Gegenwart, Bd. III, Berlin 1884, S. 8.
145 Siehe besonders: Die Protestantische Ethik und der Geist des Kapitalismus, zuerst 1904, später in: Gesammelte Aufsätze zur Religionssoziologie, Bd. I., 1. Aufl. Tübingen 1920. Als weitere wichtige Schriften zum Thema seien noch genannt: Ernst Troeltsch, Die Bedeutung des Protestantismus für die Entstehung der modernen Welt, 5. Aufl. München u. Berlin 1928; R. H. Tawney, Religion and the Rise of Capitalism, London 1926.
146 Dazu näher v. Verfasser: Warnung vor Preußen, a.a.O., S. 130ff.
147 Vgl. a.a.O., S. 150ff.
148 Über den Prozeß der Zivilisation, 2 Bde., zuerst 1939, 3. Aufl. Frankfurt a.M. 1976.
149 Als wichtige Untersuchung zum Thema sei genannt: Hans Weil, Die Entstehung des deutschen Bildungsprinzips, 2. Aufl. Bonn 1967.
150 Sämtliche Werke, hrsg. v. E. Groß, München 1959 ff. (Nymphenburger Ausgabe), Bd. IX, S. 175.
151 Brief an James Morris vom 17. Juli 1897, zit. nach: Kenneth Attwood, Fontane und das Preußentum, Berlin 1970, S. 267.
152 P. G. Hoffmann: Monarchisches Prinzip und Ministerverantwortlichkeit - Eine politische Studie, Jena 1911, S. 17.
153 Reinhart Koselleck: Preußen zwischen Reform und Revolution, Stuttgart 1967, S. 419. - Kosellecks Untersuchung dokumentiert materialreich, was hier nur knapp skizziert werden kann.
154 Vgl. Koselleck, a.a.O., S. 393.
155 Hoffmann, a.a.O., S. 19.
156 Koselleck, a.a.O., S. 403f.
157 Hoffmann, S. 33.
158 Das Leben des Feldmarschalls Hermann von Boyen, Stuttgart 1899, Bd. II, S. 511f.

159 Grundlinien der Philosophie des Rechts, § 297.

160 Koselleck, a.a.O., S. 282f.

161 Die Behauptung, über allen Teil- und Sonderinteressen eine höhere Wahrheit, die volonté générale, eine weltgeschichtliche Mission zu vertreten und daher »bloß quantitative« Mehrheitsverhältnisse mißachten zu dürfen, gibt es natürlich in vielen Gestalten, auch oder gerade zur Rechtfertigung von Revolution. Beispielhaft dazu: Lenins Strategieentwurf in »Was tun?«, 1902. Im Deutschland der zwanziger Jahre ging es vor allem um die »Revolution von rechts«, die Konter-Revolution, welche die bestehenden Verhältnisse zur Wiederherstellung der wahren umstürzen wollte.

162 Koselleck, a.a.O., S. 637.

163 Großes vollständiges Universal-Lexikon aller Wissenschaften und Künste, Leipzig u. Halle 1736, verlegt bei Joh. H. Zedler.

164 Idee zu einer allgemeinen Geschichte in weltbürgerlicher Absicht (zuerst 1784), Siebenter Satz.

165 Siehe dazu vor allem: Norbert Elias, Über den Prozeß der Zivilisation, 3. Aufl. Frankfurt a. M. 1976, Bd. I, Kap. I.

166 Vgl. oben, S. 134f.

167 Vgl. oben, S. 45.

168 »Der Wanderer zwischen beiden Welten«, 9. Aufl. München 1918, S. 41. Der Wahlspruch stammte von dem gefallenen Wandervogelführer Ernst Wurche. Flex selbst fiel 1917. – Zu dem Spruch hat Helmuth Plessner einmal angemerkt: »Er bedeutet auf schlecht deutsch: Rein bleiben und niemals reif werden!«

169 Thomas Mann, vgl. oben, S. 80f.

170 Einflußreich war hier besonders das Buch von Ferdinand Tönnies, Gemeinschaft und Gesellschaft, zuerst 1887, 6. u. 7. Aufl. Berlin 1926. Grundlegend zur Gemeinschaftskritik war, obschon praktisch einflußlos: Helmuth Plessner, Grenzen der Gemeinschaft – Eine Kritik des sozialen Radikalismus, zuerst 1924; siehe Plessner, Gesammelte Schriften V, Frankfurt a M. 1981, S. 7ff.

171 Vgl. Erich Fromm: Haben oder Sein – Die seelischen Grundlagen einer neuen Gesellschaft, Stuttgart 1976. Ein deutsches Erfolgsbuch: Allein von der Taschenbuch-

ausgabe (München 1979) wurden in anderthalb Jahren fast 500 000 Exemplare verkauft.

172 Es sei zum folgenden verwiesen auf: Die Revolution des Geistes - Politisches Denken in Deutschland 1770–1830. Goethe - Kant - Fichte - Hegel - Humboldt. Hrsg. v. Jürgen Gebhardt, München 1968.

173 Grundlage der gesamten Wissenschaftslehre, in: Sämtliche Werke, hrsg. v. I. H. Fichte, Berlin 1845 f., Neudr. Berlin 1965, Bd. I, S. 134.

174 Grundlinien der Philosophie des Rechts, Vorrede.

175 Unmaßgebliche Gedanken über den Plan zur Errichtung des Littauischen Stadtschulwesens, 1809, siehe v. Humboldt: Werke, hrsg. v. A. Flitner u. K. Giel, Darmstadt 1960 ff., Bd. IV, S. 191.

176 Vgl. Briefwechsel, hrsg. v. H. Schulz, 2 Bde., Leipzig 1930, Bd. I, S. 46.

177 J. Gebhardt, in: Die Revolution des Geistes, a.a.O., S. 74. Vgl. Fichte: Briefwechsel, a.a.O., S. 15f.

178 Gebhardt, a.a.O., S. 69.

179 Athenaeum, Neudr. Stuttgart 1960, S. 236. - Siehe zum folgenden besonders: Helmuth Plessner, Die verspätete Nation, zuerst (unter anderem Titel) Zürich 1935, zuletzt in: Gesammelte Schriften Bd. VI, Frankfurt a. M. 1982, Kap. 4 u. 5.

180 Vorlesungen, gehalten zu Berlin 1804–1805, als Buch zuerst Berlin 1806.

181 Grundlinien der Philosophie des Rechts, Vorrede. - »Versöhnung des Göttlichen ... «: Vorlesungen über die Philosophie der Geschichte, Vierter Teil, Dritter Abschnitt, Drittes Kapitel.

182 Zur Geschichte der Religion und Philosophie in Deutschland, 1835, Drittes Buch.

183 Siehe Kant: Politische Schriften, hrsg. v. O. H. v. d. Gablentz, Köln u. Opladen 1965, S. 7.

184 Geschichte der sozialen Bewegung in Frankreich von 1789 bis auf unsere Tage, Neudruck Hildesheim 1959, Bd. I, S. 274.

185 Vorlesungen über die Philosophie der Geschichte, vgl. Anm. 181.

186 Novalis faßte den Eindruck vieler Zeitgenossen zusam-

men, wenn er sagte: »Es sind viele antirevolutionäre Bücher über die Revolution geschrieben worden. Burke aber hat ein revolutionäres Buch gegen die Revolution geschrieben.«

187 Genauer zu Burke vgl. v. Verfasser: Herrschaft und Freiheit - Grundpositionen der bürgerlichen Gesellschaft. Stuttgart 1977, S. 110ff., hier besonders S. 124ff.

188 Man denke zum Beispiel an das Schicksal Karl Heinrich Brüggemanns nach dem Hambacher Fest; vgl. S. 30.

189 Besonders eindrucksvoll dazu das Zeugnis des ausländischen Beobachters, wie Bertrand Russells in seinem Buch über die deutsche Sozialdemokratie aus dem Jahre 1896; vgl. Anm. 95.

190 Vielleicht ließe sich von hier aus sogar das Fehlen eines »klassischen« deutschen Kriminalromans erklären. Er setzt eine national oder möglichst sogar übernational geläufige soziale Typologie voraus, mit der die spannende Handlung dann spielen kann, nicht bloß die regionale. Jeder weiß, wie der Lord und der Butler sein sollten, aber kaum jemand kennt die Spielregeln des lübischen Senators oder eines Kutschers auf dem ostelbischen Rittergut.

191 In gewissem Sinne gilt dies nicht nur für die literarische Repräsentanz, sondern auch für die politische. Wilhelm II. erscheint kaum mehr als der König von Preußen, sondern im Bewußtsein der Zeitgenossem fast nur noch als »der Kaiser«. Damit entwertet er seine regionale Verankerung wie die seiner Mitfürsten. Und er verfällt dem theatralischen Kitsch, einer abgründigen Stillosigkeit, die Harry Graf Kessler nach einem Gang durch das geplünderte Berliner Schloß in seinem Tagebuch am 28. Dezember 1918 so notiert hat: »Was den Matrosen an den Plünderungen zuschulden kommt, scheint nicht festzustellen. Die Privaträume, Möbel, Gebrauchsgegenstände, übriggebliebenen Andenken und Kunstobjekte der Kaiserin und des Kaisers sind aber so spießbürgerlich nüchtern und geschmacklos, daß man keine große Entrüstung gegen die Plünderer aufbringt, nur Staunen, daß die armen, verschreckten, phantasielosen Wesen, die diesen Plunder bevorzugten, im kostbaren Gehäuse des

Schlosses zwischen Lakaien und schemenhaften Schranzen nichtig dahinlebend weltgeschichtlich wirken konnten. Aus dieser Umwelt stammt der Weltkrieg oder was an Schuld am Weltkrieg den Kaiser trifft: aus dieser kitschigen, kleinlichen, mit lauter falschen Werten sich und andere betrügenden Scheinwelt seine Urteile, Pläne, Kombinationen und Entschlüsse. Ein kranker Geschmack, eine pathologische Aufregung die allzu gut geölte Staatsmaschine lenkend! Jetzt liegt diese nichtige Seele hier herumgestreut als sinnloser Kram. Ich empfinde kein Mitleid, nur, wenn ich nachdenke, Grauen und ein Gefühl der Mitschuld, daß diese Welt nicht schon längst zerstört war, im Gegenteil in etwas andren Formen überall noch weiterlebt.« (Aus den Tagebüchern 1918-1937, München 1965, S. 34.)

192 Ein Niederländer formulierte es im Gespräch einmal so: »Man versteht uns nur, wenn man weiß, daß wir alle Calvinisten sind. Unsere Katholiken sind Calvinisten, unsere Sozialisten sind Calvinisten - und sogar unsere Atheisten.«

193 Der für die Entwicklung der Weimarer Republik so bedeutsame, inzwischen »rechts« wie »links« wieder beachtete Staatsrechtslehrer Carl Schmitt hat seine »Politische Theologie« am Ausnahmezustand orientiert. Denn, wie er meint: »Die Ausnahme ist interessanter als der Normalfall. Das Normale beweist nichts, die Ausnahme beweist alles; sie bestätigt nicht nur die Regel, die Regel lebt überhaupt nur von der Ausnahme. In der Ausnahme durchbricht die Kraft des wirklichen Lebens die Kruste einer in Wiederholung erstarrten Mechanik.« (Politische Theologie, München u. Leipzig 1922, S. 15.) In dieser Auffassung aber spiegelt sich nur die Ausnahmesituation eines Landes und einer Gesellschaft, in der es an tragfähigen Normen für die Normalität mangelte.

194 Grundlinien der Philosophie des Rechts, § 268.

195 Alexander Rüstow hat in diesem Sinne bewußt pointierend von einem preußisch-deutschen *Friedensmilitarismus* gesprochen, der auf dem Kasernenhof weit wirksamer sich durchsetzt als im Krieg, welcher eher die »Gefahr« einer Verwischung und am Ende gar Auflösung

der Rangverhältnisse mit sich bringt. Siehe von Rüstow: Herrschaft oder Freiheit? – Ortsbestimmung der Gegenwart, Bd. III, Erlenbach-Zürich u. Stuttgart 1957, S. 410f.

196 Es sei an die Beschreibung Rudolf von Thaddens erinnert. Vgl. oben, S. 41f.

197 Siehe zum vollständigen Text oben, S. 15f.

198 Vgl. oben, S. 35f.

199 »Der Geist als Widersacher der Seele« war der Titel eines dreibändigen Werkes des Philosophen und Psychologen Ludwig Klages, das zuerst 1929 erschien.

200 Martin Greiffenhagen: Die Rolle der Sprache in der Politik. In: Kampf um Wörter? Hrsg. v. M. Greiffenhagen, Bonn 1980, S. 23.

201 Hans Joachim Schoeps: Preußen – Geschichte eines Staates, Berlin o. J., S. 87.

202 Vgl. Alfred Stern: Abhandlungen und Aktenstücke zur Geschichte der preußischen Reformzeit 1807–1815, Leipzig 1885, S. 251.

203 Zu den Zahlen und zu weiterem Zahlenmaterial: Michael H. Kater, Studentenschaft und Rechtsradikalismus in Deutschland 1918–1933, Hamburg 1975, S. 145ff. u. 218ff.

204 Vgl. E. G. Lowenthal: Die Juden im öffentlichen Leben. In: Werner E. Mosse (Hrsg.), Entscheidungsjahr 1932. Zur Judenfrage in der Endphase der Weimarer Republik, 2. Aufl. Tübingen 1966, S. 78f.

205 Die Entwicklung der prozentualen Anteile macht allerdings deutlich, wie völlig unbegründet die mit antisemitischer und antidemokratischer Stoßrichtung immer wiederholte Behauptung von der »Verjudung der Republik« in Wahrheit war.

206 Ein bewegendes Zeugnis jüdischer Neigungen ausgerechnet zum altkonservativen, aristokratisch geprägten Preußen findet man in dem Gedicht, das Theodor Fontane sich selbst nach seinem Geburtstag unter dem Titel »An meinem Fünfundsiebzigsten« schrieb. Siehe dazu v. Verfasser: Warnung vor Preußen, Berlin 1981, S. 171f.

207 So Sebastian Haffner: Anmerkungen zu Hitler, München 1978, S. 15.

208 Inzwischen gibt es doch schon eine zahlreiche Literatur; nur eine Auswahl sei hier genannt: Wilhelm Sternfeld

u. Eva Tiedemann: Deutsche Exil-Literatur 1933-1945. Eine Bio-Biographie. 2. Aufl. Heidelberg 1970. - Hermann Kesten: Deutsche Literatur im Exil - Briefe europäischer Autoren 1933-1949, Wien u. München 1964. - Hans-Albert Walter: Deutsche Exilliteratur 1933-1950, Darmstadt u. Neuwied, 1972 ff. - Biographisches Handbuch der deutschsprachigen Emigration nach 1933, hrsg. v. Institut für Zeitgeschichte, München, und von der Research Foundation for Jewish Immigration, New York, 3 Bde., München / New York / London / Paris 1980 ff. - Helmut Müssener: Exil in Schweden - Politische und kulturelle Emigration nach 1933, München 1974. - Ernst Loewy (Hrsg.): Literarische und politische Texte aus dem deutschen Exil 1933-1945, Frankfurt a. M. 1982. - Wolfgang Frühwald u. Wolfgang Schieder (Hrsg.): Leben im Exil - Probleme der Integration deutscher Flüchtlinge im Ausland 1933-1945, Hamburg 1981. - Herbert E. Tutas: Nationalsozialismus und Exil - Die Politik des deutschen Reiches gegenüber der deutschen politischen Emigration 1933-1945, München 1975. - Aufbau (Reconstruction) - Dokumente einer Kultur im Exil, hrsg. v. Will Schaber, Köln 1972. - Lieselotte Maas: Handbuch der deutschen Exilpresse 1933-1945, 2 Bde., München 1976 u. 1978. - Alfred Kantorowicz: Politiker und Literatur im Exil - Deutschsprachige Schriftsteller im Kampf gegen den Nationalsozialismus, Hamburg 1978. - Alexander Stephan: Die deutsche Exilliteratur 1933-1945 - Eine Einführung, München 1979. (Dieses Buch enthält eine umfangreiche Bibliographie.) - Zu weiteren Hinweisen siehe die nachfolgenden Anmerkungen.

209 Die Gründer der Universität Oldenburg haben einmütig beschlossen, der neuen Hochschule den Namen Carl-von-Ossietzky-Universität zu geben. Denn das Konzentrationslager, in dem Ossietzky bis an die Grenze seines Sterbens mißhandelt worden war, hatte sich nahe bei Oldenburg befunden. Auch die Universität selbst hat sich dann hinter diesen Beschluß gestellt. Die Namensgebung scheiterte jedoch am Einspruch der niedersächsischen Landesregierungen - der von der SPD gestellten ebenso wie der nachfolgenden der CDU.

210 Vgl. dazu: Kurt R. Grossmann, Emigration - Geschichte der deutschen Hitler-Flüchtlinge 1933-1945, Frankfurt a.M. 1969, S. 61ff.
211 Thomas Mann - Heinrich Mann: Briefwechsel, Frankfurt a.M. 1968, S. 155.
212 Der Wendepunkt - Ein Lebensbericht, Frankfurt a.M. 1958, S. 321.
213 Die verlorene Bibliothek - Autobiographie einer Kultur, Taschenbuchausg. Frankfurt a.M. - Berlin - Wien 1980, S. 206f.
214 In: Die Zerstörung einer Zukunft - Gespräche mit emigrierten Sozialwissenschaftlern, aufgezeichnet v. Mathias Greffrath, Reinbek 1979, S. 78ff.
215 Albert Einstein - Hedwig u. Max Born: Briefwechsel 1916-1955, kommentiert v. M. Born, München 1969, S. 169.
216 Nur als Beispiele seien genannt: Günter Böddeker, Die Flüchtlinge - Die Vertreibung der Deutschen im Osten, München u. Berlin 1980; Frank Grube u. Gerhard Richter: Flucht und Vertreibung - Deutschland zwischen 1944 und 1947, Hamburg 1980.
217 Zit. nach Hans-Albert Walter: Deutsche Exilliteratur 1933-1950, Bd. I: Bedrohung und Verfolgung bis 1933, Darmstadt u. Neuwied 1972, S. 14.
218 Taschenbuchausg. Frankfurt a.M. 1980, S. 396.
219 Brief an Witold Hulewicz, 1925.
220 Zur Situation in Frankreich siehe u.a.: Alfred Kantorowicz, Exil in Frankreich, Bremen 1971; Ruth Fabian u. Corinna Coulmas: Die deutsche Emigration in Frankreich nach 1933, München / New York / London / Paris 1978. (In diesem Buch Zahlenangaben S. 15f.)
221 Minima Moralia - Reflexionen aus dem beschädigten Leben, Berlin u. Frankfurt a.M. 1951, S. 78.
222 Die Zerstörung einer Zukunft, a.a.O., S. 95.
223 Breslau 1933, S. 13 u. 20. - Vgl. auch oben, S. 19f.
224 Göttingen 1956, S. 143ff. (Untersuchungen zur Lage der deutschen Hochschullehrer, hrsg. v. H. Plessner, Bd. III.)
225 Siehe Ferber, a.a.O., S. 143.
226 Wirtschaftswissenschaften, in: Nachwuchsfragen im Spiegel einer Erhebung 1953-1956, Untersuchungen zur

Lage der deutschen Hochschullehrer, hrsg. v. H. Plessner, Bd. I, Göttingen 1956, S. 283ff.

227 Vgl. a.a.O., S. 287.

228 A.a.O., S. 285f.

229 Grossmann: Emigration - Geschichte der Hitler-Flüchtlinge 1933-1945, Frankfurt a.M. 1969, S. 264 u. 296. - Viel zu hoch liegt mit Sicherheit vor allem die Angabe über freie Berufe in den Vereinigten Staaten. Nach den Daten des U.S. Immigration and Naturalization Service gab es von 1933 bis 1941 (seit Juni 1938 unter Einschluß Österreichs) insgesamt nur 104 098 Einwanderer, »deren Land des letzten dauernden Wohnsitzes Deutschland war«. In diesem Hunderttausend befanden sich 7 622 »professionals«, das heißt vor allem akademische Berufe, aber auch Künstler aller Art und Journalisten. Vgl. hierzu: Donald P. Kent: The Refugee Intellectual - The Americanization of the Immigrants of 1933-1941, New York 1953, S. 12 u. 245ff.

230 Hans Gerth z.B., von dem die Rede war, kam aus der Journalistik; Arnold Brecht, von dem gleich die Rede sein wird, war Ministerialbeamter gewesen.

231 Diese Zahlen sind allerdings insofern wiederum unvollständig, als sie nur die (reichs-)deutsche, nicht die deutschsprachige Emigration berücksichtigen, also z.B. Österreich nicht einbeziehen. Außerdem fehlen alle Wissenschaftler, die in Institutionen außerhalb der Universitäten und Hochschulen arbeiteten.

232 Nicht zufällig beginnt Robert Jungks dramatische Geschichte der Entwicklung, die zur Atombombe führte, »Heller als tausend Sonnen« (zuerst 1956), in Göttingen.

233 Siehe von Morgenthau: Macht und Frieden - Grundlegung einer Theorie der internationalen Politik, Gütersloh 1963.

234 Siehe von Brecht: Vorspiel zum Schweigen - Das Ende der deutschen Republik, Wien 1948, ferner die Erinnerungen: I Aus nächster Nähe (1884-1927), Stuttgart 1966, II Mit der Kraft des Geistes (1927-1967), Stuttgart 1967.

235 Eigentlich »Löwe«; wie es zur Änderung kam, schildert Lowe anschaulich im Gespräch: »Wir sind dann schließlich am 2. September 1939 naturalisiert worden. Der

2. September war der zweite Kriegstag. Als ich das Dokument bekam, entdeckte ich, daß unser Name falsch geschrieben war. Offenbar hatte das Tippmädchen im Home Office keinen Umlaut auf ihrer Maschine und hatte einfach ›Lowe‹ geschrieben. Auf einem beigefügten Zettel stand: ›Wenn irgend etwas nicht stimmen sollte, schicken Sie die Dokumente bitte wieder zurück.‹ Worauf ich die denkwürdigen Worte sprach: ›Und wenn sie uns auf den Namen Chamberlain naturalisiert hätten, würde ich heute das Dokument nicht aus der Hand geben.‹ Das ist der Grund unserer Namensänderung.« (Die Zerstörung einer Zukunft – Gespräche mit emigrierten Sozialwissenschaftlern, aufgezeichnet von Mathias Greffrath, Reinbek 1979, S. 146.)

236 Die Zerstörung einer Zukunft, a.a.O., S. 147. – In einem Provinz-College des mittleren Westens hätte es freilich wohl anders ausgesehen.

237 A.a.O., S. 145.

238 »Pioneer's Progress – An Autobiography« (New York 1952), hier zitiert nach: Monika Plessner, Die deutsche »University in Exile« in New York und ihr amerikanischer Gründer. In: Frankfurter Hefte, März 1964, S. 5. – Die im Text folgenden, auf A. Johnson und die »New School« bezogenen Zitate, soweit nicht anders angegeben, ebenfalls nach M. Plessner, a.a.O., S. 3ff. – Siehe zur »New School« ferner: Benita Luckmann, Eine deutsche Universität im Exil, in: Soziologie in Deutschland und Österreich 1918–1945, Materialien zur Entwicklung, Emigration und Wirkungsgeschichte, hrsg. v. M. Rainer Lepsius, Opladen 1981 (Sonderheft 23 d. Kölner Zeitschr. f. Soziologie und Sozialpsychologie), S. 427ff. – Zum Thema insgesamt sei noch auf folgende Literatur hingewiesen: E. Y. Hartshorne: The German Universities and National Socialism, Cambridge (Mass.) 1937; Helge Pross: Die deutsche Emigration nach den Vereinigten Staaten, 1933–1941, Berlin 1955; William R. Crawford (Hrsg.): The Cultural Migration – The European Scholar in America, Philadelphia 1953; Donald P. Kent: The Refugee Intellectual – The Americanization of the Immigrants of 1933–1941, New York 1953 (mit weiteren Hinweisen

zur Literatur); Norman Bentwich: The Rescue and Achievement of Refugee Scholars - The Story of Displaced Scholars and Scientists 1933-1952, Den Haag 1953 (Beschreibung der Verhältnisse und Hilfsmaßnahmen in England); Robert Boyers (Hrsg.): The Legacy of the Geman Refugee Intellectuals, Salmagundi 10-11, 1969-1970, Nachdruck New York 1972; Gerald Stourzh: Die deutschsprachige Emigration in den Vereinigten Staaten: Geschichte und Politische Wissenschaft. In: Jahrbuch für Amerikastudien 10, 1965, S. 59ff. Bibliographie zum Thema daselbst, S. 232ff. und Jahrbuch 11, 1966, S. 260ff.

239 Vgl. K.R. Grossmann, a.a.O., S. 295.

240 Zit. nach Grossmann, a.a.O., S. 299.

241 M. Rainer Lepsius gibt eine Namensliste emigrierter Sozial- und Politikwissenschaftler mit Hinweisen auf den Verbleib und die eventuelle Rückkehr: Die sozialwissenschaftliche Emigration und ihre Folgen, in: Soziologie in Deutschland und Österreich 1918-1945 (vgl. Anmerkung 238), S. 439ff.

242 Vgl. Grossmann, a.a.O., S. 298.

243 Dokumente zur Hochschulreform 1945-1959. Veröffentlichungen der Westdeutschen Rektorenkonferenz, bearbeitet v. R. Neuhaus, Wiesbaden 1961, S. 291.

244 Leipzig 1919, S. 17. - C.H. Becker, angesehener Orientalist, seit 1916 im preußischen Kultusministerium, 1921 und 1925-1930 preußischer Kultusminister.

245 Eine Gesamtdarstellung mit dem Schwerpunktthema Forschung: Thomas Stamm, Zwischen Staat und Selbstverwaltung - Die deutsche Forschung im Wiederaufbau 1945-1965. Köln 1982. - Honoratiorengremien, die wie der »Hofgeismarer Kreis« sich um Reformkonzepte bemühten, haben praktisch nichts bewirkt. Dabei traten bereits in den von Helmuth Plessner geleiteten »Untersuchungen zur Lage der deutschen Hochschullehrer« bei den Erhebungen, die 1953-1955 durchgeführt wurden, höchst brisante Probleme zutage. Eben die wurden in der dreibändigen Publikation jedoch allenfalls am Rande behandelt; das einschlägige Material der Nachwuchsbefragung harrt bis heute seiner systematischen Auswertung.

246 Das Selbstverständnis der Freien Universität, in: Universität und Demokratie - Veröffentlichungen einer Vortragsreihe der Freien Universität Berlin am 19. u. 20. Januar 1967, Berlin 1967, S. 35ff., hier S. 43 u. 48.

247 Anpassung oder Widerstand? Soziologische Bedenken zur Schulreform, Heidelberg 1961, S. 175.

248 Die Stunde der Fakultäten, in: FAZ, 13. Mai 1964, Nr. 110, S. 13f.

249 Bemerkungen zur Soziologie der deutschen Universität, in: Universität und Demokratie, a.a.O., S. 54ff., hier S. 65.

250 Demokratisierung - Zur Problematik eines Begriffs, Köln u. Opladen 1970, S. 38f.

251 Wenigstens noch eine Ahnung von der damaligen Atmosphäre vermitteln Bücher wie: »Aktiver Streik - Dokumentation zu einem Jahr Hochschulpolitik am Beispiel der Universität Frankfurt am Main, hrsg. v. Zoller, Joseph Melzer Verlag, ohne Ort und Jahr (1969 oder 1970).

252 Die Zerstörung einer Zukunft - Gespräche mit emigrierten Sozialwissenschaftlern, aufgezeichnet v. M. Greffrath, Reinbek 1979, S. 97f.

253 Es wäre etwa an die ähnlichen Umstände und an ihren Ausgang bei Richard F. Behrendt in Berlin zu erinnern.

254 Verhandlungen des vierzehnten deutschen Soziologentages: Soziologie und moderne Gesellschaft, Stuttgart 1959, S. 14.

255 Adolf Hitler, Mein Kampf, 190/194. Auflage, München 1936, S. 129.

256 Hochschulreform - und was nun? Berichte, Glossen, Perspektiven, hrsg. v. H.A. Glaser, Frankfurt/M-Berlin-Wien 1982.

257 A.a.O., S. 8 u. 10.

258 Helmut Arntzen: Wir Reformierten, a.a.O., S. 224.

259 Marianne Kesting: Was uns alle krank macht, a.a.O., S. 111.

260 Peter Hemmerich: Hochschulreform und kein Ende, a.a.O., S. 177 u. 180f.

261 Ja zur Wirklichkeit, Stuttgart 1975, S. 35 u. 269.

262 Siehe als Beispiel: Jacob Taubes, Inmitten des akademischen Taifuns am Fachbereich »Philosophie und

Sozialwissenschaften« der Freien Universität. In: Hochschulreform - und was nun? A.a.O., S. 302ff.

263 Vernunft und Widervernunft in unserer Zeit, München 1950, S. 33f.

264 Vgl. Anmerkung 171.

265 Ein informatives Beispiel findet man in Oskar Negts Buch »Öffentlichkeit und Erfahrung. Zur Organisationsanalyse von bürgerlicher und proletarischer Öffentlichkeit«, Frankfurt a.M. 1972. Mitautor war Alexander Kluge - und die einzig lesbaren Partien des Buches stammen von ihm, der ja ein Medienpraktiker von Rang ist. Im übrigen ist das Buch auf der Höhe einer abstrakten Begrifflichkeit geschrieben, daß selbst die mit Hintergründen der »Frankfurter Schule« und marxistischer Theorie Wohlvertrauten es kaum zu lesen vermögen. Dabei, wohlgemerkt, geht es doch um den Anspruch, gegen den bisherigen, für bürgerlich-elitär erklärten Begriff von Öffentlichkeit einen neuen, proletarischen, also einen umfassenden der allgemeinen Zugänglichkeit und Verstehbarkeit zu setzen, um sodann den Anspruch in der Praxis einzulösen.

266 Vgl. im Kontext oben, S. 122ff.

267 Opladen 1975, Taschenbuchausgabe München 1977. - Der 2. Auflage (1975) hat Schelsky als Nachwort eine ausführliche Antwort an seine Kritiker unter dem Titel »Erfahrungen mit einem ›Bestseller‹« angefügt.

268 A.a.O., S. 211 u. 214.

269 S. 185.

270 Siehe Schelsky: Rückblicke eines »Anti-Soziologen«, Opladen 1981.

271 Die Arbeit tun die anderen ..., S. 255.

272 Vgl. oben, S. 126f.

273 Siehe von Gehlen u.a.: Die Seele im technischen Zeitalter, Hamburg 1957; Urmensch und Spätkultur, Bonn 1956; Moral und Hypermoral, Frankfurt u. Bonn 1969. Vgl. ferner: Friedrich Jonas, Die Institutionenlehre Arnold Gehlens. Tübingen 1966; Johannes Weiß: Weltverlust und Subjektivität - Zur Kritik der Institutionenlehre Arnold Gehlens, Freiburg i. Br. 1971.

274 Politische Reden und Schriften, hrsg. v. H. Ehmke u. C. Schmid, Berlin/Bonn-Bad Godesberg 1976, S. 273.

275 Nach dreißig Jahren. Die Bundesrepublik Deutschland – Vergangenheit, Gegenwart, Zukunft, hrsg. v. W. Scheel, Stuttgart 1979, S. 15.
276 Ökologie und Demokratie – ein Problem der politischen Kultur. In: Aus Politik und Zeitgeschichte (Beilage zur Wochenzeitung Das Parlament), B 26/82, S. 27ff., hier: S. 31.
277 A.a.O.
278 Bürgerinitativen in der Parteidemokratie, Stuttgart 1980, S. 11, 59, 62.

Christian Graf von Krockow
Warnung vor Preußen

224 Seiten, Leinen

Preußen, obgleich aus der staatlichen Wirklichkeit verschwunden, scheidet noch immer die Geister. Den einen ist der Untergang Preußens die Grundlage der politischen Stabilität von Bonn, den anderen kommt die Sinnleere der Bundesrepublik aus dem Verlust preußischer Tugenden. Amerika hatte als staatsgründende Idee die Suche nach dem Glück, Frankreich die nach der Gleichheit und Brüderlichkeit, England die nach der Freiheit. Preußen stellte solchen Idealen nichts als die Tugend von Pflicht und Dienst gegenüber, der sich vom Untertan bis zum König alle gleichermaßen unterwarfen. Graf Krockow warnt vor der Verklärung eines glanzvollen Staates ohne Idee.

»Dies ist ohne Zweifel eine brillante Studie über Preußen und ein Zeugnis seiner Ambivalenz bis heute. Wenn Preußen eine Antwort auf die Frage nach Identität und Geschichte bieten kann, dann enthält dieses Buch alle Argumente dagegen und einige wenige dafür.«
FRANKFURTER ALLGEMEINE ZEITUNG

Die Deutschen und ihre Nation

Michael Stürmer
Das ruhelose Reich
Deutschland 1866–1918

460 Seiten mit 270 Abbildungen, Leinen

Dies ist die erste, großangelegte erzählende Darstellung von dem äußeren Glanz und der inneren Brüchigkeit, der politisch-ökonomischen Macht und der geistigen Fragwürdigkeit des Zweiten Reiches der Deutschen, dessen Entstehung die europäische Balance gefährdete und das zeit seines Bestehens selber gefährdet war.
Michael Stürmer sieht in den Grundlagen dieses ersten deutschen Nationalstaates schon die Bedingungen seines Scheiterns angelegt, obwohl er darauf beharrt, daß das Ende in den Niederlagen von 1918 und 1945 nicht unausweichlich war. So ist die moderne deutsche Industriegesellschaft, die die ungeheuere Dynamik des Kaiserreichs ausmachte, eingebettet und gefesselt im Gehäuse des Obrigkeitsstaates, der seinerseits wieder vom Verbandspluralismus und den neuen massendemokratischen Bewegungen am Ende gesprengt wurde.
Der erst Bismarcksche und dann Wilhelminische Machtstaat wurde vor allem aber geprägt durch die alte, überkommene und nicht überwindbare europäische Mittellage zwischen den Großmächten Rußland, England und Frankreich, deren Belastungen Bismarck noch abfing durch auswärtige Bündnisse und kampfstarke Innenpolitik. Bevölkerungsdruck, Industriewirtschaft und Machtpolitik der imperialistischen Epoche aber verschärften die Konflikte. Dieses Buch erzählt, was geschah.

CIP-Kurztitelaufnahme der Deutschen Bibliothek

Krockow, Christian Graf von:
Scheiterhaufen:
Größe u. Elend d. deutschen Geistes/
Christian Graf von Krockow
Berlin: Severin und Siedler, 1983.
ISBN 3-88680-042-3

Erste Auflage März 1983
Zweite Auflage Juli 1983

Satz: Bongé & Partner, Berlin
Druck und Buchbinder: Franz Spiegel, Ulm
Printed in Germany 1983
ISBN 3-88680-042-3